런던통신 1931-1935

Mortals and Others
By Bertrand Russell

Copyright
© 2009 The Bertrand Russell Peace Foundation Ltd
Introduction © 1995 John G. Slater
Notes © 1998 Harry Ruja
All Rights reserved.

Korean translation edition © 2011 by Sahoi Pyungnon Publishing
Authorized translation from English language edition published by Routledge, a member of the Taylor & Francis Group, Milton Park, Abingdon, UK
Through Bestun Korea Agency, Seoul, Korea.
All rights reserved.

이 책의 한국어 판권은 베스툰 코리아 에이전시를 통하여 저작권자인 Taylor & Francis Group과 독점 계약한 사회평론에 있습니다. 저작권법에 의해 한국 내에서 보호를 받는 저작물이므로 어떠한 형태로든 무단 전재와 복제를 금합니다.

런던통신 1931-1935

젊은 지성을 깨우는 짧은 지혜의 편지들

버트런드 러셀 지음 / 송은경 옮김

사회평론

옮긴이 송은경

1963년 부산 출생. 서울대학교 영어영문학과를 졸업했다. 『게으름에 대한 찬양』 『러셀 자서전』 『나는 왜 기독교인이 아닌가』 『오렌지 다섯 조각』 『프로방스에서의 1년』 『레오나르도 다 빈치와 마키아벨리』 등의 번역서가 있다.

런던통신 1931~1935

2011년 4월 21일 초판 1쇄 펴냄
2019년 7월 17일 초판 6쇄 펴냄

지은이 버트런드 러셀
옮긴이 송은경
펴낸곳 ㈜사회평론
펴낸이 윤철호

편집 김정민, 정승호
표지 디자인 가필드
본문 디자인 김진운

등록번호 10-876호(1993년 10월 6일)
전화 02-326-1182
팩스 02-326-1626
주소 서울시 마포구 월드컵북로12길 17
이메일 editor@sapyoung.com
홈페이지 www.sapyoung.com

ISBN 978-89-6435-341-7 03890

사전 동의 없는 무단 전재 및 복제를 금합니다.
잘못 만들어진 책은 바꾸어 드립니다.

할 수만 있다면 모든 사람은 신이 되려 할 것이다. 그 불가능성을 인정하는 것이 어렵다는 사실을 깨닫는 사람은 몇몇뿐이다.

— 버트런드 러셀

서 문

　버트런드 러셀이 틈틈이 써온 에세이들은 그의 진지한 면과 그다지 진지하지 않은 면 모두를 전형적으로 보여준다. 에세이의 주제가 가볍고 심지어 경박하게 들리는 경우에도, 변함없이 어떻게든 진지하게 숙고할 만한 가치가 있다는 시각으로 접근하려고 한다.
　예를 들어 「립스틱을 발라도 되는 사람은 누구일까?」란 글을 살펴보자. 그는 이 질문에 답하기에 앞서 립스틱을 사용할 수 없는 여성들 중 가장 큰 집단이 학교 교사들이라는 점에 주목한다. 다음으로 이 특별한 금기의 이면에 숨겨진 이유들을 살펴보고, 이어서 이 여성들이 일터에서 강요당하는 성적(性的) 제약들을 고찰하고, 마지막으로 이 제약이 그녀들의 지도를 받는 아이들에게 미칠 수 있는 영향을 생각한다. 여기에 이르면 그가 중요한 사안에 다다랐다는 사실을 누구도 부인하지 못할 것이다. 물론 제목만 보고 이런 예상을 할 수 있었던 사람은 별로 없을 것이다. 이처럼 독자를 놀라게 하는 능력은 러셀의 빼놓을 수 없는 특징 중 하나다.

이 책에 실린 에세이들은 그 구조가 매우 다양하다. 러셀은 내용에 따라 그것을 다루는 전체 논리 체계를 결정했기 때문이다. 하지만 그가 쓴 글임을 뚜렷이 확인시켜주는 특징들이 반복해서 나타나는데 예를 들면 이런 것들이다. 역사적 (또는 동시대의) 사건을 들어 논점을 설명한다, 말하고 싶은 것에 힘을 싣기 위해 자신의 경험을 들어 호소한다, 적대적인 독자를 위트로 사로잡음으로써 그렇지 않았다면 묵살했을 논점에 대해 호의적인 관심을 이끌어낸다, 토론이 필요한 대안들을 제시하기 위해 논리적 분석을 활용한다, 독자들을 실망시켜본 적이 없는 영어 구사력을 눈부시게 발휘한다.

역사는 아마 러셀이 철학 다음으로 깊은 관심을 가졌던 분야였을 것이다. 이 점은 재창조에 가까운 그의 역사 해석에서 특히 두드러진다. 그는 아주 긴 인생을 살아오면서 이 열정을 다른 사람들과 나누고자 권유하는 수많은 에세이들을 썼다. 그 가운데 한 편인 「우리를 위로하는 역사」는 이 책에 다시 실어놓았다. 그는 역사에 관한 지식을 문명사회로 가는 필수 요소로 본다. 동료 철학자 호르헤 산타야나 George Santayana[1863~1952년, 스페인의 철학자 겸 작가]의 말에 그도 분명히 동의했을 것이다. "과거를 기억하지 못하는 자들은 그 과거를 반복하는 운명을 피할 수 없다."

역사는 시도해서 효과를 본 사상뿐 아니라 시도했으나 효과를 보지 못한 사상들까지 우리 앞에 펼쳐 보인다. 그러므로 그 지식들이 널리 확산된다면 미래에는 그런 끔찍한 결말들을 피해갈 수 있다. 또한 우리는 역사를 연구함으로써 실제 인간 행동의 범주와 관련해 아주 중요한 것을 배울 수도 있다. 그리고 그런 지식들 덕분에 우리와 함께 살아갈 수밖에 없는 동시대인들을 좀 더 잘 이해할 수 있게 된다. 예를 들어 러셀의 『인기 없는 에세이들 Unpopular Essays』(145쪽)에 실린 「지적 쓰레기의 개요 An Outline of Intellectual Rubbish」를 보면, 인간이란 집단이 얼마나 쉽게 속아 넘어가는지를 훌륭하게 보여주는 사례가 등장한다.

나는 1820년 무렵에 뉴욕 주 북부에 있는 한 호숫가에 살았던 어느 여성 예언자를 특히 높이 평가한다. 그녀는 무수한 추종자들에게 자신에게는 물 위를 걷는 능력이 있다고 천명하고 어느 날 오전 11시에 그 능력을 실제로 보여주겠노라고 제안했다. 정해진 시각이 되자 신심 깊은 지지자 수천 명이 호숫가에 운집했다. 그녀가 그들을 향해 말했다. "내가 물 위를 걸을 수 있으리라고 여러분 모두 굳게 믿습니까?" 그들은 한목소리로 응답했다. "믿습니다." 그러자 그녀가 선언했다. "그렇다면 굳이 내가 물 위를 걸을 필요가 없습니다." 그리하여 그들 모두는 더욱 믿음이 깊어져서 집으로 돌아갔다.

인간이란 존재에 관한 중요하면서도 불안한 지점을 적나라하게 보여주는 이야기가 아닐 수 없다. 그 지점이란 감정적으로 충만한 집단에 속해 있는 인간은 비판 능력이 느슨해지거나 잠시나마 그 능력을 상실하는 경향이 있다는 것이다. 이 이야기를 알고 나면 광범위하게 퍼져 있는 어처구니없는 얘기를 듣더라도 덜 놀라게 된다. 그리고 이런 역사적 사실들을 많이 알수록 우리는 우리 시대의 문제와 혼란들을 지혜롭게 다룰 준비를 더 잘 갖추게 된다. 어떤 말과 어떤 행동이든 태양 아래 새로운 것은 매우 드문 법이다.

또한 러셀은 역사적 사례를 인용함으로써 우리 시대와 이전 시대를 대조하기도 한다. 「노인을 위한 나라」라는 글에서 러셀은 의사들이 수명을 연장하는 방법을 알아내긴 했지만 노년에도 우리 능력을 높은 수준으로 유지할 수 있는 보장은 전혀 하지 못한다고 말한다. 이러한 실패에도 불구하고 온 대중이 의사들의 업적을 칭송하고 있다. 16세기는 좀 다른 기준이 지배한 시대였다. "교황 하드리아누스 6세가 즉위한 지 몇 달 만에 사망했을 때는 저명한 로마인들로 구성된 사절단이 교황 주치의의 집까지 축하 행진을 벌였다." 오늘날에는 이런 사고방식이 의료 과실 소송으로 이어질 수도 있다. 물론 러셀의 요지는 지금은 의료 행위가 흔히 온전한 선(善)으로 여겨지지만 실상은 그렇지 않다는 것이다.

러셀은 동시대의 사례보다 과거 역사의 사례를 더 많이 드는 경향이 있다. 그 이유는 분명 역사상 이야기들은 이미 시간의 시험을 견뎌냈기에 완전히 소멸될 가능성이 적은 반면 오늘날 사건들은 긴박해 보여도 흔적 없이 가라앉아버릴 수도 있기 때문이다. 그러나 그의 에세이에서도 가끔 현재 사안이 언급되기도 하는데 「무정한 부자들」이라는 글이 그 같은 예다. 러셀은 이 글에서 (1933년 당시) 보장 소득으로 사는 사람은 '유럽에 거주한다는 조건으로 영국 정부로부터 봉급을 받는 저 인도 왕자들'이 유일한 것 같다고 말한다. 러셀의 글을 읽다보면 그의 박학다식함에 자주 놀라게 된다. 이 특별한 경우에는 아마도 러셀이 영국의 지배에 맞서 독립을 추구했던 인도인들과 함께 작업하면서 이 협소한 계층에 대해 알게 된 듯싶다. 그 사실을 유념했다가 에세이의 논점을 설명하는 데 활용하는 능력은 지금 봐도 놀라울 정도다. 그는 일단 관심을 끌었던 문제는 절대로 잊어버리지 않는 듯하다.

여기 실린 에세이들에는 러셀 자신의 경험을 암시하는 내용들이 말 그대로 생생하게 살아 있다. 「우리가 투표를 하는 진짜 이유」란 글에서 그는 선거에서 거의 모든 사람들이 후보자의 뛰어난 자질과는 상관없는 이유로 표를 던진다고 주장한다. 사람들에게 특정 정당을 지지하는 이유를 물어보면 대부분 자기 아버지가 그 당의 당원이었으며 그래서 그 당의 후보를 습관적으로 찍어준다고 선뜻 인정한다는 것이다. 러셀은 이 주장을 뒷받침하기 위해 자신의 경우를 사례로 든다.

"영국에 사는 나로 말하자면 아버지가 급진파였으므로 노동당에 투표한다. 아버지는 당신의 아버지가 자유당 지지자였으므로 급진파가 됐고 할아버지는 당신의 아버지가 휘그당 지지자였으므로 자유당 지지자가 됐다. 그리고 그분이 휘그당 지지자가 된 것은 선조들이 헨리 8세로부터 수도원 토지를 하사받았기 때문이었다. 나의 급진주의는 이처럼 금전상의 원인에서 비롯했으니 그럼 나는 보수당 지지자로 돌아서야 할까? 생각만 해도 심란해진다."

이 경우 러셀은 중요한 특징에서 자신도 대다수 사람들과 다를 바 없다고 밝히고 있다. 그러나 「매우 경솔한 인간 분류법」이라는 글에서는 자신을 대중의 무리와 구분한다. "'오, 러셀 선생님, 책을 그렇게나 좋아하신다면서요.' 감정 표현이 유별난 안주인이 이렇게 말할 때면 존슨 박사 식으로 대꾸하고 싶어진다. '부인, 저는 시간을 좀 더 유용하게 보낼 수 있는 방법이 있을 때는 절대로 책을 읽지 않습니다.'"

러셀은 「진짜 악당들」이란 글에서는 그 자신이 제1차 세계 대전에 반대하다 6개월간 수감되었던 브릭스턴 교도소에서 만나본 범죄자들을 생생하게 묘사하고 있다. 이 에세이들에 담긴 개인적 사항들은 그의 자전적 글에서 일련의 꾸밈음 역할을 하고 있다.

러셀은 20세기를 통틀어 가장 위트가 뛰어난 작가 중 한 명이었다. 게다가 이 짤막한 에세이들은 그 속성상 위트를 발휘할 절호의 기회를 그에게 제공했다. 내가 지금 말하는 바의 '위트'는 러셀의 글에서 두 가지 유형으로 나타난다. 첫째는 영리하고 생기발랄하고 재미있게 만들어진 표현이고, 둘째는 부조리한 관계를 놀라운 방식으로 드러내는 표현이다.

그의 저서 『상대성의 ABC *The ABC of Relativity*』(166쪽)를 보면 첫 번째 유형의 위트 있는 표현 중 가장 뛰어난 사례를 찾아볼 수 있다. "우리 모두는 세상이 우리의 편견을 승인해야 한다고 생각하는 경향이 있다. 편견에 반대되는 견해를 가지려면 애써 생각해야 한다. 대부분 사람들은 생각하느니 일찍 죽으려 한다. 그리고 실제로도 그렇게 한다."

우리 세기의 어느 작가가 그처럼 쓸 수 있겠는가? 「착한 아이 나쁜 아이」라는 글에서는 이렇게 말한다. "아주 오래전에 어떤 바보―아마 로마인이었을 것이다―가 명령하는 법을 알려면 먼저 복종하는 법을 배워야 한다고 말했다. 이 말은 사실과 정반대다." 독자는 이처럼 도발적으로 제기되는 논점에 주목하지 않을 수 없을 것이다.

이제 두 번째 유형의 사례를 살펴보자(첫 번째 유형의 사례도 덤으로 끼워져 있다). "채식주의자들은 파리 한 마리도 해치지 못할 정도로 유순하고 온화하다는 생각이 널리 퍼져 있다. 실제로 파리 한 마리 해치지 못할 수도 있다. 이에 대해선 내가 뭐라고 말할 수 없지만, 파리를 향한 그들의 자비심이 인간에게까지 미치지 않는다는 점은 확실하다. 채식주의 식단을 지지하는 가장 강력한 근거는 아마도 채식을 하는 사람들이 정력 넘치고 호전적이라는 점일 것이다." 러셀이 이 글에 「채식주의자도 사납다」란 제목을 붙인 것도 그리 놀랄 일은 아니다.

「체벌의 악영향」이라는 글에서도 같은 패러다임이 발견된다. "학창 시절에 회초리나 채찍으로 매를 맞았던 이들은 거의 한결같이 그 덕에 자신이 더 나은 사람이 되었다고 믿고 있다. 내가 볼 때는 이렇게 믿는 것 자체가 체벌이 끼치는 악영향 중 하나다." 이처럼 중요한 소견을 이보다 더 간단명료하고 이보다 더 효과적으로 제시하기도 어려울 것이다.

러셀은 저명한 논리학자로서 기대에 어긋나지 않게 자신이 검토해야 할 대안들을 글 서두에서 펼치는 방식을 자주 취한다. 「바보들만 똑똑한 시대」라는 글은 다음과 같은 위트 넘치는 관찰로 시작된다.

"세계사에는 네 종류의 시대가 있었다. 모두가 자기는 다 안다고 생각했던 시대, 아무도 자기가 아는 것이 있다고 생각하지 않았던 시대, 현명한 사람들은 많이 안다고 생각하고 어리석은 사람들은 아는 게 별로 없다고 생각했던 시대, 어리석은 사람들은 많이 안다고 생각하고 현명한 사람들은 아는 게 별로 없다고 생각했던 시대. 첫 번째 시대는 안정의 시대고, 두 번째는 서서히 쇠퇴하는 시대고, 세 번째는 진보의 시대고, 네 번째는 재앙의 시대다."

1932년 당시 러셀은 세계가 비틀거리면서 최후의 국면으로 빠져들고 있으며 재앙이 임박했다고 보았다. 과학자, 경제학자, 철학자, 정치인 그 누구도 세계가 처한 곤경의 치유책을 제시할 수 없을 것 같았다. "유일하게 긍정적인 견해를 지닌 사람들이 있긴 하지만, 그들은 언제 자신들의 견해가 불합리한지도 모를 만큼 어리석기 짝이 없다. 그 결과 세계는 바보들의 지배를 받고 있으며, 지식인들은 각종 국가 위원회에서 아무런 역할도 하지 못하고 있다." 대공황이 깊어만 가고 두 번째 세계 대전이 다가오는 상황이었으니 이 암울한 주장이 과녁에서 크게 벗어났다고 볼 수는 없다.

러셀의 분석 능력이 아주 잘 발휘된 에세이로 「자살이 불법이라니」를 들 수 있다. 이것은 러셀이 자살의 정당성에 대해 유일하게 일관된 논지를 펼치고 있는 글로서, 인생 초반에 여러 번 자살을 고민했다는 그의 증언에 비춰볼 때 놀라운 견해다. 그가 글을 쓰던 당시 영국과 미국 대부분의 주에서는 자살은 물론 자살 기도도 불법이었다. 그는 이러한 태도를 불합리하다고 보았다.

러셀의 견해에 따르면 자살을 범죄로 간주해선 안 되었다. 자살은 현명하든 현명하지 못하든 개인이 자신의 합법적 자산을, 즉 자신의 생명을 자기 뜻대로 처분하는 일이라는 것이다. 그는 이 입장에 도달하기까지 자살이 살인의 한 형태라는 주장을 지지하는 통상적인 논리들을 빠짐없이 검토하고 하나씩 반박해나간다. 그는 자살 기도를 범죄로 보는 시각을 이렇게 비웃는다. "사는 게 너무 고달파서 죽으려는 사람에게 인생의 즐거움을 깨닫도록 가르친답시고 징역형을 내리고 있다." 자살을 단념시키는 것이 처벌의 목적이 되는 게 마땅하지만 이 경우에는 그 목적을 달성할 가능성이 지극히 낮다.

러셀이 영어를 다루는 솜씨는 정말 탁월하다. 그는 일반적인 문학적 장치들을 잘 알고 활용하는데 특히 반어법을 이용해 자기주장을 관철하는 데 능숙하다. 교사들이 립스틱을 사용하지 않는 이유를 논하면서 그는 이렇게 말한다. "물론 위선이란 인생에서 성공하기 위해 매우 필요한 덕목이며, 따라서 교육에 종사하는 사람들은 위선을 가르칠 능력이 있어야 한다는 견해에 대해 많이들 이야기한다." 지적인 독자(러셀은 늘 자신의 독자들이 보통 이상의 지성을 지니고 있다고 믿는다)는 그의 속뜻에 공감하며 고개를 끄덕인다. 불행하게도 곧이곧대로 믿는 (그리고 어리석은) 사람들은 러셀이 위선을 옹호하는 것으로 해석한다.

영민한 작가들은 자신의 작품을 인쇄하고 팔아야 할 때 어느 정도 위험을 감수하는 법이다. 지적 수준이 낮거나 내용을 제대로 받아들이지 못하는 독자일지라도 누구나 그 분야에서만큼은 자신이 전문가라고 여기는 사회적 관심사나 정치적 관심사를 작품의 주제로 다룰 때는 특히 더 그렇다. 러셀 자신도 특정 집단들과 마찰을 빚었던 경우가 한두 번이 아니었고 때로는 상당히 무거운 대가를 치르기도 했다. 그러나 투옥도 그의 글쓰기 방식을 바꿔놓지는 못했다. 그는 아주 연로할 때까지도 공감하는 독자들을 즐겁게 하고 험담하는 자들을 자극하는 작업—여기 실린 짧은 에세이들에서도 그렇게 하고 있다—을 멈추지 않았다. 당대의 중요한 주제들에 대해 자신의 견해를 밝히는 수단이 되었던 그 엄청난 글솜씨로 말이다.

존 G. 슬레이터 John G. Slater
토론토 대학에서

편집자의 글

1930년대 초반, 《뉴욕 아메리칸 New York American》을 비롯한 윌리엄 랜돌프 허스트William Randolph Hearst[1863~1951년, 미국의 언론 재벌] 소유의 여러 신문들이 문예면을 발행했고 수많은 작가와 예술가들이 거기에 기고했다. 그 가운데는 영국과 미국의 뛰어난 작가들도 있었다. 올더스 헉슬리, G. K. 체스터턴, 헨리 해블록 엘리스, V. 색빌웨스트, 레베카 웨스트, 필립 와일리, 제임스 서버, H. I. 멩켄, 거트루드 애서턴, 로버트 벤츨리, 오그던 내시, 루이스 브라운, 루드위그 루위슨 등이 거기에 포함된다.

버트런드 러셀은 고정 필진의 한 명으로서 1931년 7월 22일부터 1935년 5월 2일까지 총 156편의 에세이를 기고했다. 1933년 한 해에만 50편을 기고했으니 거의 매주 한 편씩 쓴 셈이다.

신문 독자들을 대상으로 했던 만큼 그의 글들은 대공황, 나치즘의 발흥, 금주법, '뉴딜 정책' 등 당대의 사건과 문제들을 자주 다루었다. 그러나 넓게 보면, 에둘러서 언급한 내용들이 한시적인 경우가 많긴 했어도, 그 주제들은 사랑, 결혼, 자유, 개성, 인격, 부모 자식 관계, 전쟁과 평화, 형제애, 진보, 지식, 진리, 과학, 윤리, 교육 기타 등등 영속적인 것들이었다.

어쨌든 이 에세이들은 철학자―플라톤의 표현에 따르면 '모든 시간과 모든 존재의 구경꾼'―의 글이었고, 20세기의 위대한 정신과 개성을 지닌 인물의 글이었으며, 길고도 충만했던 인생이 끝나는 순간까지 철학자를 비롯해 수학자, 논리학자, 교육자, 도덕가, 사회 개혁의 선전가, 평화운동가 등 대여섯 가지 길을 정력적으로 추구해 뛰어난 성과를 거둔 사람의 글이었다. 이 모든 역할은 여기 실린 에세이들에 어느 정도씩 표현되어 있다.

이 에세이들이 처음 발표될 당시 러셀 경(그 무렵 작위를 받았다)에게 미국은 낯선 나라가 아니었다. 그는 1896년에 미국인이었던 첫 번째 아내와 함께 미국을 처음 방문해 3개월을 머물며 처가 쪽 친척들도 만나고 브린마우어 대학과 존스홉킨스 대학에서 강연도 했다. 그리고 1914년, 1924년, 1927년, 1929년, 1931년에도 다시 미국을 찾았다.

5년간 연재한 에세이들 가운데 책에 다시 실린 것은 일곱

편에 불과했다. 그중 몇 편은 몇몇 영국 잡지에 다시 실렸고, 한 편은 독일 잡지에 번역본으로 소개됐다. 그게 전부였다! 그보다 훨씬 많은 에세이들이 철 지난 신문의 운명을 맞았다. 세상에서 잊혀버린 것이다. 잊혀서는 안 될 것들이 말이다. 출판사와 나는 솔직하고 현명한 독자라면 이 판단에 동의하리라고 자신한다. 우리가 이 글들을 새로운 세대의 독자에게 소개하는 이유도 바로 여기에 있다.

우리는 허스트 계열 신문에 실렸던 에세이들을 이 두 권의 모음집에 모두 포함했다. 다만 한시적인 쟁점을 다룬 몇 편과 러셀 생전에 그의 책들에 다시 실렸던 네 편은 제외했다. 우리가 알기로 영국 잡지 《타임 앤드 타이드*Time and Tide*》에만 소개됐던 에세이(「진정한 도덕과 교화의 차이」)도 처음으로 다시 찍었다. 이 에세이와 함께 이전에 발표된 적 없는 몇 편의 에세이도 모음집에 포함했는데, 이 글들은 허스트 에세이와 같은 시기에 씌어졌을 뿐 아니라 양식이나 구성 면에서 비슷하기 때문이다.

이 에세이들은 젠체하지 않고 때로는 소박하기까지 하지만 러셀의 천재성, 즉 그의 위트, 아이러니, 명쾌함, 박학다식, 도덕적 감수성, 담대함, 그리고 무엇보다도 그의 지혜가 잘 드러나 있다. 그의 명쾌한 추론과 인류에 대한 깊은 관심이 절박하게 필요한 것으로 치자면 우리 세대도 이 에세이들을 처음 읽었던 40년 전 세대에 뒤지지 않는다. 게다가 읽는 즐거움까지 있다. 장난을 좋아하는 러셀의 끼가 모든 글들에서 쉼없이 끓어 넘치고 있으니까.

나는 편집자로서의 특권을 살짝 행사해, 군데군데 발견되는 조금 한시적이고 암시적인 난해한 대목들 몇 곳에 주석을 달았다. 또한 적절한 선에서 대문자, 쉼표, 철자, 붙임표 따위를 내 나름대로 고쳤다. 때로 너무 긴 문장이나 문단을 좀 짧게 자르기도 했고, 아주 드문 경우이긴 하지만 뜻을 명확히 하기 위해 문장을 고쳐 쓴 곳도 있다.

이 프로젝트를 격려해주신 맥마스터 대학의 버트런드 러셀 기록 보관소 담당자 케네스 M. 블랙웰 씨에게 감사드린다. 그리고 이 프로젝트의 실현에 도움을 주신 배리 파인버그와 런던의 컨티뉴엄 원 출판사에도 감사드린다. 한 마디 덧붙여도 무방할 것 같다. 러셀 경은 이 프로젝트를 알고 허락해주었지만 죽음이 가로막아 끝내 완성된 책을 보지 못했다. 이 책을 존경하는 고인의 영전에 바친다.

해리 루자
캘리포니아 주 샌디에이고에서

차 례

서 문 · 6
편집자의 글 · 17

I. 1931년

질투에 관하여 · 31
섹스와 행복 · 35
관광객의 미스터리 · 39
노인을 위한 나라 · 43
마음만 먹는다면 · 47
립스틱을 발라도 되는 사람은 누구일까? · 51
경험에서 배워야 하는 것 · 55
돈을 향한 희망, 돈에 의한 공포 · 59

진짜 악당들 · 63

비겁해서 좋은 점 · 67

명상이 사라진 시대 · 71

결혼이란 · 74

착한 아이 나쁜 아이 · 78

아이 키우기 · 82

우리가 투표를 하는 진짜 이유 · 86

당신은 누구의 존경을 원하는가? · 90

II. 1932년

두 번의 크리스마스 · 97

위대한 국가가 우리에게 주는 것 · 101

면화바구미의 충고 · 105

우리는 너무 수동적이다 · 109

즐거운 재난 · 112

교육이 독이 될 때 · 116

과학자도 사람이다 · 120

나도 탐정 소설을 썼을 텐데 · 124

자살이 불법이라니 · 128

낙관주의에 관하여 · 131

역지사지의 맹점 · 134

멀리 보면 달라지는 것들 · 138

채식주의자도 사납다 · 142

우리가 가구를 사면서 생각하는 것들 · 146

만족을 느끼기 위한 처방전 · 150

비스킷은 먹고 살아야지! · 153

쉬지 않고 움직이는 세계에서 · 156

협력을 강요하는 사회 · 160

니체와 돈 후안의 공통점 · 164

아버지의 그늘 아래 · 168

견과 먹는 사람들의 모임 · 172

진정한 도덕과 교화의 차이 · 176

개가 생각을 할 수 있다면 · 180

우리는 사고 싶지 않았다 · 184

나폴레옹이 행복했더라면 · 187

기대하는 마음이란 · 191

바보들만 똑똑한 시대 · 195

영웅 따라하기 · 199

고행의 십자가만 짊어지게 되리니 · 203

매우 경솔한 인간 분류법 · 207

미소 짓는 살인자 · 211

체벌의 악영향 · 214

동물이 말을 할 수 있다면 · 218

섬에는 없는 '섬나라 근성' · 222

점성가들의 믿음 · 225

아이들은 현실을 두려워하지 않는다 · 229

아픈 것도 자랑 · 232

자선이 사라진 세상 · 236

아리스토텔레스를 숭배하지 않았더라면 · 240

속담은 어디에서 왔을까? · 243

남자들이 반바지를 입던 시절에는 · 247

사회주의자가 좋은 시가를 피운다면 · 251

누구나 유머 있는 시대 · 255

사랑과 돈 · 259

우리가 범죄에 끌리는 이유 · 263

천재가 되는 법 · 267

III. 1933년

옛 친구를 만나면 · 273

자유 경쟁의 그늘 · 277

내가 부끄러워질 때 · 281

무정한 부자들 · 284

요령의 미덕과 진실의 미덕 · 288

명예도 과유불급 · 292

우리를 위로하는 역사 · 296

실패를 받아들이는 법 · 300

자만심이 필요한 사람들 · 304

지겨운 사람들에 관한 연구 · 308

정치라는 이름의 게임 · 312

옛날이 좋았지 · 316

진정한 문명인을 위한 교육 · 320

누군가를 설득하고 싶다면 · 324

민주주의의 위험성 · 328

강한 것을 찬양하는 시대 · 332

인종 혐오를 들여다보니 · 336

모험을 하고 싶다면 달에서 · 340

호감 가는 사람이 되는 법 · 343

아이들에게 용돈을 줄 때는 · 347

나는 진보로부터 달아난다 · 350

전문적인 전문가가 필요한 이유 · 353

정통이라는 것은 · 357

수단보다는 목적 · 361

모두를 위한 윤리 · 365

의미 있는 반항 · 369

논쟁을 좋아하게 되면 · 373

중세로 돌아가고 싶은 이들에게 · 376

지루함에 대한 찬양 · 380

잔인함과의 전쟁 · 383

삼엽충이 남긴 교훈 · 387

규율에 관하여 · 390

천년 왕국을 기다리는 사람들 · 394

교회와 전쟁 · 398

나의 사랑하는 이웃들 · 402

아직도 자제력이 필요한 이유 · 406

IV. 1934~1935년

안락사가 필요할 때 · 413

경제적 민주주의를 향하여 · 417

가족이 서로를 정말 사랑하는 방법 · 421

크리스마스가 생긴 진짜 이유 · 425

내가 가난했으니 너희도 가난해라 · 429

어른들이 배우는 법 · 433

진보의 불확실성 · 437

이런 걸 믿다니 · 441

키 작은 소년들은 어디로 갔나 · 445

여기 정상인 사람 있습니까? · 449

그건 달라 · 453

어버이의 사랑은 끝이 없어라 · 457

자비심에서 권력욕으로 · 460

과학적인 시대의 미신 · 463

과학은 잘못이 없다 · 466

교육은 교사에게 · 469

강한 것과 옳은 것은 다르다 · 472

여가를 보내는 여러 가지 방법 · 475

무엇을 믿어야 할까 · 478

공포와 즐거움의 관계 · 481

이름 없는 위인들 · 484

진보주의자의 검열 · 487

어린 시절의 상처 · 490

더운 나라의 성자들 · 494

여행을 포기하다 · 498

아는 사람만 아는 명성 · 501

광기의 원인 · 505

무례함에도 예의가 필요했던 시대 · 509

우리가 돈을 사랑하는 이유 · 512

선문화의 단점 · 516

완벽하게 정직할 수 없다면 · 520

모욕을 주고받기 · 524

모두 다 잘될 것이다 · 528

우리가 알고 있다고 믿는 것들 · 532

권리만을 위한 권력 · 536

불경기의 공공 지출 · 540

훌륭한 사업가 스터빈스 씨의 사례 · 544

옮긴이의 글을 대신하여 · 549

주 · 552

I

1931년

현대 세계에는 여가라고는 거의 없다.
…… 그 결과 영리한 사람은 많아졌지만 지혜로운
사람은 줄어들고 있다. 지혜란 천천히 생각하는
가운데 한 방울 한 방울씩 농축되는 것인데
누구도 그럴 시간이 없기 때문이다.

질투에 관하여
On Jealousy

질투에 대한 태도는 구식인 사람들과 현대적 관점을 가진 사람들을 나누는 기준의 하나다. 전통적 관점에 따르면 근거 없는 질투는 비난받아 마땅하지만 질투를 유발한 원인이 있을 때는 정당한 분노로 여겨졌다. 데스데모나는 결백했으므로 오셀로가 그녀를 죽인 것은 잘못이었다. 그러나 데스데모나가 죄를 지었다면 오셀로의 행동은 장교이자 신사에게 어울리는 행동이 되었을 것이다.

불문율에 호소하는 것은 지금도 이상한 일은 아니기에, 여전히 대부분의 사람들은 아내의 불륜으로 인해 폭력으로 내몰린 사내를 너그럽게 봐준다. 게다가 이런 상황에서 아량 있는 태도를 보였다가는 남자답지 못하게 비치기 십상이다.

이런 태도 때문에 질투가 필요 이상으로 폭력적으로 치닫기도 한다. 질투에는 분명 본능적 요소가 있으며, 자신의 권리가 침해되었다고 느끼면 이 본능적 요소가 거대한 불길로 타오른다. 자신의 권리에 대한 신념이 바뀌면 그에 따라 질투의 폭력성과 질투를 느끼는 상황도 모두 바뀌기 마련이다. 어떤 사회적 환경에서는 질투 때문에 살인을 저지를 사람도 다른 환경에서는 약간 삐치는 정도에서 그칠 수 있다.

우리가 정말 질투가 줄어들기를 바란다면 이런 방법으로 해결할 수 있을 것이다.

내 생각에, 소위 불문율이란 것이 극단적으로 적용되는 경우에는 사리에 맞는 의심이란 존재할 수가 없다. 누군가 당신을 속여 돈을 빼앗는다면 엄청 화가 나겠지만 사적인 보복 대신 법으로 문제를 해결할 것이다. 사적인 잘못을 사적인 폭력으로 바로잡는 행위는 문명국의 사고와는 양립할 수 없다.

그러나 그리 극단적이지 않은 형태의 질투에 대해서는 무어라 말할 수 있을까? 아예 질투의 빌미를 주지 않는 편이 낫다고 치자. 그 점을 인정하더라도 우리는 많은 사람들이 그런 빌미를 제공하리라는 사실을 알고 있다. 질투가 사회적으로 존중받는 동안에는 인간관계의 가장 친밀한 측면이 기만으로 뒤덮이게 되어 사람들은 질투를 부를 수 있는 행동을 숨기게 될 것이다.

결혼 생활을 깨려는 의도가 전혀 없더라도 때로는 엄밀한 의미의 정절을 어길 수도 있다는 사실은 누구나 알고 있다.

자신에 관해서라면 누구나 그렇게 생각하지만 배우자에 대해서도 그렇게 믿어줄 수 있는 사람은 그리 많지 않다.

사람들은 두 종류의 성(性) 심리학을 지니고 산다. 하나는 자기 자신에게, 나머지 하나는 자신이 사랑하는 사람에게 적용된다. 이 두 가지는 물샐틈없는 구역에 서로 분리되어 존재하므로 결코 만날 일은 없다. 나로 말하자면, 남자가 자신에게 적용하는 심리학이 자기 아내에게 적용하는 심리학보다 더 진실에 가깝다고 믿는다. 또한 진실하지 못한 것을 믿는 것은 장기적으로 아무런 도움도 되지 못한다고 생각한다.

제대로 된 사내라면 누구나, 아내가 자기보다 정숙하다는 사실을 완전히 확신하지 못하는 삶을 견뎌낼 수 없으리라 말하는 사람도 있을 것이다. 하지만 이 문제도 역시 기대와 사회적 관습에 달려 있다. 절친한 친구들이 나를 희생시켜 익살맞은 풍자를 즐길 수도 있다는 사실을 처음 알게 되었을 때, 그것은 아주 고통스러운 경험이다. 자기 자신도 종종 같은 짓을 해왔다는 걸 잘 알면서도 분노를 느낀다. 그러나 약간의 경험과 반성만 따른다면, 자기만 비웃음을 살 만한 결점이 전혀 없는 예외가 되기를 바랄 수는 없다는 사실을 누구라도 인정할 것이다. 똑같은 얘기를 더 심각한 사안에도 적용할 수 있다.

자신이 보편적인 법칙에서 벗어난 예외적인 존재가 아니며, 인생사의 평범한 불운에서 신성불가침의 면책 특권을 지닌 존재도 아니라는 사실을 깨닫는 건 힘든 일이다. 나도 그 점은 인정하지만, 가능한 일이기는 하다. 세상에는 지나친 자부심을 가진 사람이 너무 많다. 그렇기에 사람들이 세상에서 받을 수 있는 몫 이상을 요구하여 발생하는 해악을 줄여주기만 한다면, 그것이 무엇이든 환영받아 마땅하다. (1931. 7. 22)

섹스와 행복

Sex and Happiness

섹스는 아담과 이브가 타락한 벌이었다고 한다. 오늘날 섹스의 작용을 지켜보다 보니 이 견해에 동의하고 싶어진다. 내가 아는 청춘 남녀 거의 전부가 섹스의 작용 때문에 이런저런 고통을 심하게 겪고 있다. 독자 여러분이라면 가슴에 손을 얹고 말할 수 있겠는가? 나는 섹스와 그 결과들에서 고통보다는 기쁨을 더 많이 느낀다고.

남성이 지배했던 옛날에는 문제가 간단했다. 남성은 자기가 원하는 것을 가졌고 여성은 복종했다. 이런 식으로 인류의 절반이 행복했고 나머지 절반은 불행했다. 그러나 현대로 넘어와 남녀 간에 정의가 요구되면서 이러한 구도가 불가능해졌다. 개혁가들은 여성도 남성만큼 행복해지기를 의도했겠지만 실제로 맞이한 현실은 남성도 여성만큼 불행해졌다는 것이었다.

사람들이 빅토리아 시대 소설처럼 짝을 만나고, 영원히 행복하게 살 수만 있다면 만사형통일 것이다. 그러나 간단하고 만족스런 처방인데도 사람들은 이 처방에 따르기를 단호하게 거부한다. 아내가 남편에게 싫증을 내거나 남편이 아내에게 싫증을 낸다.

아내가 의무에 충실한 여성이라면 남편의 습관적인 몸짓과 습관적인 일화, 공적인 중대사에 대한 습관적인 견해에서 느끼는 염증을 감추려 들지 모른다. 이 경우 그녀는 자녀들에게 불만을 터뜨릴 것이다. 혹은 다른 곳에서 기분 전환거리를 찾을 수도 있겠는데 이럴 경우 아내가 속임수의 달인이 되거나 남편이 질투로 인해 심란해질 것이다.

먼저 싫증을 느낀 사람이 남편이라면, 그리고 그가 높은 도덕성과 강철 같은 자기 통제력을 지닌 자라면, 예의와 고된 일에서 도피처를 구할 수도 있다. 하지만 조만간 그 긴장을 주체하지 못하고 허물어지거나 뛰쳐나가거나 할 것이다. 가끔은 이혼이 해결책이 되기도 하지만 첫 번째 이혼과 마찬가지 이유로 두 번째, 세 번째로 이혼하기 쉽다. 나는 미국인 숙녀와 대화를 나누다가 내가 어쩌다 언급한 사람이 과거 한때 그녀의 남편이었음을 알고는 난감해지는 경우를 자주 겪었다.

이 모두가 너무나 서글픈 이야기다. 모든 문제는 섹스가 행복의 원천이어야 한다는 잘못된 생각에서 비롯된다고 말하는 사람도 있을지 모르겠다. 치과 의사와 보낸 시간이 전적으로 즐겁지 않았다는 이유로 담당 의사를 바꾸는 사람은 아무도 없다. 만약 사람들이 섹스에서 불행을 기대한다면 그 불행이 닥쳤을 때 좀 덜 실망하게 될 것이다.

이 관점은 상당히 고리타분한 것으로 사실은 전통적인 도덕관과 단단히 묶여 있다. 그러나 이게 정말 우리가 할 수 있는 최선일까? 나는 그렇게 보지 않는다. 나는 보다 많은 현실성과 자기 통제력을 발휘하여 질투와 성급함의 문제를 대한다면 모든 게 달라지리라고 본다. 현대인이 지닌 고민의 많은 부분은 감상적이고 무정부적 충동인 낭만적 사랑을 사회 제도인 결혼과 뒤섞어놓았기 때문에 생겨났다. 프랑스인들은 이런 실수를 범하지 않았기 때문에 이런 면에 있어서는 전반적으로 영어권 나라 국민들보다 상당히 행복하다.

어쨌든 우리 시대의 계율과 관습이 어디에선가 잘못되어 있다는 것은 분명하다. 현대의 결혼은 남편과 아내에게 행복을 가져다주지 못할 뿐 아니라 결혼이란 제도의 목적으로 여겨지는 자녀 출산 면에서도 만족스럽지 못한 경우가 너무나 많다. 현대의 결혼으로 태어나는 아이들은 일단 수적으로 너무 적고, 늘 불안하고 잔뜩 긴장한 상태이기 쉽다. 어머니가 소홀히 하거나 아니면 지나치게 꼼꼼히 챙기며 지켜보는 현대의 아이들은 제대로 자라지 못할 거라는 불안한 기운에 휩싸여 지내기 때문이다.

어찌된 영문인지 옛 제도들의 톱니바퀴가 풀려버린 것 같다. 남성과 여성에게 좀 더 단순했던 시대의 행동 양식으로 돌아가자고 설교해본들 아무 소용이 없다. 그들은 그렇게 하지 않을 것이다. 윤리가 요청되지만 그것은 새로운 윤리여야만 한다. 그리고 무엇보다 우리 시대에 존재하는 진실 그대로를 고려하는 현실적인 윤리여야 한다. (1931. 8. 5)

관광객의 미스터리
Tourist: We Lose Our Charm Away from Home

희한한 일이다. 우리는 집에 있으면 더할 나위 없이 매력적인데 해외로 나가기가 무섭게 대부분 끔찍한 사람들로 변해버린다. 미국에 온 영국인 여행자들이 오만하게 굴고, 아무 근거 없이 사람을 깔보고, 미국 문명의 아주 중요한 장점들을 보려 하지 않아 내 얼굴이 화끈거리곤 했다.

이런 바보 같은 행태 탓에 견문이 좁은 미국인들은 영국인들을 실제보다 훨씬 더 나쁘게 보게 된다. 사실 외국의 삶을 사소한 부분까지 보고 나서도 자신이 지닌 최고의 품성을 발휘하기란, 어느 나라 사람이든 상관없이, 평범한 관광객들에겐 어려운 일이다.

이는 유럽인 관광객뿐 아니라 서반구 출신 관광객들에게도 적용되는 얘기다. 자기네 대륙을 벗어나본 적이 없는 유럽인들이 미국인에 대해 아주 그릇된 인상을 가지게 되면서 그런 일이 일어난다.

여러 가지 예외를 무시하고 넓게 보자면, 미국인이 유럽에 오는 주된 목적은 자기 나라에서 채워지지 않는 인간 본성의 여러 측면을 만족시키기 위해서라고 말할 수도 있다. 이런 미국인들에게는 르네상스 역사에서 익히 들었던 이름을 가진 퇴락한 이탈리아 귀족이 아인슈타인보다도 흥미롭다. 직업이 골동품상이라면 또 모를까, 유럽인들은 이런 태도를 취할 리가 없다. 당장 현재를 살아야 하고, 가능하다면 유럽을 살기 좋은 곳으로 만들어야 하기 때문이다. 또한 유럽인들은 유럽의 역사적 유물에 관심을 가지는 미국인들이 언제나 안목이 있다고 보지는 않는다.

역사가 스며 있는 문화는 무가치할 리가 없는 일정한 깊이와 견고함을 지니고 있다. 그러나 그저 신기할 뿐인 복장이나 호칭이나 관습의 유물은 할리우드가 이용해 먹는 식의 피상적인 관심밖에 끌지 못한다. 이런 관심의 대상이 되는 것을 좋아할 사람은 아무도 없다. 게다가 유럽인들은 우스꽝스런 유물인데도 좋다고 감상하는 행태를 참기 힘들어 한다.

교양이 좀 부족한 관광객들도 있다. 주로 파리에서 보게 되는데, 집에 있을 때 얽매여야 했던 도덕적 속박에서 풀려나고자 하는 사람들이다. 이런 사람들은 파리 사람들에게도 나름의 규범이 있을 거라고는 짐작조차 못하기에 자신이 언제 그 규범을 거스르는지 알지도 못한다. 그러나 그들이 즐기는 동안 프랑스 삶의 진지한 측면들은 여전히 숨겨진 채로 남아 있다.

문명을 창조하고 유지해온 사람들이 틈만 나면 자신의 문명과 다른 것들을 가능한 한 폭넓게, 제발로 찾아 나서는 현상은 미국 문명의(어느 정도는 영국 문명에서도) 기묘한 특징이다. 예를 들어 프랑스 문명에는 이런 특징이 적용되지 않는다. 외국에 대한 프랑스인의 선호도는 자기 나라와 얼마나 닮았느냐와 비례하기 때문에 달아나고 싶은 자기네 세계의 특징이랄 게 없다. 이런 차이가 생기는 이유는 무엇일까?

내가 할 수 있는 설명은, 프랑스인은 주로 자기에게 만족스러운 것들을 생각하며 사는 반면, 고상한 윤리적 기준의 영향을 받는 많은 미국인과 적지 않은 영국인은 주로 자기 이웃들에게 무엇이 좋을지 생각하고 산다는 것이다. 우리가 다른 이들에게 좋은 것을 만들고 있다고 생각하면 흐뭇하기야 하겠지만, 애석하구나! 우리에게 좋은 것이 언제나 우리 마음에 드는 것은 아니다.

당연하게도 미국 문명에서 나오는 즐거움은 대체로 그 문명이 배출하고 있는 고결한 남녀들을 반영하는 이타적 즐거움이다. 그러나 사적인 기쁨이란 면에 있어서는 고귀한 도덕성이 적은 나라들이 보다 만족스럽게 산다. 가장 애국심 강한 미국인들조차도 자기 나라 것과 많이 다르기만 하다면 무엇이든 게걸스럽게 찾아다니는 이 기묘한 역설을, 나는 이런 식으로 설명할 수 있다고 본다. (1931. 8. 24)

노인을 위한 나라
The Menace of Old Age

우리 시대의 가장 심각한 위험 하나가 아무도 모르게 다가왔다.

의료 부문 기술은 인간의 수명을 연장했지만 인간의 능력을 연장하는 법은 아직 알아내지 못했다. 지난 60년 동안에 태어나는 사람도 점점 줄었고 죽는 사람도 점점 줄었다. 그 결과 인구의 평균 연령이 계속 높아지고 있다. 이상하게 들리겠지만 숙련된 기술로 늙은 환자들을 치료해 이런 결과를 초래한 의사들은 대중의 칭송을 받아 마땅하다고 생각하고들 있다. 교황 하드리아누스 6세 Adrian VI (이탈리아인이 아니면서 교황청을 차지한 마지막 인물)가 즉위한 지 몇 달 만에 사망했을 때는 저명한 로마인들로 구성된 사절단이 교황 주치의의 집까지 축하 행진을 벌였다. 허나 슬프도다! 이런 기백은 이제 죽고 없다.

불행하게도 과학적 능력을 이처럼 잘못된 방향으로 사용

한 결과가 이미 눈에 띄게 나타나고 있다. 거의 모든 정부 각료가 일흔이 넘은 나라에 산다는 점에서 나도 운이 없는 사람이다.¹ 원래 좀 젊은 사람이 몇 명 있었지만 사임하고 말았다. 남은 사람들 중 몇 명은 내가 30, 40년째 알고 지내온 사람들이다. 나는 그들이 활기차고 진취적이었던 시절을 기억할 수 있다. 그들이 자신의 신념에 따라 행동하는 것을 지극히 당연하게 생각했던 시절도 있었다.

그러나 생리 현상 앞에는 장사가 없다. 우리 몸의 조직이 뻣뻣해지면서 우리의 습관도 점점 굳어진다. 우리(나 역시 노인의 입장에서 얘기하고 있다)는 매일 같은 동작을 반복하면서 보낸다. 면도하고, 머리를 빗고, 좋아하는 일화나 늘어놓으면서 말이다. 우리는 여전히 변화가 필요하다고 머리로는 확신하지만, 그건 이미 굳어버린 입버릇 중의 하나이기 때문이다. 우리는 진짜 변화는 감당할 수 없다.

그러므로 나이를 먹은 급진주의자는 무능해야만 행복할 수 있는 서글픈 상황에 처해 있다. 그는 지금까지 늘 해왔던 일 중 어느 하나도 중단할 수 없다. 변화를 옹호하는 것도 그 중 하나지만, 변화를 현실로 이루는 일은 물론 여기에 포함되지 않는다.

내가 아는 가장 슬픈 사례 하나는 '죽은 아내의 자매와의 결혼을 합법화하기 위한 모임' 간사의 이야기다. 그는 스물두 살의 팔팔한 젊은이일 때 그 자리를 얻었다. 그리고 50년이 흐르는 동안 지치지 않는 노력으로 뛰어난 기량을 발휘해 마침내 이 단체가 주장하는 개혁의 필요성을 영국 대중에게 설득시키는 데 성공했다. 그 법안이 통과되자 단체는 필요가 없어졌고, 그 남자도 일자리를 잃었다. 그때 일흔두 살의 노인이었던 그 남자가 할 수 있는 일이라고는 하나뿐이었다. 그 일이란 이미 통과된 법안의 논거를 명쾌하고 열정적으로 설명하는 것이었다(내가 위의 사실들을 보증하지는 못하지만 아무튼 그 비슷한 일이었던 것 같다).

대부분의 노인들은 이런 서글픈 운명을 피하고, 자신들이 언제나 옹호했던 환경 변화를 막고자 뭔가를 할 수도 있는 멋진 감각을 가지고 있다. 그러니 의료 기술이 하나씩 늘어갈수록 세상은 더욱 보수적으로 변할 수밖에 없다. 어쩌면 100년이 더 흐른 뒤에는 대부분의 사람들이 여든 넘은 노인일지도 모르겠다. 그 노인들은 몸을 떨고 웅얼거리거나 완전히 노쇠한 상태겠지만 돈도 많고 존경도 받는 힘 있는 사람들일 것이다. 육십 먹은 젊은이들은 그들을 몰아내려고 안달을 하겠지만 중요한 자리는 이미 노인들이 전부 차지하고 있을 것이다.

그런 세상에서는 어떤 진보도 불가능하다. 어떻게 하면 이 문제를 해결할 수 있을까? 이런 위험을 미리 내다본 스위프트Jonathan Swift[1667~1745년, 『걸리버 여행기』를 쓴 영국의 풍자작가 겸 정치평론가)는 나이 여든이 되어도 부당하게 장수할 것으로 의심되는 사람은 재산과 선거권을 박탈해야 한다고 제안한 바 있다. 감탄할 만한 제안이긴 하지만 이미 노인들이 권력을 꽉 움켜잡고 있으니 내가 볼 때 스위프트의 계획은 실용적인 정책이 못 되는 듯하다.

나의 제안은, 60세 이하의 모든 의료인들이 하나로 뭉쳐 젊은이를 지키기 위한 연맹을 결성하고 영향력을 행사해서 아주 늙은 노인의 수명을 연장하려는 모든 연구를 막자는 것이다. 이런 운동으로 위협하면 노인들이 권력을 내놓도록 유도할 수 있을지도 모른다. 권력을 빼앗긴 노인들은 자선의 대상으로 전락할 수도 있다.

나라면 그들을 남태평양의 섬으로 옮겨놓겠다. 그곳에는 어떤 금기도 없어야 하고 담배도 넉넉하게 공급되어야 한다. 그리고 엄중한 검열하에 특별한 신문들이 발간될 것이다. 이 신문들은 검열 기관의 지시에 따라, 세상은 영락하고 있으며 개선은 어디에서도 결코 이뤄지지 않고 있다고 보도할 것이다. 이런 수단들을 통해 이 의료 기술의 희생자들은, 젊은이들을 억압하거나 세상이 새로운 상황에 적응하는 것을 방해하는 자리에서 벗어나 말년의 행복을 누리게 될 것이다.

(1931. 8. 27)

마음만 먹는다면
In Praise of Artificiality

세상에는 두 종류의 사람들이 있다. 자신이 인위적이기 때문에 자연을 찬양하는 사람들이 있고, 자신이 자연스럽기 때문에 인공적인 것art을 찬양하는 사람들이 있다. 우리 시대에 많이 나타나는 자연 찬양은 그 자체로 자연스럽지 못한 것이다. 이는 인공물이 너무 많아 나타나는 반작용에 불과하다. 반작용으로서는 쓸모가 있지만 인생론으로서는 도움이 되지 않을 것이다.

한번은 갈까마귀와 그 짝이 먹이를 먹는 모습을 지켜본 적이 있다. 먹이는 날고기였는데 어떤 부위는 연하고 어떤 부위는 질겼다. 수컷이 먼저 연한 부위를 모두 먹어치웠다. 그러면서 암컷이 감히 접근하려고 하면 부리로 거칠게 쪼아댔다. 암컷은 먹을 만한 것이 전혀 남지 않았을 때에야 비로소 잔뜩 달아오른 식욕을 충족할 수 있었다.

그 모습을 보면서 이런 생각이 들었다. 인간도 이런 식으로 식사를 한다면 과연 어떤 모습이 될까? 기운이 넘치는 젊은 사내들의 입장에서야 아주 흐뭇한 결과가 나오겠지만 여성과 아이들, 노인들에게는 예의 바른 태도라는 규범에 따르는 편이 더 유리할 것이다.

문명은 모두, 특히 미적인 측면에서는, 인공적이다. 매너, 훌륭한 말하기, 훌륭한 글쓰기, 훌륭한 음악, 훌륭한 무용……. 삶에 우아함을 부여하는 이 모든 것들은 자연스러운 충동을 거부하는 데에 달려 있는 것이 아니다. 그보다는 그것들을 단련시켜 잔인한 방식이 아닌 유쾌한 방식으로 표현되도록 하는 데에 달려 있다.

나는 어제 갓 개업한 스페인 해안의 작은 식당을 방문했다. 그 식당은 거의 술을 공급하기 위해서만 존재한다고 할 수 있었다. 지배인은 매력적인 동성애자 청년이었는데 벽에다가 유쾌하지만 매우 인공적인 그림을 그리면서 여가를 보냈다. 그는 두 척의 배에 특별한 자부심을 느꼈다. 한 척은 번개에 맞아 부서진 프랑스 배였고 또 한 척은 고요히 떠다니는 스페인 배였다. 지배인은 세련된 사람이어서 손님들을 세련되게 만드는 데도 기여했다. 음주를 단지 심한 갈증을 달래는 차원이 아니라 인공적이고 스타일 있는 것으로 만들었기 때문이다.

일을 복음으로 삼는 북유럽 나라들이 잃어버린 우아함이 여기 남유럽에선 아슬아슬하게나마 아직도 살아 있다. 일이라는 복음은 사람들에게, 중요한 것은 결과물이지 결과를 만드는 과정에서 발휘되는 스타일이 아니라고 가르친다. 우리는 아름다움이 없는 집을 짓고, 그 안에서 단지 양분을 공급하는 음식을 먹으며, 사랑도 없이 자식을 낳아 자발성과 우아함을 파괴하는 교육을 시킨다.

과정이 즐거워야 스타일이 생기고, 생산 활동이 그 자체로 미적 특성을 띠게 된다. 그러나 사람이 기계에 동화되어 일 그 자체가 아니라 일의 결과만을 가치 있게 생각할 때, 스타일은 사라진다. 그리고 사실은 더 야만적인데도 기계화된 인간의 눈에는 더 자연스러워 보이는 어떤 것이 스타일의 자리를 차지한다.

인간이 점점 기계화되고 있는 상황에서 이것은 피할 수 없는 불행일까? 나는 그렇게 생각하지 않는다. 우리는 일이 우리를 지나치게 지배하도록 내버려두었고 기계를 육체와 정신노동에서 벗어나는 수단으로 충분히 활용하지도 못했다.

마음만 먹는다면 우리 모두는 더 많은 여유를 누릴 수 있을 것이다. 마음만 먹는다면 우리 아이들이 한 집단의 편리한 부속품이 되는 것이 아니라 자신의 충동에 예술적 표현을 부여할 수 있도록 교육할 수 있을 것이다. 우리가 그렇게 하지 않는 것은 아름다움보다 힘을 사랑하기 때문이다.

그러나 오직 힘만을 추구하는 것이 행복에 이르는 최선의 길인지는 의심스럽다. 인간의 본성에는 적어도 힘만큼 존중받을 가치가 있는 다른 요소들도 많다. 기계화 시대가 그 요소들에게 마땅한 자리를 내주어야 한다고 깨닫기 전까지는 새로운 문명이 온전히 정상화될 수 없을 것이다.　　(1931. 9. 9)

립스틱을 발라도 되는 사람은 누구일까?
Who May Use Lipstick?

"무슨 멍청한 질문이냐!" 독자들은 이렇게 말하지도 모르겠다. "오늘날에는 당연히 모든 여성이 립스틱을 바른다." 그러나 잠깐만 생각해보면, 다른 이들에게는 보편적인 이런 관용이 일부 여성 집단에는 아직 미치지 않고 있다는 사실을 알 수 있다. 어떤 여성에게는 립스틱의 사용이 허락되고 어떤 여성에게는 그렇지 않은지 살펴보면 전통적인 윤리적 가치관을 흥미롭게 조명할 수 있을 것이다.

종교계의 여성 성직자들은 신도들 앞에선 당연히 징결해야 하며, 남성의 마음을 끌려는 것으로 비칠 수 있는 치장을 해서는 안 된다. 그녀가 남(南)캘리포니아 출신이 아닌 한은 말이다. 극기의 삶을 열심히 훈계하고 있는 동안 그들은 자신이 설교하는 대로 실천하지 않는다는 기색을 눈치채여선 안 된다.

사회복지사들도 립스틱을 바르면 안 된다. 그들에게 기금을 대는 숙녀들은 모두 립스틱을 바르고 있지만 말이다. 근무 중인 병원 간호사들도 자신이 돌보는 환자의 건강 외에는 어떤 것에도 관심이 없는 것처럼 보여야 한다. 근무 시간 중에 지나칠 정도로 아름답게 꾸몄다가는 분명 수간호사의 질책을 받을 것이다.

이 기묘한 금기의 희생자 중에서 가장 큰 집단은 바로 교사들이다. 미국 사정은 어떤지 모르겠지만 영국에서는 매력 없어 보이고 싶지 않은 여교사는 누구든 뜨거운 봉변을 당하기 마련이다.

이런 제약의 철학적 기초에 대해 잠깐 살펴보자. 첫째, 교사는 도덕적으로 바람직한 영향을 미쳐야 한다는 주장이 있다. 여기까지는 동의할 수 있다. 둘째, 어떤 여성도 남성에게 무심하거나 무심한 척하지 않고는 도덕적으로 바람직한 영향을 미칠 수 없다는 주장이 있다. 젊은 여성이 이런다면 그건 위선이거나 심리적으로 건강하지 못한 상태일 것이다.

물론 위선이란 인생에서 성공하기 위해 매우 필요한 덕목이며, 따라서 교육에 종사하는 사람들은 위선을 가르칠 능력이 있어야 한다는 견해에 대해 많이들 이야기한다. 하지만 나는 교사들에게 이런 제약을 강요하는 사람들이 위선을 요구하려 한다고 생각하지는 않는다. 그들은 훌륭한 교사의 자질을 갖춘 여성들은 자신의 매력이라는 주제에 진정 무심해야 한다고 생각할 뿐이다.

내가 보기에 이 견해는 아주 심각하게 잘못된 것이다. 신체 건강에 문제가 있다면 또 모를까, 젊은 사람이 이성에게 무심할 수 있는 경우는 어느 정도 폭력적인 억압이 가해질 때뿐이다. 이러한 억압은 필연적으로 규율 위주의 엄격한 태도로 이어져 아이들의 행복하고 자발적인 발달에 아주 나쁜 영향을 주게 된다.

성인들이 즐거운 시간을 가지려 하면 아무리 못마땅하더라도 일반적으로는 인정해준다. 그러나 아이들에게는 권위의 온 무게를 실어 미덕이란 즐겁지 않은 것이라고 가르친다는 느낌을 받는다. 그렇게 하는 것이 미덕을 사랑하게 만드는 방법이라고 믿기 때문인가 보다. 교육 당국은 미덕이란 즐겁지 않은 것이란 점을 아이들에게 증명하기 위해서 즐겁지 않으면서 동시에 미덕을 갖춘 교사들을 공급하고자 애쓰고 있다.

나로 말하자면, 가장 훌륭한 사람에 관해 좀 다른 견해를 가지고 있다. 나는 사람들이 유쾌하고 명랑하고 다정해야 한다고 생각한다. 그리고 '아니오'보다는 '예'란 대답을 더 많이 할 수 있어야 한다고 생각한다. 자기 자신에게 '아니오'라고 말하는 사람들은 대부분 그렇게 하면 다른 사람들에게도, 특히 아이들에게도 '아니오'라고 말할 수 있는 권리를 얻는다고 생각한다.

이런 까닭에 나는 어린 세대와 접촉하는 직업을 가진 사람들, 일반적으로는 도덕 기준의 유지를 업으로 삼는 사람들이 즐거움을 범죄시해서는 안 된다고, 그것은 매우 중요한 일이라고 생각한다. (1931. 9. 14)

경험에서 배워야 하는 것
The Lessons of Experience

젊은이들은 상상력과 논리적 추론에 영향을 받고 노인들은 경험의 안내에 따른다고들 한다. 젊은 시절 나는 이 사실을 증명하는 놀라운 사례를 접한 적이 있다.

그때 나는 데번셔에 있는 고풍스런 마을 클로벨리에서부터 하트랜드 포인트라 불리는 곳까지 걸어갔는데 그곳에서는 브리스틀 해협 입구의 런디 섬을 볼 수 있었다. 그곳에서 대화를 나누게 된 해안 경비원이 하는 말이 하트랜드에서 클로벨리까지는 8마일이고 런디 섬까지는 10마일이라는 것이었다. "그럼 클로벨리에서 런디 섬까지 거리는 얼마나 됩니까?" 내가 물었다. 22마일이라는 대답이 돌아왔다. 그 말에 나는 바로 삼각형의 두 변의 합은 나머지 한 변보다 항상 크다, 그리고 하트랜드를 경유하더라도 그 거리는 18마일에 불과하다는 식으로 논리를 전개했다.

하지만 해안 경비원은 꿈쩍도 하지 않았다. "선생님, 제가 말씀드릴 수 있는 것은요", 그는 대답했다. "지난번에 존스 선장님과 얘기할 때 그분이 그랬거든요. '나는 이 해안을 소싯적부터 30년을 겪어왔어. 내 경험으로 그 거리는 22마일이야.'" 소싯적 논법 앞에서 기하학은 얼굴을 붉히며 물러나야 했다.

이 이야기에는 한 가지 교훈이 담겨 있다. 세상의 정부는 도덕적으로나 정치적으로나 노인들이 거의 전부를 장악하고 있다. 그들은 30년 정도도 아니고 '소싯적부터' 50년, 60년 혹은 70년씩 세상을 겪어왔다. 이들이 경험에서 배운 것은 자신이 경험하기 전부터 이미 믿어왔던 것을 믿어야 한다는 것이다. 대다수 사람들이 경험에서 배우는 것이라고는 자신의 선입견을 확인하는 게 고작이기 때문이란다.

경험에서 진정으로 무언가를 배우려면 열린 마음을 가져야 한다. 과학을 하는 많은 이들에게 이런 태도가 다소 부족하긴 하지만, 열린 마음은 과학적 기질의 정수다. 경험에 바탕을 둔 과학은 경험을 예측할 수 있게 해주고, '소싯적' 경험으로 알 수 있는 것보다 더 많은 것들을 알게 해준다.

대체로 세상은 우리가 생각하는 바와 같다. 우리의 이론이 세상을 빚어내며, 우리가 믿음으로써 그 이론은 진실이 될 수 있다. 다른 믿음이 지배하는 다른 사회에서는 세상이 아주 다르게 보일 것이다. 그러므로 당신의 선입견이 경험으로 확인된 것이라 할지라도 만일 전에 다른 경험을 했다면 완전히 다른 선입견을 확인할 수도 있었을 것이다.

쇼펜하우어Arthur Schopenhauer[1788~1860년, 독일의 염세주의 철학자. 의사의 충고를 무시하고 아침 목욕을 고집하다가 어느 날 아침 목욕을 마친 다음 사망했다고 한다]는 목욕 때문에 죽었다. 죽을 나이가 되어서야 목욕이란 것을 해보기 시작했기 때문이었다. 이 일로 그의 친구들의 선입견은 확인되었다.

미국이 서유럽보다 나은 중요한 측면은 전통이 긴 나라들에 비해 '소싯적' 범주의 논법이 힘을 쓰지 못한다는 점이다. 동유럽과 북아시아는 최근 들어 전통에서 탈피해가는 지역들인데 그 결과가 어떻게 될지는 아직 판단하기 어렵다. 그러나 서유럽은 신세계에서도 옛날 방식을 계속 밀어붙이고 있으며, 경험의 가치를 지나치게 믿은 나머지 말라죽어 가고 있다. 이는 사업 방법, 정치 방법, 교육 방법, 집 짓는 방법 등 과학 이론을 제외한 거의 모든 분야에 적용된다. 서유럽이 과학 이론 분야에서 최고의 자리를 유지하는 것이 참으로 기이할 따름이다.

그러나 과학 이론은 소수의 지식 귀족이나 아는 것이며, 일반적인 사회생활에서는 그 결과물인 기술을 통해서만 과학 이론을 만날 수 있다. 따라서 새로운 기술은 무조건 전통주의자들에게 미움을 사기 마련이다. 장군들은 으레 말을 탈 수 있다고 여겨져 동상을 세울 때도 말 등에 앉은 모습으로 표현된다. 그러나 전쟁터에 나간 현대의 장군에게 말을 타고 질주할 시간은 없다. 현대적 사고방식을 가진 정부라면 자동차를 타고 있는 장군의 동상을 세울 것이다. (1931. 9. 23)

돈을 향한 희망, 돈에 의한 공포
Hope and Fear

모든 사람의 삶에는 실질적으로 변하지 않는 요소들이 있는가 하면, 행운이든 불행이든 변하기 쉬운 요소들도 있다. 변하지 않는 요소들은 당연한 것으로 받아들여지지만 변하는 것들은 희망과 공포의 문제가 된다. 따라서 한 사람의 감정적인 삶의 특징은 그가 살고 있는 사회 체제와 밀접한 관련이 있다. 사람의 감정이란 확실한 쪽보다는 의심스러운 쪽으로 향하기 때문이다.

만약 어떤 사람의 소득이 고정되어 있다면 돈에 대해 많이 생각하지 않을 것이다. 만약 그의 사회적 지위가 불변이라면 윗사람에게 아첨하는 속물이 되지는 않을 것이다. 만약 그가 자기 조국의 위대함이 확고하다고 믿는다면 맹렬한 국수주의자가 되지는 않을 것이다.

또 다른 가치 집합을 살펴보자. 만약 어떤 사람이 스스로를 구제 불능일 정도로 어리석다고 생각한다면 지적 야망을 품지는 않을 것이다. 만약 그가 자신에게 미적 감각이 없다는 것을 안다면 예술적 탁월함을 추구하지는 않을 것이다. 만약 그가 자신이 구제 불능일 정도로 평범하다는 것을 깨닫는다면 명성을 바라며 살지는 않을 것이다.

(러시아 바깥의) 현대 세계에서는 소득과 사회적 지위가 평균적으로 과거 어느 시절보다 가변적이다. 누군가는 투기로 1년에 100만 달러를 벌었다가 다음 해에 그 돈 전부를 날릴 수도 있다. 그가 100만 달러를 소유하고 있을 때는 훌륭한 사회적 지위를 유지하지만 돈을 날리고 나면 아무것도 없다. 이런 극단적인 경우를 들지 않더라도 서구 세계 전역에 걸쳐 대다수 사람들이 2년 전보다 지금 훨씬 더 가난하다. 반대로 경기가 좋은 시절에는 대다수 사람들이 부유해진다.

이런 불확실성의 결과로 사람들은 과거 어느 때보다 돈에 집착하고 있다. 예전에는 이런 집착이 소수 집단에 국한됐지만 지금은 거의 보편적인 현상이 됐다. 경제적 불확실성의 당연한 결과로서 사람은 이제 이 쟁탈전에서 거둔 성공에 비례하여 존경받게 됐다. 그 길에서 비켜서 있는 사람은 거의 없고 존경받지도 못한다. 그들이 그렇게 하는 까닭은 많은 돈보다 다른 것을 더 소중하게 여겨서가 아니라 소심해서라고 생각하기 때문이다.

젊은이들이 사고방식을 형성하는 데 영향을 주는 사람들 대부분이 금전적 성공이라는 이상을 젊은이들에게 제시한다. 젊은이들은 영화에서 사치에 관한 묘사들을 접하게 되는데, 영화에서는 갑부들이 대리석 홀이 있는 집에서 눈부신 드레스 차림의 아름다운 여성들을 거느리고 있기 마련이다. 주인공은 대개 끝에 가서 이 성공한 계층에 들어가는 데 성공한다. 심지어 예술가들조차도 그가 버는 돈의 양에 따라 평가받는 지경에 이르렀다. 돈으로 측정할 수 없는 가치는 무시당하게 됐다. 이 투쟁에서 불리하게 작용하는 모든 종류의 감수성을 실패의 증후로 여기는 것이다.

100년 전에는 부자들이 교육과 문화 면에서 일정한 수준에 이르렀고, 그렇지 못하면 존경도 받을 수 없었다. 오늘날에는 교육과 문화가 가난뱅이라고 무시당하는 교사와 교수들에 국한되는 현상이 점점 심해지고 있다.

우리 사회 체제에 변화가 일어나지 않고서는 이러한 문명의 손실이 개선될 것 같지 않다. 그러나 일단은 이 손실을 실감하는 게 중요하다. 이런 손실이 존재한다는 사실은 우리가 살고 있는 현재 세계가 전적으로 완벽하지 않다고 생각하는 근거의 하나가 되기 때문이다. 사람들이 재정적인 지위를 잃는 일이 별로 없고 그 상태를 쉽게 개선할 수도 없는 세상에서는 돈보다는 다른 어떤 것의 가치가 더 무게를 지니게 될 것이다.

그러므로 우리가 모든 악의 근원이라고 하는 금전욕을 줄이고자 한다면, 모두가 필요한 만큼 가지되 누구도 과하게 가지지는 않는 체제를 만드는 것으로 첫걸음을 떼야 할 것이다.

(1931. 10. 7)

진짜 악당들
Are Criminals Worse than Other People?

현대 세계에서 가장 짜증나는 일 중의 하나는 옛날보다 너무 복잡해졌다는 점이다. 과거에 세상은 정직한 사람들과 악당들로 분명하게 나뉘었다. 정직한 사람들은 법을 지켰고 악당들은 법을 어겼다. 악당들은 잠깐은 성공할 수 있었을지 모르지만 어김없이 비참한 최후를 맞았다. 정직한 사람들은 몇 명쯤 부자가 되지 못했을 수도 있지만 '가난하더라도 정직하게'라는 격언이 말해주듯이 예외적인 경우라고 여겨졌다.

그런 세상에서는 누구도 의심이나 망설임으로 힘들어하지 않았고, 현대인처럼 구분선이 모호해 갈팡질팡하는 고통을 겪지도 않았다. 반항적인 작가들은 오랜 세월에 걸쳐, 번성하는 자들은 사악한 자들이며 부자들은 법을 어기더라도 결코 처벌받지 않는다는 사실을 우리에게 납득시키고자 애써왔다. 역사나 사회학을 공부하는 학생들이라면 누구나, 가장 큰 해악을 끼친 자는 감옥으로 보내진 범죄자들이 아니라 기마 동상의 주인공들이라는 사실에 충격을 받을 것임에 틀림없다.

따라서 심각하게 자문해보지 않을 수 없다. 범죄자들은 다른 사람들보다 정말 더 악한가? 만약 그렇지 않다면 그들을 수감자 신세로 이끄는 특이점은 과연 무엇인가?

지난 전쟁 중에 잠시 범죄자들과 일상적으로 어울렸던 적이 있다.[2] 그들에게서 싫어할 만한 어떤 특이점을 발견했다고는 말할 수 없다. 그들은 다양한 계층에 속해 있었다.

우선 자신이 가진 것보다 많이 배상하라는 판결을 받고는 결국 법정 모독죄로 수감된 채무자들이 있었다. 돈 많고 눈먼 변호사도 한 명 있었는데, 그는 나이 일흔에 중혼죄로 감옥에 와 있었다. 꼿꼿하고 건장한 신체를 가진 한 병사는 휴가를 나갔다가 5분 늦게 귀대한 죄로 형을 선고받았는데 그 자신은 지나치게 가혹한 판결이라고 생각하고 있었다. 그리하여 그는 정부 당국을 위해 싸우는 짓은 털끝만치도 하지 않으리라 맹세했고 이 맹세를 지키기 위해 석방될 때마다 꼬박꼬박 위스키를 훔쳤다. 그러나 그 빈도는 점점 줄어들 수밖에 없었다.

그다음으로 뚱뚱하고 쾌활하고 성격 좋은 친구가 한 명 있었다. 그는 가히 감옥 감정가라 할 만한 사람으로 자신이 들어갈 감옥을 항상 신중하게 선택했다. 그가 범죄자라는 경력을 택한 이유는 오직 감옥에 있어야 마누라한테서 벗어날 수 있기 때문이었다. 또한 구세군 장교로 17년이나 활동했던 사람도 있었다. 이 구세군 장교는 아들이 학교에 지각했다고 벌금을 물게 되었는데 그가 볼 때는 다분히 악의적인 처사였으므로 벌금 납부를 거부했다고 한다. 하지만 그는 주님께서 지혜롭게 어떤 목적을 이루시고자 자신을 그곳으로 이끌었다고 굳게 믿고 있었다.

이렇듯 구제 불능인 악한들 외에 소비에트 정부의 구성원도 세 명 있었으며, 산상수훈[『신약성서』 「마태복음」 5장, '원수를 사랑하라'는 예수의 가르침이 담겨 있다]의 가르침을 따르는 게 자신의 의무라고 생각하는 사람들도 다수 있었다. 전반적으로 볼 때 내가 감옥에서 만난 이들은 최상위 클럽의 회원들보다 괜찮은 동료들로 보였다.

하지만 결코 바람직하다고 할 수 없는 두 부류의 범죄자들이 있다. 유난히 폭력적인 사람들과 유난히 교활한 사람들이 그들이다. 살인자들과 사기꾼들이 이 두 부류를 대표한다고 할 수 있을 것이다. 살인자의 경우 물론 불운이란 요소가 개입된다. 충분한 자극이 주어진다면 누구나 살인자가 될 수 있다. 하지만 다행히도 우리 대부분은 그만한 자극을 받을 일이 전연 없다. 그러나 사람을 폭력적 범죄로 이끄는 데 필요한 자극의 정도는 사람마다 크게 다르다. 통제할 수 없는 분노는 일종의 심리적 탈선이기 때문에 정신과 의사의 치료를 받아야 한다. 그것은 사악함의 징표가 아니라 질병의 징표다.

사기꾼이나 유령 회사 창립자는 좀 다른 범주에 속한다. 그들이 남들과 주로 다른 점은 낙관적이라는 데 있다. 그들은 기질적으로 자신에게 유리한 쪽으로 상황을 과대평가하기 때문에 발각될 위험을 무릅쓰고 다른 이들보다 쉽게 덤벼든다. 이것은 부분적으로는 좀도둑질 교육을 받은 데서 기인하고, 부분적으로는 지나치게 건강한 내분비선을 가지고 있는 데서 기인한다. 이런 사람들에게 필요한 치료법은 쇼펜하우어와 바닷가재 샐러드 강좌를 듣게 하는 것이다. 아마 낙관주의와 왕성한 소화력이 한꺼번에 치료될 것이다.

그러므로 범죄를 예방하기 위해서는 두 가지 요건이 필요하다. 하나는 범죄를 사리사욕을 추구하는 데 불리하게 만드는 것이다. 이것은 형법과 경찰의 사안이다. 다른 하나는 사람들에게 자신의 이해에 따라 행동하는 데 필요한 수준의 자제력과 건전한 판단력을 제공하는 것이다. 이것은 심리학자들의 사안이다. 그러나 윤리학자가 쓸모 있게 기여할 만한 분야는 전혀 없다. (1931. 10. 29)

비겁해서 좋은 점
The Advantage of Cowardice

프랑스 혁명 중에 공포 정치가 끝나고 나니, 머리를 계속 달고 다닐 수 있을 만큼 재빨리 소신을 갈아치운 약삭빠른 비겁자들 말고는 살아남은 정치가가 아무도 없었다. 그 결과 군부의 전성시대가 20년이나 이어졌다. 장군들을 통제할 만큼 용기 있는 정치가가 한 명도 남아 있지 않았기 때문이었다. 프랑스 혁명이야 예외적인 시기로 치더라도, 조직이 있는 곳이라면 어디에서나 비겁함이 용기보다 유리한 경우가 있기 마련이다.

    기업이나 학교, 정신병원 따위의 윗자리에 앉아 있는 사람들 중 열에 아홉은 독자적 판단력을 가진 입바른 사람보다는 나긋나긋한 아첨꾼을 선호할 것이다. 정계에서는 당의 강령을 공언하고 지도자들에게 아첨할 필요가 있다. 해군에서는 해군 전략에 관한 케케묵은 견해를 공언할 필요가 있다. 육군에서는 만사에 대해 중세적 관점을 유지할 필요가 있다. 언론계에서는 임금 노예들이 백만장자들의 견해를 표현하기 위해 머리를 굴려야만 한다. 그리고 교육계에서는 문맹자들의 편견을 존중하지 않으면 교수들이 일자리를 잃게 된다.

사정이 이렇다 보니 그에 따라 사실상 모든 분야에서 오랜 세월 비겁함을 수련해온 자들이 최고 자리에 오르고, 정직하고 용감한 사람들은 구빈원이나 감옥에서만 찾을 수 있게 됐다. 유감스럽지 않은가?

산업주의로 인해 현대 세계는 지금까지 세계사의 그 어떤 시기보다도 사회적 협력을 필요로 한다. 오늘날 당신이 어떤 사람과 협력하는 데는 세 가지 이유가 있다. 그 사람을 사랑하거나, 두려워하거나, 당신도 약탈품을 나눠 갖고 싶기 때문이다. 이 세 가지 동기는 인간이 서로 협력하는 다양한 영역에서 저마다 중요성을 띠고 있다. 이를테면 첫 번째 동기는 출산을 좌우하고, 세 번째 동기는 정치를 좌우한다.

그러나 국가 차원에서든 각종 사회 제도 차원에서든 일상적이고 평범한 통치 업무는 두려움에 기초해 있다. 두려움이 없는 자들의 집단을 통치할 수는 없다. 바이킹은 노르웨이 국왕이 통치할 수 없다고 판단한 자들로, 왕의 지배에 굴복할 생각이 없었기에 노르웨이를 떠났다. 수세기에 걸친 모험을 한 다음 그들은 동토의 아이슬란드 계곡에 사는 농민이 되었다.

대조적인 경우로 저 위대한 말보로 공작Duke of Marl-borough[1650~1722년, 영국·네덜란드 연합군 총사령관을 지낸 영국 군인으로 본명은 존 처칠]을 살펴보자. 그는 자기 누이를 제임스 2세의 정부로 만들어 경력의 첫 단계를 확보할 수 있었다. 그가 화려한 전성기를 누린 것은 자기 아내와 앤 여왕의 열렬한 우정 덕분이었다. 그는 프랑스인들과 싸울 때마다 그들을 격퇴했으나 프랑스 국왕이 휴전의 명분만 제공한다면 언제든 자제할 자세가 되어 있었다. 그는 위대한 이름과 막대한 재산을 남겼으며, 오늘날까지 그의 후손들은 애국자의 귀감으로 통하고 있다.

　이름뿐인 민주주의의 도래에도 불구하고 성공의 기술은 그의 시대 이후로 거의 달라진 게 없다. 오늘날 당신이 성공하기를 바란다면 과거에도 그랬듯이 대담하게 굴거나 독립적으로 행동하지 말고 소심하게 굴며 환심을 사야만 한다.

　따라서 은행 지점장들에게 존중받고, 친구와 이웃에게 존경받고, 진정한 시민의 모범으로 널리 인정받다가 신성한 향기 속에서 죽고자 하는 야망을 가진 사람들에게 들려주고 싶은 충고는 이런 것이다. 당신의 견해를 표명하지 말고 당신 상관의 견해를 표명하라. 당신이 훌륭하다고 생각하는 목표를 실현하고자 애쓰지 말고 백만장자들의 지원을 받는 단체가 정해놓은 목표를 추구하라. 개인적인 우정을 쌓을 때는 가능한 한 영향력 있는 사람들을 가려서 사귀되, 그것이 여의치 않다면 영향력이 커질 것으로 예상되는 사람들을 사귀어라. 이렇게만 하면 당신은 공동체의 최고 인물들 전원으로부터 좋은 평가를 얻게 될 것이다.

    나무랄 데 없는 충고이긴 하지만, 나로 말하자면, 이 충고를 따르느니 차라리 죽고 말겠다. (1931. 11. 2)

명상이 사라진 시대
The Decay of Meditation

100년 전에는, 그리고 150년 전에는 더욱더 그랬는데, 부유한 사람들이 지금보다 숫자는 적었지만 확실히 좀 더 교양이 풍부했다. 그 시절의 부자는 당연히 라틴시를 인용하고 이탈리아 르네상스 시대의 그림을 품평하고 고전 음악을 감상할 수 있었다. 부자들은 대개 자기 나라의 문학과 (프랑스인이 아니더라도) 프랑스 문학에 관해 상당한 지식이 있었다.

　오늘날에는 그러한 박식함을 교수들에게서나, 게다가 분야별로만 기대할 수 있다. 이 교수는 라틴어를 알고 저 교수는 옛날의 대가들을 안다. 또 음악을 아는 교수가 있고, 그 와중에도 현대 문학의 가장 쓸데없는 지식까지 아는 교수도 있다. 부자들은 그런 지식을 갖춘다는 걸 체면이 깎이는 일로 생각할 것이며, 무지는 사회적 지위의 보증서가 되어왔다.

　어쩌면 이 모든 일이 그리 중요하지 않은 문제일 수도 있다. 나는 지금까지 살아오면서 아홉 뮤즈들의 이름이나 황도 12궁의 별자리를 알아야만 했던 적이 거의 없었다. 우리 할머니는 어린 시절 이 모두를 배웠고 여든의 나이에도 여전히 기억하고 있었다.

현대 세계에는 여가라고는 거의 없다. 사람들이 옛날보다 열심히 일해서 그런 게 아니라 오락도 일처럼 수고로운 것이 되었기 때문이다. 그 결과 영리한 사람은 많아졌지만 지혜로운 사람은 줄어들고 있다. 지혜란 천천히 생각하는 가운데 한 방울 한 방울씩 농축되는 것인데 누구도 그럴 시간이 없기 때문이다. 예를 들어 전쟁 방지처럼 누구나 알고 있는 절박한 문제에 대해서도 우리가 고민하지 않아도 상황이 저절로 해결되리라 기대하면서 어깨만 한 번 들썩하고는 깨끗이 잊어버린다. 그러나 손 놓고 있어도 상황이 그렇게 친절하게 전개될 리는 없다.

이런 결과는 매우 역설적이게도 시간을 절약하는 장치들 때문에 초래됐다. 한 예로 이동이란 문제를 살펴보자. 여행 속도가 빨라질수록 여행에 들어가는 시간도 많아진다. 요즘 사람들은 기차를 타고 집에서 한 시간 걸리는 사무실까지 간다. 누군가를 방문할 때도 같은 얘기가 적용된다. 예전에는 자신의 말이 심하게 지치지 않고 갈 수 있는 거리 내에서 이웃들을 방문했지만 지금은 100마일 이내라면 어디든 방문할 수 있다.

이번에는 전화에 대해 따져보자. 언젠가 귀가 어두운 노신사가 전화를 걸어와 장거리 통화를 한 적이 있다. 내가 말했다. "네, 버트런드 러셀입니다." 그가 말했다. "뭐라고요?" 나는 좀 더 큰 소리로 같은 말을 되풀이했지만 노신사는 또 이렇게 말했다. "뭐라고요?" 마침내 내가 허파가 터져나갈 정도로 고함을 지르자 그제야 알아듣고는 대답하는 것이었다. "아, 그건 알고 있었소." 대화를 더 나눌 시간은 없었다. 전화, 참 유용한 발명품이다.

이런 쓸데없는 것들이 쌓여 바쁜 하루하루를 채우면서 마치 일이 마무리된 듯한 인상을 주지만 사실은 완전히 허구다. 퀘이커 교도들은 대다수 현대인들보다는 좀 더 지혜로운데, 내 생각에는 그들이 수행하는 침묵의 명상 덕분이 아닌가 싶다. 나는 우리가 매일 30분씩만 말없이 부동자세로 있을 수 있다면 개인적·국가적·국제적 차원의 모든 사안을 지금보다는 훨씬 더 맑은 정신으로 처리할 수 있으리라 확신한다.

휴전 기념일[제1차 세계 대전 휴전을 기념하는 11월 11일]에 단 2분만이 침묵에 할애되고 한 해의 나머지 모든 시간이 대체로 무익한 소란에 바쳐진다. 참으로 부당한 비율이 아닐 수 없다. 침묵이 좀 더 길어지면 무익한 소란도 좀 더 줄어들 텐데 말이다.

(1931. 11. 4)

결혼이란
Marriage

며칠 전 뉴욕에서 택시를 탔더니 기사가 (생명의 위협을 무릅쓰고) 돌아보며 물었다. "실례지만 버트런드 러셀 씨 아니세요?"

부인해도 소용없을 것 같아서 그렇다고 대답했다. 그러자 그는 말을 계속했다. 예전에 내 강의를 들은 적이 있지만 그건 지적이었던 옛 시절의 이야기일 뿐이라는 것이었다. 그리고 덧붙였다. "지금은 유부남이다 보니 사람 구실을 못하고 살죠."

나는 결혼 생활의 안타까운 결과를 보는 듯싶어 자연히 이런저런 생각을 하게 됐다. 인격의 실현이어야 마땅할 결혼을 왜 정반대로 느껴야 하는 걸까? 택시 기사의 결혼 생활이 불행하다는 단서는 없었다. 그가 이 비참한 결과의 원인이라고 생각하는 건 일반적으로 말하는 결혼 그 자체였다. 나 자신은 결혼함으로써 그런 결과를 경험했던 적은 없지만 그 택시 기사가 아주 많은 사람들이 느끼는 바를 털어놓았다는 것은 알고 있다.

그것은 부분적으로는 경제 탓이고 부분적으로는 사회적인 관습 탓이다. 후자가 좀 더 쉽게 정리되므로 그것부터 살펴보기로 하겠다.

남편과 아내가 여가 시간을 함께 보내야 한다는 건 나쁜 관습이다. 그 택시 기사의 아내가 강연 따위를 좋아할 리 없고, 남편이 자기를 버려두고 혼자 강연에 가는 것도 좋아하지 않으리란 것은 두말할 나위도 없다. 배우자가 원하리라 짐작되는 즐거움을 경계하다가 자기 자신의 즐거움마저 포기하고 사는 남편과 아내가 부지기수일 것이다. 다른 사람의 즐거움에 반감을 갖는 것은 자신의 즐거움을 추구하는 사소한 이기주의보다 훨씬 더 해롭다. 따라서 부부가 함께 지루해지고 서로 할 말을 찾지 못하는 상황을 피하고자 한다면 남편과 아내가 어느 정도는 각자의 사회생활을 할 필요가 있다. 하지만 이 측면에서는 한결 괜찮은 관습이 빠르게 확산되고 있는 중이다.

더욱 심각한 문제는 경제적 어려움이다. 미혼 남성은 자신의 소득을 마음대로 쓸 수 있지만 기혼 남성은 그렇게 할 수 없다. 물론 대다수 미혼 남성이 아내를 물색하는 행위를 포함해 한낱 오락거리에 여가를 바치겠지만 말이다.

그러나 지폐와 동전의 보상이 전혀 없는 종류의 교육을

추구하는 사람들도 일정 비율 있다. 이런 남성들이 결혼을 하고 나면 자신의 여가가 사라졌다는 사실을, 또 설령 여가가 나더라도 여윳돈이 없다는 사실을 깨닫게 된다. 여성의 경우, 특히 이른바 '지적인' 여성들이 결혼해서 느끼는 상실감은 아이 없이 살지 않는 한, 남성보다 훨씬 더 크다. 결국 남녀 모두가 결혼에 대해 어느 정도 반감을 느끼게 되는 것이다.

이 고충은 국가가 육아 비용 전액을 맡아주지 않는 한, 아니 맡아주기 전까지는 완벽하게 치유될 수 없는데, 우리 시대에는 그런 일이 일어날 성싶지 않다. 그러나 육아 부분에서 과거에는 보편적이었고 지금도 여전히 흔한 태도에서 벗어나 좀 더 현명한 태도를 취한다면 이 고충을 완화하는 데 많은 도움이 될 것이다.

육아는 엄청난 기술과 과학을 요구하는 동시에 대단히 흥미로운 관찰의 영역을 제공하기도 한다. 기술과 과학이 아무리 발전해도 애정을 대신할 수는 없지만 애정을 보완할 수는 있으며 또 그렇게 하는 것이 마땅하다. 물론 잘못 이해할 경우 본래 의도했던 바와 정반대의 결과를 초래할 수도 있다. 나는 사람들이 유년기의 과학적 성질에 대해 이해하게 되면 가족생활이란 주제에서 지식인들이 우위를 차지하는 현상도 줄어들 것이라고 본다.

아는 게 많지만 따뜻한 가슴이 없는 사람보다는 무지하지만 애정이 있는 사람이 아이에게는 더 좋을 수도 있다. 그러나 그 두 경우보다는 제대로 알면서 아이들을 좋아하는 사람이 훨씬 낫다. (1931. 11. 13)

착한 아이 나쁜 아이
On Being Good

사내아이들과 함께할 기회가 많은 사람이라면 누구나 결국에는 한결같이 '착한' 소년보다는 때때로 '나쁜' 소년을 더 좋아하게 된다. 선생님 책상에 개구리를 잔뜩 집어넣고, 여자아이들이 지나가는 길에 쥐를 풀어놓고, 과수원에서 설익은 사과를 서리하고, 서커스단이 오면 수업을 빼먹는 소년이 '나쁜' 소년이다. 따라서 툭 하면 벌이나 받기 일쑤인데, 이러한 처벌은 어리석은 관습일 뿐이다. 조금이라도 분별력이 있는 교사라면 벌을 주는 그 순간에도, 무엇이든 시키면 시키는 대로 하고 언제나 "예, 선생님."이라고 대답하는—물론 필요한 상황에 따라 "아니요, 선생님."이라고 대답하기도 하겠지만—'착한' 소년보다는 그 녀석에게 더 호감을 느낄 것이다.

 우리는 사내아이라면 기백을 뽐내는 것이 당연하고, 경우에 따라서는 용기 있게 권위에 대들기도 하고, 그 결과를 받아들일 줄도 알아야 한다고 믿는다. 어쨌든 이는 부유한 집 아이들에 국한된 신념일 뿐이다. 임금 생활자들의 용기는 권위를 가진 자들로부터 좋은 평가를 받기 어렵다.

오늘날 성인들의 세계는 '나쁜' 소년의 특징들로부터 점점 더 멀어지고 있다. 넬슨Horatio Nelson[1758~1805년, 영국의 해군 제독으로 트라팔가르 해전을 승리로 이끌었다]은 죽는 그날까지 나쁜 소년이었고 줄리어스 시저도 그랬다. 그러나 오늘날에는 거의 모든 젊은이들이 거대 조직의 최하급 직에서 출발해야만 한다. 그의 상관이 노련한 교사처럼 아량 있는 경우는 별로 없으며 따라서 승진의 기회는 '착한' 소년에게 돌아가곤 한다.

불행하게도 순종은 진취적이거나 리더십이 있는 사람에게서 흔히 볼 수 있는 특징은 아니다. 아주 오래전에 어떤 바보—아마 로마인이었을 것이다—가 명령하는 법을 알려면 먼저 복종하는 법을 배워야 한다고 말했다. 이 말은 사실과 정반대다. 복종하는 법을 배운 사람은 진취성을 몽땅 잃어버릴 것이다. 아니면 권위에 대한 분노가 쌓여가다 결국 그 진취성이 파괴적이고 잔인한 성질로 변해버리거나.

따라서 최고의 인물들이 최고의 자리에 오르는 일은 별로 일어나지 않는다. 대다수의 경우 그들은 자신이 그리 순종적이지 않으며 상관들에게 비판적이라는 사실을 드러내어 강력한 조직의 일부로 살아가기를 그만두었을 것이기 때문이다.

정치 기제의 문제를 실례로 들 수도 있다. 저명한 정치가들을 국민의 손으로 뽑는 민주주의 사회 어디에서나 정치가는 형편없는 족속이다, 오죽하면 정치가politician란 단어 자체가 경멸의 뜻을 띠게 되었겠는가, 라는 이야기가 공감을 얻는다는 것은 기이한 일이 아닐 수 없다.

말하건대 상황이 이렇게까지 된 주된 원인은 당규의 경직성에서 찾아야만 할 것이다. 정당이란 것은 일정 시점에서 일단의 의견과 정책을 견지하기 마련인데 활동적인 당원들은 그것이 아무리 마음에 들지 않더라도 무조건 지지해야 한다. 정직성이나 예리함보다도 정통성이 중시된다. 따라서 평범하지 않은 젊은이들 대다수는 이 업무 자체가 참을 수 없는 일임을 깨닫고 지도자가 될 기회를 잡기도 전에 포기하고 만다.

현대 세계에서 조직이란 필요 불가결한 것이다. 그러니 요직에 있는 자들의 마음을 움직여 젊은이들의 기발한 행동을 너그러이 받아들이게 하는 것 말고는 이 문제에서 벗어날 길이 없다. 당연한 얘기지만 이미 중요해진 사람을 개선할 수 있는 희망이란 없다. 그는 더 이상 충고를 들으려 하지 않기 때문이다. 젊은이들을 발전시키는 일이 일반적으로 이미 늙고 이미 중요해진 자들의 손에 맡겨져 있다는 것은 불행한 일이다.

내가 할 수 있는 제안이라고는 학교에서는 서른 살이 넘은 사람이 책임자 자리를 맡아선 안 된다는 것뿐이다. 그러나 이 훌륭한 개혁안이 채택되는 것을 내 눈으로 볼 수 있으리라고는 크게 기대하지 않는다. (1931. 11. 18)

아이 키우기
Children

몇몇 비정상적인 불쌍한 인간들을 제외하고는 모든 부모는 제 자식을 사랑한다는 것이 통념이다. 아마도 이론상으로는 그럴 것이다. 그러나 실제로는 사랑이 손찌검이나 짜증 섞인 꾸짖음의 형태로만 나타나는 경우가 너무도 많다. 아이가 하는 모든 짓이 잘못됐다. 말을 해도 안 되고, 꼼지락거려도 안 되고, 공원의 풀밭 언덕을 굴러 내려와도 안 된다. 아이가 말썽을 피우지 않고 할 수 있는 유일한 일이란 꼼짝 않고 앉아서 차라리 죽었으면 하고 바라는 것뿐이다.

    이는 현대의 아동 심리학을 접하지 못한 부모의 상황인데, 아직도 대다수가 이런 수준이다. 부모가 새로운 표어들을 배웠을 경우에도 상황이 역전되는 결과밖에 나오지 않는다. 이번에는 부모가 침묵 속에서 고통받는 반면 아이는 말썽을 피워도 괜찮다. 현대적인 부모는 양심적이지만, 그렇다고 해서 체벌로 짜증을 풀었던 구식 부모보다 자식을 본능적으로 더 많이 사랑하는 것도 아니다. 그러면서도 두 부류 모두 계속 분투하고 있다. 감상적으로 판단하면 부모와 자식이 함께 하는 데서 오는 기쁨에 비할 수 있는 기쁨은 없는 법이니까.

이러한 곤경은 아주 단순한 사실을 깨닫지 못하는 데서 야기된다. 그 사실이란 두 돌을 지낸 이후에는 모든 연령대의 사람들이 자기보다 나이가 매우 많거나 어린 사람들보다는 또래 집단을 더 좋아한다는 것이다. 스물에서 서른 사이의 남녀들은 일흔 살 노인네가 동석하는 것을 반기지 않는다. 예순 살 여성은 열아홉 살 소녀를 항상 동반해야 하는 상황을 바라지 않는다.

그러나 다른 모든 경우에는 아주 정확하게 들어맞는 규칙인데도 부모와 자식 간에는 이 규칙이 무시된다. 이런 상황의 원인은 생리학적인 것이다. 아이들은 끊임없이 움직이고 거의 항상 소란을 떨 필요가 있는 반면 어른들은 근육과 신경을 쉬게 해줄 필요가 있는 것이다.

집이 시골 농가이고 아이가 10형제 중 하나였던 시절에는 가정이 그 아이에게 완벽한 환경이었을 수도 있다. 그러나 도시의 작은 아파트에 살면서 아이의 형제 또는 자매가 기껏해야 한 명일 때는 사정이 달라진다. 이 경우 부모와 자식이 하루 중 대부분 시간을 헤어져 있다면 서로 애정을 느낄 수도 있지만 아침부터 밤까지 비좁은 공간에 함께 갇혀 있어야 한다면 끊임없이 서로의 신경을 건드리게 될 것이다. 그로 인해 생기는 마찰이 부모에게는 짜증으로, 아이에게는 재앙으로 다가온다.

지금도 모든 문명국의 학교는 지식 획득을 교육의 가장 중요한 부분으로 여기는 완전히 구태의연한 사고방식에 기초해 있다. 국가는 청소년기의 시민들이 구구단을 외우게 하고 그들에게 1776년에 일어났던 일들을 가르치기 위해 엄청난 고통을 감내한다.

그런 성취를 헐뜯을 생각은 전혀 없지만 내가 볼 때는 인격 수양이 훨씬 중요한 일이다. 오늘날에는 인격이 학교에 들어가는 나이인 만 여섯 살 이전에 주로 결정된다. 만약 국가가 현대의 아동 심리학을 이해했더라면 모든 아이들이 두 살부터 유아원에 다니도록 했을 것이다.

그곳에서 아이는 앞에 나서지 않은 채 뒤에서만 안전감을 주는 어른 한 명과 아이 여럿으로 구성된 환경을 발견할 것이다. 소음과 동작에 대한 금지 따위는 없을 것이다. 든든하게 예방하여 위험을 최소한으로 줄일 것이다. 그리고 주의 깊게 조성된 환경 덕분에, 금지되는 일들은 별로 없을 것이다.

아이가 집에 돌아오는 저녁이면 부모도 아이가 반갑고 아이도 부모가 반가울 테니 모든 일이 다 잘 풀릴 것이다. 사랑이 넘치는 아내조차도 남편이 일 때문에 하루의 대부분을 밖에서 보내는 것을 반긴다. 휴식이 필요한 것으로 말하자면 엄마들도 결코 아내들 못지않다. (1931. 12. 11)

우리가 투표를 하는 진짜 이유
On Politician

나라가 민주적으로 될수록 그 통치자들에 대한 존경심이 줄어든다는 것은 신기한 사실이다. 귀족들과 외국인 정복자들은 증오를 받을지는 몰라도 경멸을 받지는 않는다. 자신들을 다스릴 사람을 국민이 선출하니 당연히 다수의 존경과 사랑을 받는 이가 뽑히고, 다른 사람들의 사정을 살피는 섬세함과 책임감이 요구되는 자리이니 가장 현명하고 우수한 사람이 선택될 듯싶다.

하지만 실상은 그렇지가 못하다. 대부분의 민주주의 국가에서 누군가를 정치가라고 부르는 것은 곧 그 사람을 조롱하는 행위가 된다. 공동체에서 평판이 좋은 사람들은 거의 예외 없이 투표에서 이기려고 아등바등하지 않고, 설령 시도하더라도 실패하기 마련이다. 반면 투표에서 이기는 사람들은 전적으로 훌륭하다고만은 할 수 없는 그런 분야의 전문가이기 일쑤다(최고 관직을 차지하는 사람들을 염두에 두고 하는 얘기는 아니다).

민주주의의 개척자들도 이 역설적인 상황은 미처 예견하지 못했다. 사실 그들의 시대에는 이런 현상이 없었다. 민주주의가 새로운 것일 때는 위대한 사람들이 부상(浮上)하지만, 확고하게 자리를 잡으면 이 장점을 잃어버린다. 대체 왜 그런 일이 벌어질까?

누구나 준비된 대답을 갖고 있다. 그것은 정당 조직 때문이다. 그러나 이것은 반쪽짜리 대답일 뿐이다. 우리 모두가 정당 조직에 복종하는 이유를 설명해주지는 못하니까. 만약 사탄과 바알세불[『신약성서』에 나오는 악귀의 우두머리]이 후보로 공천을 받고 대천사 가브리엘이 무소속으로 나온다면 대천사가 당선될 확률이 전혀 없을 터이니, 이게 어찌된 노릇인가? 이상하다 싶을지 모르지만 이것이 현실이다.

한 가지 이유는, 무소속 후보는 어마어마한 규모의 선거 자금을 주무르지 못하며 따라서 정치가들의 숙달된 기술로 대중의 열정을 불러일으킬 수 없기 때문이다. 그러나 이 역시도 모든 것을 해명하지는 못한다. 왜 사람들이 무소속 후보에게 선거 자금 기부하기를 그렇게 꺼리는가 하는 궁금증은 남기 때문이다. 그 대답은 물론 무소속 후보들이 당선될 가능성은 별로 없다는 것인데, 그것은 무소속 후보에게 표를 던지지 않는 이유이기도 하다. 하지만 이 대답은 우리를 맨 처음의 질문으로 되돌아가게 만들 뿐이다. 왜 그들은 당선될 가능성이 없는가?

내가 볼 때 그 궁극적인 이유 가운데 거의 알려지지 않은 게 바로 습관이다. 사람들은 대부분 특정 후보의 장단점을 따지지도 않은 채 자신들이 늘 투표해왔던 대로 그리고 그들의 아버지가 늘 투표해왔던 대로 표를 던진다. 이는 보수주의자들뿐 아니라 개혁주의자들에게도 똑같이 적용된다.

영국에 사는 나로 말하자면 아버지가 급진파였으므로 노동당에 투표한다. 아버지는 당신의 아버지가 자유당 지지자였으므로 급진파가 됐고 할아버지는 당신의 아버지가 휘그당 지지자였으므로 자유당 지지자가 됐다. 그리고 그분이 휘그당 지지자가 된 것은 선조들이 헨리 8세로부터 수도원 토지를 하사받았기 때문이었다.

나의 급진주의는 이처럼 금전상의 원인에서 비롯했으니 그럼 나는 보수당 지지자로 돌아서야 할까? 생각만 해도 심란해진다. 습관의 힘에서 벗어날 수 있는 사람은 아무도 없으며 설사 벗어난다 하더라도 의혹에 시달리는 상태가 되어 결국 아무것도 성취하지 못할 것이다. 여전히 습관이 지배하는 한, 훌륭한 사람들이 정치에서 기회를 얻기란 거의 불가능할 것이다.

그렇다면 아무 해결책이 없는가? 아니 있다. 그것은 정도의 문제이다. 우리는 어느 정도까지는 습관의 지배를 받기 마련이지만 지금보다는 그 정도를 줄일 수 있을 것이다. 그리고 그 줄어든 부분이 모든 것을 달라지게 할 수도 있다.

한편으로, 민주주의에서 우리의 정치가를 비판하는 것은 우리 자신을 비판하는 것과 같다는 점을 기억하자. 우리의 수준이 곧 정치가의 수준이다. (1931. 12. 16)

당신은 누구의 존경을 원하는가?
Whose Admiration Do You Desire?

많은 사람들이 자기는 양심에 따라 살고, 남들이 자기에 대해 어떻게 생각하든 무시할 수 있을 만큼 강하다고 믿는다. 정말 이런 사람이 조금 있기는 하지만 흔히 생각하는 것보다는 훨씬 적다. 몇몇 영웅들을 제외하면, 사람들은 존경을 바라는지 아닌지가 아니라 누구의 존경을 얻고 싶은지에 있어 모두 다르다.

평균적인 남자는 자기 동료, 아내, (가능하다면) 아이들, 그리고 부하들의 존경을 바란다. 그는 사업상 동료가 자신을 아무에게나 속아 넘어가는 숙맥으로 여기지 않기를 바란다. 아내가 그를 너무나 잘 안다는 사실을 실감하는 일이 생기지 않도록 애를 쓴다. 자녀들이 위기에 처하면 그에게 충고를 구하러 오라고 스스로를 애써 설득한다.

평균적인 유부녀는 다른 유부녀들에게 깊은 인상을 주기 위해 사는 듯하다. 그녀는 자기 남편이 그들의 남편보다 부유하고 자기 자녀들이 그들의 자녀들보다 성공했다는 사실을 이해시키고자 애를 쓴다. 부유한 유부녀라면 집안 관리와 인테리어에 있어 이웃들보다 나은 취향을 과시하려고 노력할 것이다. 이웃들도 똑같은 게임을 하고 있으므로 여기에는 대단한 기술과 많은 사고가 요구된다.

보다 광범위한 대중을 감동시키고 싶은 욕망은 두 가지 상반된 방식으로 일어날 수 있다. 자신과 직접적인 관계에 있는 집단을 감동시키는 일은 너무 쉬울 수도 있고 너무 어려울 수도 있다. 어느 쪽이 됐든 일반 또래 집단이나 후손들로 구성된 선택된 집단의 존경을 추구할 것이다.

성공한 작가들은 브론테 자매처럼 작품으로 갈채를 받기는 해도 자기 이웃들에게 감명을 줄 만한 개인적 자질은 갖추지 못한 경우가 많다. 아나톨 프랑스Anatole France[1844~1924년, 1921년 노벨 문학상을 수상한 프랑스의 소설가 겸 비평가]의 작품에 나오는 빌라도는 황제의 노여움을 사고는 '후세가 나를 정당하게 평가할 것'이라고 생각하며 스스로를 위안한다.

항상 손쉽게 사회적 성공을 거뒀던 줄리어스 시저는 더 힘든 과업을 스스로 떠맡았으며, 역사적 인물로서 알렉산드로스 대왕을 경쟁 상대로 삼아 그에 필적하기 위해 노력했다. 고대와 르네상스 시대의 저명인사들은 의식적으로 공공연하게 사후의 명성을 위해 살았다. 16세기 이탈리아의 한 거물은 임종 자리에서 사제에게 털어놓았다. "내가 후회하는 단 한 가지는 교황과 황제를 한꺼번에 죽일 수 있는 기회를 살리지 못했다는 것이오." 그 기회를 살렸더라면 역사에서 한자리를 차지했을 테니 말이다.

오늘날에는 신문의 성장으로 인해 사후 명성에 대한 욕망이 그 시절보다는 줄어들었다. 예전에 비해 당대의 명성이 훨씬 중요할 수 있어서, 역사를 읽는 독자들로부터 빈약하게나마 존경을 받으리라는 소망은 거의 설 자리가 없을 정도다. 이제는 영화계 스타의 명성이 경력의 정점에 섰을 당시 알렉산드로스나 시저의 명성을 훨씬 능가한다. 그의 시대부터 우리 시대에 이르기까지 수십 세기를 통틀어 아르키메데스의 이름을 알았던 사람들보다 지금 아인슈타인의 이름을 아는 사람들이 더 많을 것이다.

이 때문에 요즘 사람들은 옛 사람들이 소망했던 것에 비하면 하루살이처럼 덧없는 존경을 추구한다. 인간의 작품은 점점 위엄을 잃어가는데, 그런 작품으로 잡다한 사람들의 흥미를 끌려는 노력만 많아졌다.

그럼에도 가장 저명한 사람들 사이에는 사후 명성에 대한 욕망 같은 것이 아직도 어슬렁대고 있다. 그 욕망이란 자신의 전기에 실려 나쁜 인상을 주게 될 어떤 사실이 알려질까 걱정하는 두려움이기도 하다. 누구든 명성을 얻은 사람의 일생을 읽어보라. 십중팔구 어느 단계에 이르면 갑자기 자연스러운 삶을 접고 전기 작가의 눈을 의식하기 시작한다는 사실을 발견하게 될 것이다. 이것은 일종의 위선과 허풍으로 이어지게 마련인데, 나이 든 저명인사 가운데 이로부터 완전히 자유로운 사람은 거의 없다.

   진정 존경할 만하기에 존경하는 경우는 드물다. 따라서 존경을 추구하여 얻어낸 사람이 존경받을 만한 경우도 드물다.

(1931. 12)

II

1932년

학창 시절에 회초리나 채찍으로 매를 맞았던 이들은 거의 한결같이 그 덕에 자신이 더 나은 사람이 되었다고 믿고 있다. 내가 볼 때는 이렇게 믿는 것 자체가 체벌이 끼치는 악영향 중 하나다.

두 번의 크리스마스
Christmas at Sea

내 생애 두 번째로 대서양에서 크리스마스를 보내고 있다. 첫 번째는 35년 전이었는데, 내가 기억하는 그때의 느낌과 지금의 느낌을 비교해보면서 늙어간다는 것에 대해 많은 것을 배우고 있다.

35년 전에 나는 결혼한 지 얼마 되지 않았고 아이는 없었으며 매우 행복했다. 그리고 성공의 기쁨을 맛보기 시작하고 있었다. 내게 가족이란 자유를 구속하는 외부의 권력으로 다가왔고 세상은 개인적인 모험의 대상일 뿐이었다. 전통이나 윗사람 따위는 상관하지 않고 나 자신의 취향에 따라 나만의 생각을 하고 싶었고, 나만의 친구를 사귀고 싶었으며, 나만의 보금자리를 찾고 싶었다. 버팀목에 기대지 않고도 홀로 설 수 있을 만큼 강하다고 느꼈다.

그때는 몰랐지만 지금은 그런 태도가 넘치는 활력 덕분이었음을 실감하고 있다. 그때 나는 바다에서 맞는 크리스마스가 얼마나 즐거운지 알게 됐고, 승무원들이 최대한 축제 분위기를 살리려고 애쓰는 모습도 흥겨웠다. 배는 좌우로 엄청나게 흔들렸는데, 한 번 흔들릴 때마다 납작한 선박용 트렁크들이 천둥 같은 소리를 내며 객실 이쪽저쪽으로 미끄러졌다. 그 소음이 커질수록 내 웃음소리도 커졌다. 모든 게 끝내줬다.

시간은 사람을 성숙하게 만든다고들 한다. 나는 그 말을 믿지 않는다. 시간은 사람을 두렵게 만들며, 두려움은 사람을 타협하게 만든다. 타협적으로 변했기 때문에 남들 눈에 원숙해 보이려고 애를 쓰는 것이다. 두려움을 느끼면 누군가의 애정이, 차가운 세상의 한기를 몰아내 줄 사람의 온기가 필요해진다.

두려움이라고 해서 대개 그렇듯 단순히 개인적인 두려움, 즉 죽음이나 노화나 빈곤에 대한 두려움, 또는 세속적인 갖가지 불행 따위에 대한 두려움을 말하는 게 아니다. 나는 좀 더 형이상학적인 두려움에 대해 생각하고 있다. 살다 보면 겪게 마련인 중대한 재난들, 이를테면 친구가 배신하거나 사랑하는 사람이 세상을 떠나거나 평범한 인간 본성에 잠재된 잔인성을 발견하는 일 등을 경험하면서 우리의 영혼에 스며드는 두려움에 대해 생각하고 있는 것이다.

처음 대서양에서 크리스마스를 맞은 뒤로 35년 동안 이런 나쁜 일들을 경험하며, 인생에 대해 내가 무의식적으로 갖고 있던 태도마저 바뀌었다. 도덕적인 노력이라고 생각한다면 지금도 홀로 설 수 있을 것이다. 하지만 모험가의 기분으로 즐기지는 못할 거다. 나는 자식들과 가깝게 지내고 싶고, 가족과 더불어 따뜻한 난롯가에 앉고 싶고, 역사의 연속성과 위대한 국가의 일원이라는 사실로부터 힘을 얻고 싶다. 이런 것들은 대부분의 중년들이 크리스마스에 즐기는 지극히 평범하고 인간적인 기쁨이다. 그 점에서는 철학자도 다른 사람들과 다를 게 없다. 오히려 평범하다는 바로 그 점 때문에 음울한 고독을 달래는 데 있어 그런 기쁨이 보다 효과적일 수 있는 것이다.

그리하여 한때 즐거운 모험이었던 바다에서의 크리스마스가 지금은 고통스러운 일이 되어버렸다. 대중의 판단보다 자신의 판단을 믿으면서 홀로 서기를 택한 사람의 외로움을 상징하는 것만 같다. 이런 상황에서 우울한 기분이 드는 것은 어쩔 수 없는 일이고 피할 이유도 없다.

그러나 다르게 볼 수도 있다. 감미로운 즐거움이 모두 그러하듯 가정에서 얻는 기쁨도 의지를 약화시키고 용기를 훼손할 수 있다. 가정에서 따뜻하게 보내는 전통적인 크리스마스도 좋지만, 남쪽에서 불어오는 바람과 바다에서 떠오르는 태양, 그리고 수평선이 선사하는 해방감을 느껴보는 것도 좋다.

이런 아름다움은 어리석고 사악한 인간들의 손에 사라지지 않고 남아 비틀거리는 중년의 이상주의에 힘을 불어넣는다.

(1932. 1. 13)

위대한 국가가 우리에게 주는 것
On National Greatness

조국의 위대함은 개인에게 무엇을 해주는가? 뭔가 중요한 걸 해주기는 하는데 분석하기가 그리 쉽지는 않다. 지난 2세기 동안 누려왔던 위대한 지위를 상실하기 시작한 나라의 국민으로서 나는 정치적 위상의 변화가 개인의 심리에 야기하는 변화를 첨예하게 느끼고 있다. 그리고 내가 1896년부터 알아온 미국에서는 정반대의 변화가 일어나고 있다. 물론 그 변화가 완전히 성취되려면 멀었지만 말이다. 어쨌든 이 상반되는 변화의 내용이 무엇인지 살펴보기로 하자.

국가적 성공이 개인적 성취에 자극이 된다는 것은 두말할 나위도 없다. 아테네인은 페르시아인을 쳐부수고 나서 파르테논 신전을 지었고 아이스킬로스Aeschylos[BC 525?~BC 456년, 고대 그리스의 비극 시인]를 낳았다. 영국인은 스페인 함대를 물리치고 나서 셰익스피어를 낳았다. 프랑스 문학의 황금기는 루이

14세가 거둔 승리들과 연관이 있었다. 이런 사례를 들자면 끝도 없을 것이다.

국가적 노력의 성공과 연관 짓지 않고서는 찾아보기 힘든 일종의 개인적 생산성이 존재한다. 그것과 관계 없는 개인적 생산성도 있기는 하다. 바흐, 모차르트, 베토벤은 자신들의 음악적 천재성을 자극하는 국가적 성공을 누린 바가 없다. 스피노자Baruch de Spinoza[1632~1677년, 네덜란드 철학자로 유대인이었다]는 억압받는 민족과 패배의 과정을 밟고 있던 국가에 속했다. 개인적인 위대함과 사회적 원인에 의존하는 위대함 사이에는 어떤 차이가 있을까?

공적인 번영에 의지하는 성취의 가장 뚜렷한 예로 건축이 있다. 건축은 비용이 많이 든다는 단순한 이유 때문이다. 금세기 건축 분야에서는 미국이 세계를 주도해왔다. 다른 나라들이 거부한 기회들을 미국의 건축가들은 따냈기 때문이었다. 그러나 결과적으로는 건축이 보통 사람들에게 부응해왔다.

뉴요커는 시민으로서의 자부심을 가지고 엠파이어스테이트 빌딩에 대해 말하지만 그 자부심이 언제나 뉴욕 시정(市政) 덕분에 생긴 것은 아니다. 건축가의 성공은 어느 정도는 모든 시민의 성공이기도 하다. 만약 뉴욕 시민이 외국인과 논쟁을 벌인다면 외국인에게는 내세울 만한 마천루가 없다는 점도 그에게 자신감을 주는 한 이유가 된다. 요즘 들어서는 이런 태도가 다소 누그러졌지만 당분간은 계속될 것이다.

국가적 성공의 효과는 청년들과 관련 있는 분야에서 극대화된다. 개인적 차원에서 뛰어난 성취를 이루려면 두 가지 조건이 필요하다. 첫째는 능력으로, 이는 부분적으로는 타고나며 부분적으로는 교육의 결과로 얻게 된다. 둘째는 보통 사람이 할 수 없는 것을 자신은 해낼 수 있다는 자신감이다. 정치적 상황의 영향을 받는 것은 바로 이 두 번째 조건이다.

어떤 멍청한 인간이 진정한 천재는 늘 신중하다는 관념을 세상에 뿌려놓았다. 사실은 정반대다. 어떤 청년이 신중하다면 설사 능력이 있더라도 부모와 동료들로부터 조롱받는 신세를 면하지 못할 것이다. 천재라고 자부해봐야 검증되기 전까지는 비웃음이나 사게 될 테니까.

젊은이들을 위해 가장 바람직한 것은 누구나 위대한 업적을 남길 만한 능력이 있다고 믿어주는 분위기, 따라서 그들의 자부심이 질투에 따른 조소를 불러일으키지 않는 분위기에서 사는 것이다. 미국에서는 사업과 직업 및 건축(이것은 사업인 동시에 예술이다) 분야에서의 성공이 청년이 품어야 할 자연스럽고 가치 있는 야망으로 인식되고 있다.

모차르트와 베토벤은 음악으로 성공하는 것을 자연스럽게 여기는 가정에서 태어났다. 주위 어른들의 그러한 기대는 젊은 시절의 야망에 지대한 영향을 미치므로 국가적 성공의 전반적인 방향을 결정하는 데 다른 어떤 것보다 많은 역할을 할 수 있다.

    교훈은 이것이다. 청년에게 그가 할 수 있는 최선의 것을 기대하라. 그러면 당신은 그걸 얻게 될 것이다. 적게 기대하면 결코 기대하는 것 이상은 얻지 못할 것이다. (1932. 1. 20)

면화바구미의 충고
Is the World Going Mad?

오늘날 세상은 두 가지 불행으로 고통받고 있다. 한 가지 불행은 자신이 살 수 없는 재화를 욕망하는 사람들이 존재한다는 것이고, 또 다른 불행은 팔 수 없는 재화를 가진 사람들이 존재한다는 것이다.

팔 수 없는 재화를 가진 사람들은 잉여 물자를 처분하기 위해 갖가지 기발한 수단을 동원한다. 일을 끝내지도 않았는데 임금을 지불하면 임금 생활자들을 타락시킬 수도 있다. 따라서 그들은 팔 수 없는 재화를 계속 생산은 하되 생산한 다음에는 다양한 수단을 동원해 그것들을 파기한다.

커피가 남아돌아 애를 먹는 브라질은 커피를 철도의 연료로 쓰거나 외딴 골짜기에서 화장용 장작더미에 올려놓고 태우는 길로 들어섰다. 고무도 넘쳐난다. 게다가 원주민들이 고무나무에 자국을 내 수액을 짜내는 행위를 막을 길이 없어 안타깝게도 상황은 더 악화되고 있다. 다행히도 고무나무는 해충의 피해를 입기 쉬워 지금까지 박멸의 대상이었던 해충들이 이제는 장려의 대상이 되려는 참이다. 과거에는 면화바구미가 세계의 면화 수확량을 위협했지만 지금은 면화의 과잉 생산을 예방하는 데 도움이 된다 하여 친구로 환영받고 있다.

일하는 습관이 몸에 밴 인간들이 예전보다 훨씬 많아졌다. 이보다 나쁜 것은 일하는 습관뿐 아니라 생산량을 더 많이 올릴 수 있는 방법을 모색하는 습관까지 배어버렸다는 점이다. 누군가가 인간 노동의 산물을 향유할 수 있으면 좋겠다는 생각을 잠깐이라도 하는 사람은 아무도 없다. 우리의 도덕성은 금욕적이어서 일을 하나의 미덕으로 여기도록 한다. 그리고 생산은 선이고 소비는 악이라는 생각이 뒤따른다. 이처럼 비틀린 금욕이 세계의 절반은 너무 많이 생산해서 가난하고 나머지 절반은 너무 적게 소비해서 가난한 체계를 낳았다.

이 기묘한 광기의 치료제는 무엇일까? 만약 우리가 면화바구미와 고무 해충의 충고를 구할 수 있다면 녀석들은 아마 준비된 대답을 갖고 있을 것이다. 면화바구미는 말할 것이다.

"당신들은 면화의 목적을 근본적으로 잘못 알고 있어. 면화는 인간을 옷으로 감싸주기 위해 존재하는 게 아니라 면화바구미에게 양분을 제공하기 위해 존재하는 거야."

그러고는 이렇게 말을 이어가지 않을까 걱정된다.

"어쨌든 인간은 할 말이 없잖아. 면화처럼 유쾌한 물질이 인간이 흘리는 땀이나 흡수하도록 운명지어진 것 자체가 부당한 일이야. 반면에 면화바구미는 전쟁을 일으켜 싸우지도 않고, 경찰력 따위도 없고, 새끼들에게 구구단을 가르치지도 않아. 그러니 면화바구미가 인간을 대신하게 되면 땅과 물로 이뤄진 지구에서 느낄 수 있는 행복의 총량은 확실하게 늘어날 거야."

우리도 같은 인간으로서 이 주장을 논박하는 우리 종족을 적극적으로 역성들 수는 있을 것이다. 그러나 논박하는 것만으로는 충분하지 않다. 논리에서도 이 비천한 벌레에게 뒤져서는 안 된다. 우리가 놈들을 논박할 수 있으려면 적어도 놈들만큼은 분별력 있게 행동해야 한다. 놈들은 자기가 원할 때 면화를 소비하지만 우리의 경우는 다르다. 우리는 면화를 한곳에 모아두는데 그것을 소비할 사람은 딴 곳에 있기 마련이다. 그래놓고 우리는 장사가 안 된다고 투덜거린다.

교역을 증진시키려면 재화를 원하는 사람들에게 갖다줄 방법을 찾아내는 것이 당연해 보인다. 하지만 지금까지는 인류의 지혜를 다 모아도 이러한 노력과 맞먹을 만한 게 없었다. 아직 정신 병원에 넘겨지지 않은 사람들이 내놓는 제안이라고는 과잉 생산에 따른 실업의 해결책은 좀 더 긴 시간을 두고 모색해야 한다는 것뿐이다.

내가 볼 때 분명한 사실은, 경제라는 기계를 다시 정상 가동시키려면 더 이상 작동하는 매순간 이윤을 내라고 요구하지 말아야 한다는 것이다. 미국 서부와 캐나다에서는 음식이 썩어나는데 전 세계 모든 산업 지역에서는 실업자들이 굶주리고 있는 실정이다. 그 음식을 굶주리는 사람들에게 가져다 준다면, 그리고 그들이 서구 농부들에게 필요한 것을 채울 수 있는 작업에 배치된다면, 개별 자본가는 이윤을 내지 못하더라도 세계는 좀 더 부유해질 것이다. 개인적 이윤이란 동기는 고장 난 것으로 보인다. 따라서 공공 부문의 조직화된 노력만이 세계의 경제 상황을 회복시킬 수 있을 것이다. (1932. 1. 27)

우리는 너무 수동적이다
Are We Too Passive?

현대 세계에서 전문가들의 중요성이 커져감에 따라 예상하지도 의도하지도 않았던 결과들이 나오고 있다. 그중 하나는 생활의 아주 많은 부분에서 과거에는 적극적이었던 보통 사람들이 소극적으로 변했다는 점이다.

젊은이라면 거의 누구나 축구를 했던 시절이 있었다. 축구는 건강에 좋은 운동으로 권장됐고, 작은 상처들을 통해 남자다운 강인함을 배울 수 있는 학교이기도 했다. 그런데 오늘날에는 축구가 극장처럼 되어버렸다. 다수의 재미를 위해 전문가들이 구경거리를 제공하는 곳 말이다.

이제는 선수들이 자신의 활동에서 어떤 즐거움을 맛보리라고 기대할 수 없다. 그들이 보기에 축구는 놀이가 아니라 일이다. 선수들은 축구의 대가로 급여를 받고, 대학팀에 속한 경우에는 학문적 성취를 기린다며 장학금을 받는다. 경기의 즐거움은 선수들의 능동적 즐거움이 아니라 관중들의 수동적 즐거움으로 바뀌었다.

다른 많은 분야에서도 비슷한 변화가 일어났다. 자동차는 걷는 습관을 없앴고, 라디오는 대화의 기술을 죽였고, 깡통과 병에 든 조리 식품들이 요리의 필요성을 몰아내다시피 했다.

픽윅[찰스 디킨스의 소설 『픽윅 보고서 Pickwick Papers』]에서 크리스마스 대목을 읽어보라. 당시 사람들이 스스로 고안한 오락의 숫자에 놀라지 않을 수 없을 것이다. 반면 현대인들은 다른 사람이 자신에게 오락을 제공해주기를 기대한다.

사람들이 수동적으로 변한 것은 비단 오락 분야만이 아니다. 자신이 전문가가 아닌 모든 형태의 기술, 모든 영역의 지식에서도 마찬가지다. 옛날 농부는 날씨를 잘 알아맞혔던 반면에 현대인은 날씨에 대한 견해를 취하려면 공식적인 기상예보를 읽는다. 내가 이따금 받는 인상으로는, 현대인은 신문의 도움 없이는 지금 당장 비가 오는지 맑은지조차 말하지 못할 듯싶다. 정치나 세계정세, 혹은 이전 시대의 강건한 미덕으로 복귀할 필요성에 대한 견해들도 신문에서 끌어왔다고 보면 틀림없다. 현대인은 대부분 사안에서 결코 성가시게 자기 의견을 가지려 하지 않는다. 전문적인 연구나 경험을 통해 권위를 갖추고 말하는 사람들에게 맡기는 편이 안전하다고 확신하기 때문이다.

어떤 면에서는 이처럼 권위를 존중하는 태도가 좋을 수도 있지만 또 다른 면에서는 해로울 뿐 아니라 터무니없을 수도 있다. 아동 심리학에 취미가 있는 엄마는 보다 직감적인 엄마들은 느끼지도 못하는 문제를 풀기 위해 자기만의 교과서와 아이 사이를 계속 오락가락할 것이다.

어린아이는 장난감을 떨어뜨리면 집어달라고 울어댄다. 이때 장난감을 집어주면 아이는 파워 콤플렉스를 얻고, 장난감을 바닥에 그대로 내버려두면 분노 콤플렉스를 얻는다. 이 점에 대해 책이 아주 훌륭한 얘기들을 들려주므로 엄마는 필요한 지면을 찾아 정신없이 책장을 넘긴다. 그러다보면 아이는 어느새 뭔가 딴 것을 궁리하고, 이런 경험이 덧쌓이다 보면 아이가 엄마를 얕잡아 보게 된다.

지나친 수동성을 피하는 일은 교육의 문제에 해당한다. 이 문제를 해결하려면 놀이에서 정교한 장치를 없애야 하며 예외적인 기술을 과도하게 존중하는 태도도 사라져야 한다. 그리고 일에서는 강의식으로 전해지는 지식을 그저 듣기만 하는 것이 아니라 적극적으로 탐구하는 자세를 권장해야 한다. 불행히도 권위자들은 수동적인 것을 좋아한다. 단지 그것이 편리하다는 이유로 말이다. (1932. 2. 3)

즐거운 재난
Why We Enjoy Mishaps

열 명 중 아홉 명은 사소한 불행을 만났을 때 더 행복해진다니 이상한 일이다. 35년 전 미국을 처음 방문했을 때였다. 타고 가던 기차가 눈사태를 만나 꼼짝달싹 못하는 바람에 우리는 기차에 실린 음식을 모두 먹어치우고도 아주 오랜 시간이 지날 때까지 뉴욕에 도착할 수 없었다. 그때 나는 승객들이 누구를 잡아먹을 것인가를 놓고 제비뽑기라도 하지 않을까 하는 생각이 슬슬 들기 시작했는데 웬걸, 모든 승객이 하나같이 최상의 기분을 유지했다. 일반적인 환경에서는 서로 증오했을 수도 있는 사람들이 서로에게 정말 다정하게 굴었고 모든 승객이 분명 평소보다 훨씬 행복한 상태에 이르렀다.

런던의 지독한 안개 속에서도 같은 일을 목격했다. 평범한 안개는 그저 성가실 뿐이지만 자기 발도 보이지 않을 만큼 짙은 안개는 심한 우울증 환자에게마저도 위안을 준다. 사람들은 생면부지의 낯선 사람들에게 말을 걸기 시작하는데 이는 런던에서 결코 쉽게 볼 수 있는 장면이 아니다. 사람들은 자기가 어렸을 적에 겪었던 훨씬 지독했던 것으로 기억되는 안개를 회상하고, 하이드 파크 코너에서 길을 잃었다가 도시의 전혀 다른 구역에서 우연히 한 경관과 마주친 덕분에 겨우 발견된 친구 얘기를 들려주기도 한다. 안개가 걷힐 때까지는 모두가 깔깔대고 즐거워하다가 안개가 걷히고 나면 다시 냉정하고 근엄하고 책임감 있는 시민으로 되돌아간다.

이런 분위기는 막을 도리가 없는 작은 재난에서는 얼마든지 적절할 수 있지만 불행하게도 피할 수도 있었을 큰 재난에까지 연장되곤 한다. 나는 난파 사고나 폭발, 심각한 지진 따위를 겪어본 적은 없지만 이런 경험들이 전적으로 유쾌하지만은 않으리라는 사실을 믿을 준비는 되어 있다.

나는 제1차 세계 대전이 시작된 순간을 기억한다. 그때 모든 사람들의 분위기는 지독한 안개를 만났을 때와 거의 똑같아서 들뜨고 흥분한 가운데 서로 우호적인 분위기였다. 처음 며칠 동안은 다가올 끔찍한 앞날의 전망으로 우울해 하는 사람을 별로 볼 수 없었다. 가벼운 마음으로 자신감에 들떠 있던 것이 당시 모든 관련 국가들의 분위기였다.

정반대 분위기가 더 자연스러울 듯한 상황에서 과도하게 행복해하는 이런 기현상에는 두 가지 이유가 있다. 첫째, 흥분을 즐기기 때문이다. 우리들 대부분은 권태에 짓눌려 세상을 기웃거린다. 만약 자기 집 석탄 창고에 코끼리가 떨어지거나 나무 한 그루가 판유리 창을 깨고 들어와 응접실의 훌륭한 가구를 박살낸다면 사고 그 자체야 물론 유감스럽겠지만 진귀한 일이라는 단순한 사실만으로도 보상이 된다. 이웃들에게 얘기할 거리가 생겼으니 앞으로 24시간 정도는 관심의 초점이 되리라 기대해볼 만한 것이다. 흥분은 그 자체로 기분 좋은 것이다. 물론 백만장자 삼촌에게 거액을 상속받는 것처럼 즐거운 이유에서 흥분된다면 더욱 유쾌하겠지만.

그러나 눈사태와 안개, 전쟁에는 모두가 비슷한 감정을 느꼈다는 또 다른 요소가 있었다. 우리는 대개 각자의 관심사에만 바쁘다. 타인은 나를 방해하거나 지겹게 만들 수 있으며 대체로 나의 주목을 끌기 못한다. 그러나 공통된 감정이 군중 전체에 작용하는 경우들이 있다. 이런 상황이 되면 설사 유쾌하지 못한 감정이라 하더라도 모두 함께 공유한다는 사실만으로 다른 어디에서도 얻을 수 없는 색다른 행복감을 느끼게 된다.

만약 우리 모두가 습관적으로 집단 정서를 느끼는 상태로 살 수 있다면 우리는 항상 행복하고, 항상 협조적이고, 항상 권태로부터 자유로울 것이다. 미래의 정부에서 일하는 심리학자들은 이렇게 만들 수 있을 거고 공휴일은 하늘에 큼지막하게 쓰인 광고와 더불어 시작될 것이다. "화성인들이 침략하려

하고 있습니다. 이제 남녀노소 누구나 자신의 의무를 다할 수 있습니다."

저녁 무렵이 되면 공격을 격퇴했다는 발표가 있을 것이다. 이런 식으로 모두가 즐거운 휴일을 보장받게 된다. 그러나 이런 일들은 아직 성숙하지 못한 우리 세계로서는 기대하기 힘든 과학의 승리에 속하는 일일 것이다.　　(1932. 2. 10)

교육이 독이 될 때
Does Education Do Harm?

19세기에 큰 명성을 얻었던 여러 사람들의 전기를 최근에 읽게 됐다. 놀라운 사실은 그들 중에서 관습적으로 교육이라 불리는 것을 많이 받은 사람이 극히 드물다는 점이었다. 제이 굴드 Jay Gould(1836~1892년, 철도업, 금융업 등으로 거부가 된 미국 사업가)가 학교를 다닌 기간은 딱 1년이었다. 코모도어 밴더빌트 Commodore Vanderbilt(1794~1877년, 해운업, 철도업 등으로 큰 재산을 모은 미국 사업가)는 그조차도 안 될 것이다. 지인들에 따르면 "그는 교육을 전혀 받지 못했기에 대여섯 줄을 쓰면서도 철자 교본을 어기지 않는 경우가 거의 없었다."고 한다. 카네기는 열두 살 이후로는 학교에 가본 적이 없었다. 이 명단은 끝없이 길어질 수 있다.

조사해보면, 적어도 기업에 있어서는, 우리가 살고 있는 이 시대를 만든 거의 모든 사람이 문화적인 유산의 방해를 받지 않았다는 사실을 발견할 수 있을 것이다. 그런 문화유산을 전수하는 것이 대학의 사명으로 여겨지기는 하지만 말이다. 그들 중 일부는 청년 시절의 악전고투가 가져다주는 이득을 잘 알고 있다. 존 록펠러 씨도 재산이 얼마 없는 가정에서 자란 것을 자신에게 내려진 축복 중 하나로 꼽는다고 회고록에서 말하고 있다. 그렇지만 그는 자기 자녀들은 이런 축복을 누리지 못하게 하느라 애써왔다.

부에 적용되는 것이 교육에도 적용된다. 명성을 얻은 많은 사람들은 정규 교육을 제대로 받지 못한 것이 자신에게 득이 되었다고 믿는다. 아마 맞는 말일 것이다. 하지만 그렇다고 해서 자기 아들에게 일류 교육을 시키는 것을 마다할 사람은 한 명도 없을 것이다. 카네기의 예를 보자면 그는 스코틀랜드의 수많은 가난한 청년들에게 이 의심스러운 축복을 내려주고자 전력을 다했다. 사색의 순간에는 교육에 대해 어떻게 생각하든 현실로 돌아오면 결국 우리 모두 교육의 가치에 대해 추호도 의심하지 않는다.

나는 이 점에서 우리가 과연 옳은지 모르겠다. 교육이 본연의 모습으로 존재한다면 두말할 것도 없이 우리가 옳을 거다. 하지만 교육자들이 독창적인 것보다는 올바른 것이 중요하고, 올바른 것이란 교사의 생각에 동의하는 것이라고 가르침으로써 자기 학생들의 독창성을 죽여버리는 경우가 너무나 많다. 뿐만 아니라 교육은 사람들에게 뭔가를 알아내려면 실제 세계에서 사물을 관찰할 것이 아니라 책에서 찾아보라고 가르친다.

내가 어렸을 때 일이 기억난다. 유명한 박물학자인 뷔퐁이 다람쥐에 대해 쓴 설명을 읽으라고 해서 읽었더니, 다람쥐는 땅으로 내려오는 일이 거의 없다고 단언하고 있었다. 나는 관찰을 통해 다람쥐에 대해 꽤 많이 알고 있었으므로 이 대목에서 그 위인이 엉터리 얘기를 하고 있다는 사실을 알아챘다. 하지만 나의 선생님은 다람쥐에 대해 아는 바가 없었고, 결국 나는 내 지식으로 뷔퐁의 소설 같은 설명과 맞붙는 것은 신중한 처신이 못 된다는 것을 깨달았다.

교사들은 거의 한결같이 책에 담긴 것을 믿는 경향이 있다. 책은 편리하고 교실에 가져올 수도 있기 때문이다. 예를 들어 하마의 습성에 대해 학교 교실에서 실물을 놓고 연구하기는 어렵다. 갈릴레오는 무거운 물체가 어떻게 떨어지는지 알아보기 위해 피사의 사탑에서 물체를 떨어뜨리곤 했다. 그의 동료들은 이것을 학생들의 시간만 허비하는 짓으로 보았다. 학생들은 관찰이 아니라 아리스토텔레스의 책을 통해 물체가 어떻게 떨어지는가를 알아내야 하므로 각자의 책상에 앉아 있어야 마땅하다고 여겼기 때문이다.

오늘날의 대학생들은 물체의 낙하에 대해선 얼마든지 알

아볼 수 있지만 사람이 위로 올라가는 방법에 대해 아는 것은 허용되지 않는다. 나는 미국 유명 대학들의 출판부에서 나온 간행물들을 읽어보았는데, 미국의 산업을 지휘하는 선장들을 주일 학교 식 예의범절의 본보기로 변신시켜놓고 있었다. 미국의 젊은이들에게 교수들이 말하는 대로 하면 모두 갑부가 될 수 있다는 믿음을 주입하기 위해서일 것이다.

어느 나라에서나 교육의 본업은 지식을 주는 대신 덕성을 함양하는 것과, 젊은이는 오직 거짓말을 통해서만 미덕을 갖출 수 있다는 잘못된 관념으로 형성된 그릇된 믿음을 주입하는 것이라고 믿고 있다. 내 생각에 이 모든 것은 미덕에 대한 그릇된 개념에서 나온다. 밀턴Milton[1608~1674년, 영국 시인으로『실낙원』의 저자]은 그것을 '도망자와 수도사의 미덕'이라고 비난했다.

진정한 미덕은 강건하다. 그리고 예쁘게 꾸민 공상이 아니라 사실과 맞닿아 있다. 우리가 가르치는 직업의 주위에 그 같은 제약의 울타리를 쳐놓은 탓에 이 직업을 선택하는 사람들 대부분도 현실을 두려워하는 남녀들이다. 우리가 이런 울타리를 치게 된 것은 현실과 접촉하는 것이 좋다는 사실을 인정하는 사람은 많지만 그것이 우리 자녀들에게도 좋다고 믿을 만큼 용기 있는 사람은 드물기 때문이다. 이것이 바로 현재의 교육이 그토록 만족스럽지 못한 근본적인 이유다.

(1932. 2. 17)

과학자도 사람이다
Are Men of Science Scientific?

평범한 남녀는 대체로 자신의 개인적 판단을 전적으로 신뢰하기 힘든 영역의 문제들이 많이 있다는 사실을 안다. 그들은 지혜의 샘을 찾아 열심히 세상을 두리번거리며, 그 샘에 자신의 신뢰를 올려놓고는 확실성에 도달했다며 안도한다. 야만인들은 주술사를 신뢰했고 주술사는 서서히 단계를 거치면서 사제로 발전했다. 사제의 뒤를 의사가 이었고, 또 그 의사의 뒤를 과학자들이 이었다.

과학자는 일반적으로 (물론 예외적으로 훌륭한 사람들도 있긴 하지만) 대중이 권하는 지위를 차지하는 데 아무 거리낌이 없다. 그리고 임금 생활자 계층의 나태함, 북방 인종의 우월성, 부자들의 우생학적 우월성 등등 당장 정치적 관심을 끌 수 있는 주제라면 무엇이든 적극적으로 의견을 발표한다.

나는 진정한 과학자에 대해선 더할 수 없는 존경심을 느낀다. 그런 과학자는 현대 세계에서 참으로 건설적이고 지극히 혁명적인 세력이라 할 수 있다. 자신이 보통 사람과 공유하는 편견은 건드리지 않으면서 기술적인 문제를 다루고 있을 때의 과학자는 어느 누구보다 옳을 가능성이 크다. 그러나 불행하게도 자신의 감정이 강하게 개입하는 문제와 마주하면서 공정성을 유지할 수 있는 과학자는 아주 드물다.

예를 들어, 인간의 두뇌를 공부하는 남학생들은 모두 남자의 두뇌가 여자의 두뇌보다 우수하다는 생각을 사전에 주입받는다. 남자 뇌의 평균 무게가 여자보다 무겁다는 사실이 밝혀지자 그것은 남자가 지적으로 우월하다는 증거라는 주장이 펼쳐졌다. 그러나 코끼리의 뇌가 훨씬 무겁다는 점을 지적받자 저명한 과학자들은 머리를 긁적였다. 자신들의 지혜가 코끼리와 같다는 사실을 인정할 수 없었기 때문이었다.

누군가가 중요한 것은 몸무게와 뇌 무게의 비율이라는 의견을 제시했다. 그러나 이 또한 처참한 결과를 낳았다. 이 비율로 따지자면 대체로 남자보다 여자가 영리하다는 결과가 나왔기 때문이었다.

결코 그렇게 되어서는 안 되었다. 그래서 그들은 중요한 것은 그저 무감각한 무게가 아니라 조직의 섬세함이라고 말했다. 그 문제는 여전히 추측의 범주에 속했으므로 남자가 여자보다 우수하다고 추정할 수 있었던 것이다.

유전에 대해서도 과학을 사칭한 허튼 소리들이 엄청나게 많다. 우생학을 다루는 저자들을 보면 거의 예외 없이 전문가 계층에 속하는 북방 인종들이다. 결국 북방 인종이 최고의 인종이며 그 인종 내에서도 전문가 계층이 최고의 집단이라는 결론이 이어진다. 우생학적 사고의 근저를 이루는 이 명제들을 위해 제시된 증거들이란 빈약하기 이를 데 없다.

미국 주민 가운데 인종적으로 가장 순수한 편인 앨러게니 산맥 주민의 지능을 검사하면 유대인만큼 좋은 성적이 나오지 않는다. 이에 대해서는 이렇게 설명한다. 지능 검사에는 뭔가 부적절한 것이 있으며, 도덕적 자질도 고려해야 한다는 것이다. 그러나 도덕적 자질 면에서 가난한 백인이 유대인을 능가한다는 증거는 전혀 제시되지 않는다.

유전 연구에 일대 혁명을 불러온 사람은 완두콩을 기르며 평생을 보낸 멘델이란 이름의 수도사였다. 유전적인 결함을 제거하려면 어떻게 해야 할지를 결정하는 문제는 예전에 생각했던 것보다 훨씬 어려워졌다.

어떤 사람들은 손가락 관절이 세 마디가 아니라 두 마디만 있다. 이처럼 비정상적인 손가락을 가진 사람들을 없애는 데는 지적 장애인을 다루고자 제시됐던 방법들이 매우 효과가 있을 것 같지만, 지적 장애인을 없애려면 수천 년의 세월이 소요될 것이다. 두 경우에서 유전되는 종류가 다르기 때문이다. 그러나 정치인들과 사이비 과학자들의 동맹이 워낙 강고하므로 이런 사실이 대중적으로 알려지기까지는 오랜 시간이 걸릴 것이다.

일반 대중으로서는 과학자들 가운데 어떤 사람을 믿어야 할지 판단하기 어렵다. 따라서 어떤 과학자가 강한 편견을 가지고 있는 문제에 대해 자신 있게 의견을 표명한다 싶으면 일단 의심해보는 것이 현명할 것이다. 과학자들은 초인(超人)이 아니므로 우리 일반인들만큼이나 잘못을 저지르기 쉽다.

(1932. 2. 24)

나도 탐정 소설을 썼을 텐데
Flight From Reality

사람들은 왜 글을 읽을까? 대다수의 경우에 있어서 그 답은 '읽지 않는다'이다. 인류의 다수는 전혀 읽지 않고 나머지 중에서 다수는 그림이 있는 종이만 읽는다. 그림 종이보다 나은 것을 읽는 사람들 가운데 다수도 결코 책을 읽는 데까지는 가지 못한다. 책─심각한 책, 가벼운 책, 깊이 있는 책, 피상적인 책, 과학 책, 문학 책, 무서운 책─을 읽는 사람들을 몽땅 합쳐도 인구의 아주 작은 일부에 불과하다.

그런데 그들끼리도 온갖 방식으로 차이를 보인다. 우선 정보를 얻기 위해 읽는 사람들이 있는데 대체로 아주 어리다. 자신의 편견에 대한 확신을 얻기 위해 읽는 사람들도 있는데 이른바 성숙한 사람들이다. 그러나 상당수의 독자들은 지식이나 자기 의견에 대한 지지를 추구하는 것이 아니라 현실로부터 도피해 상상의 세계로 들어가고 싶어 한다.

이런 도피는 갖가지 형태를 띤다. 가장 노골적인 도피는 삼류 소설이나 영화가 흔히 주는 것으로서 무명의 젊은 남자 또는 여자가 두드러진 성공을 거두거나 부자와 결혼하는 식의 내용이다. 그보다 약간 높은 수준으로는 역사에서나 지난 시대의 영광을 상상하는 데서 도피처를 구하는 사람들이 있다.

훨씬 더 높은 단계의 사람들은 천문학 같은 주제로 들어간다. 진스James Hopwood Jeans(1877~1946년, 영국의 물리학자 겸 천문학자)나 에딩턴Arthur Stanley Eddington(1882~1944년, 영국의 천체 물리학자)의 책들이 성공을 거두는 데는 별들이 아주 조용한 생활을 하는 것처럼 보인다는 점도 이유의 하나로 작용하고 있다. 별들은 세금 징수원 때문에, 아이들이 아파서, 또는 업무상 우울증으로 고생하는 일이 없다. 당신이 일단 상상 속에서 별이나 성운과 자신을 동일시할 수 있다면 놀랄 만큼 마음이 평온해지는 것을 느끼게 될 것이다.

그러나 사람들은 마음의 평온만을 바라는 건 아니다. 짜릿한 흥분을 느끼고도 싶어 한다. 내 경우에도 후자의 욕구가 독서의 대부분을 이끌고 있다. 나는 내가 쓰는 부류의 책들은 절대로 읽지 않는다고 습관적으로 말하고는 한다. 쓸 수 있었다면 썼겠지만, 그런 재능을 받지는 못했다. 내가 즐겨 읽는 책들은 주로 탐정 소설이다. 만약 내가 탐정 소설을 쓸 수 있었다면 지금으로서는 의문 상태인 인류의 행복에 기여했으리라고 믿어 의심치 않는다.

탐정 소설, 시, 천문학 등 이 모든 것들은 이른바 '현실' 도피의 다양한 형태들을 대변한다. 정신 분석학자들은 현실 도피욕이 아주 나쁜 것이라고 말하지만 내가 볼 때는 과장된 말이며, 또한 몇 가지 필수적인 구분조차 하지 못하는 주장이다.

현실 도피욕이 나쁜 경우는 그 욕구가 망상을 유발하거나 자기 업무에 소홀하게 만들 때다. 사람이 아주 곤궁해지거나 채권자들한테 시달리게 되면 자신을 프랑스 은행의 총재라고 믿음으로써 위안을 얻기도 한다. 이런 형태의 현실 도피는 개탄할 만하다. 젊은 여성이 코페투아 왕[영국 민담에 등장하는 인물로 거지 소녀와 사랑에 빠져 왕좌를 버리고 사랑을 택한다] 식의 낭만적 이야기에 푹 빠져 일을 소홀히 하다가 결국 직장을 잃을 수도 있다. 이 경우 또한 개탄할 일이다.

그러나 전적으로 바람직한 다른 형태의 현실 도피도 있다. 모차르트는 빚 독촉과 부채를 잊기 위해 작곡을 하면서 환상의 세계로 도피할 수 있었다. 만약 그가 저명한 정신 분석학자들의 충고를 따랐다면 곡을 쓰는 대신 수령액과 지출의 대차 대조표를 세밀하게 작성하고 그 두 항목의 균형을 맞출 수 있는 절약 방안을 짜기 시작했을 것이다. 그 짓을 하느라 수입마저 끊겨 버렸을 것이니 우리는 그의 음악을 영원히 듣지 못했을 것이다. 이 경우처럼 상상의 세계로 들어감으로써 현실을 좀 더 잘 견딜 수 있는 수단으로 사용되는 현실 도피는 문제될 게 없다.

내가 볼 때 이 현실 도피라는 동기가 없었다면 세상에 가장 큰 즐거움을 주는 것들 대다수가 탄생하지 못했을 것이다. 따라서 내 의견은 이 동기―도피 욕구―에 이끌려 독서하는 사람들을 비난해서는 안 된다는 것이다. (1932. 3. 2)

자살이 불법이라니
Illegal?

오스트리아가 매우 어려운 고비에 있던 전쟁 직후, 한 농부가 나뭇가지에 목을 매달았다. 이웃 한 명이 농부를 발견하고 숨이 끊어지기 전에 그를 끌어내렸다. 농부는 그 이웃이 자신에게 삶을 더 부과했다는 이유로 그를 고소했다. 당시 오스트리아에서의 생활이 흉흉했다는 사실을 고려하면 이웃의 행동은 불법 행위의 요건을 갖추고 있다는 거였다. 몇 가지 전문적인 법률 조항을 적용해 그 이웃을 풀어주기는 했으나 법정도 농부의 생각에 동의했던 것으로 보인다.

자살 기도와 관련해 영국과 미국 대부분의 지역에서 채택하고 있는 견해는 이와 다르다. 자살도 살인이며, 따라서 자살 기도는 살인 기도라는 것이다. 사는 게 너무 고달파서 죽으려는 사람에게 인생의 즐거움을 깨닫도록 가르친답시고 징역형을 내리고 있다.

내가 볼 때 이것은 두 가지 면에서 불합리하다. 첫째, 자살 기도를 범죄로 여겨서는 안 된다. 둘째, 징역으로는 자살 기도를 억제하기가 쉽지 않다.

자신을 죽이는 것이 다른 사람을 죽이는 것만큼 나쁘다는 말이 내게는 어처구니없게 들린다. 내가 다른 사람의 시계를 빼앗아 바다에 던진다면 나는 범죄자일 것이다 그러나 내 시계를 바다에 던지면 나는 아무리 나쁘게 봐도 고작 바보일 뿐이다. 게다가 그 시계가 아무 쓸모가 없는 것이라면 나는 매우 분별력 있는 사람이라고까지 말할 수 있다.

내 시계에 적용되는 것은 내 생명에도 적용된다. 내가 다른 사람의 생명을 빼앗는다면 내 것이 아닌 것을 취하는 게 되겠지만 나 자신의 생명을 취하는 문제는 다른 누구보다도 내가 더 많이 관련된 사안임에 분명하다.

내 생명이 다른 사람들에게 쓸모 있게 쓰일 수도 있으니 내 생명을 함부로 버려서는 안 된다고 말할 수도 있겠다. 이 얘기는 대체로 도덕적인 주장처럼 들리긴 하지만 법률을 개인 윤리만큼 까다롭게 제정하는 것은 현명하지 못한 처사다. 소유에 대해서도 똑같은 얘기를 할지 모르겠다. "값어치 없는 시계라고는 해도 그렇게 내버리는 것은 부도덕하다. 아무 꼬마에게라도 줬으면 얼마나 좋아했겠는가." 그러나 이것이 멈춰버린 자기 시계를 내버렸다고 해서 사람을 감옥에 집어넣을 수 있는 적절한 근거가 되기는 어렵다.

  마찬가지로 사람은 누구나 자신의 여생을 좋은 일에 쓸 수 있다고 얘기할 수도 있다. 그러나 그렇게 하는 방법을 전혀 모르는 사람들이 많을 뿐 아니라 죽더라도 공동체에 큰 손실이 되지 않을 사람들도 적지 않다. 어떤 경우에든 자신의 생명도 자신의 재산처럼 법적으로 자신의 것이 되어야 마땅하며, 따라서 그가 자기 생명을 내던지기로 마음먹는다면 그렇게 할 수 있도록 허용해야 한다.

  자살 기도를 억제한다는 관점에서 봐도 자살 기도를 처벌하는 것은 아무짝에도 쓸모가 없다. 자살을 기도하는 사람은 자살에 성공할 것이므로 처벌받을 일은 없을 거라고 예상한다. 실패해서 처벌을 받더라도 일정 기간 감옥에 있다가 나온 다음에 사는 게 더 즐거워질 가능성은 별로 없다.

  자살이란 주제를 다룰 때는 그 장단점을 따지기보다는 이른바 인명의 신성함과 연결시켜 바라보는 경향이 있다. 하지만 나는 그 문구를 진지하게 받아들이는 것이야말로 오히려 불법이라고 본다. 그것을 받아들이는 사람이라면 전쟁에 대해서도 비난해야 마땅하기 때문이다. 전쟁이 우리 제도의 일부로 남아 있는 한, 비참한 생활에 쫓겨 자살을 기도하는 불행한 사람들 앞에서 인명의 신성함을 호소하는 것은 그야말로 위선일 뿐이다.

(1932. 3. 9)

낙관주의에 관하여
On Optimism

옛날 남쪽의 망망대해에 버려진 채 표류하던 배 한 척이 있었는데 양식마저 떨어질 지경에 이르렀다. 승무원 대부분이 하릴없이 날만 보내고 있었으나 두 사람만은 예외였다. 한 사람은 상습적인 비관주의자였고 또 한 사람은 상습적인 낙관주의자였다.

상습적인 비관주의자는 비축 식량이 얼마나 빠르게 줄어들고 있는지, 이 위도 상에서 다른 배를 만난다는 게 얼마나 드문 일인지를 끊임없이 지적했다. 그는 동료들에게 다가올 최후에 대해 명상하며 꿋꿋하게 죽음을 맞을 준비를 하라고 충고했다. 하루는 동료들이 그에게 달려들어 지금부터 5분의 시간을 줄 테니 그동안에 당신이나 꿋꿋하게 죽음을 맞을 준비를 하라고 충고했다. 그를 배 밖으로 내던지고 나서 모두들 안도의 숨을 내쉬었다.

그러나 그것은 실수였다. 비관주의자가 살아 있을 때는 나머지 승무원들이 낙관주의자를 고맙게 생각했으나 이제 보니 낙관주의자도 예전 그의 맞상대처럼 부아만 돋우는 존재라는 사실을 깨닫게 된 것이다. 낙관주의자는 매일 아침 실실 웃는 얼굴로 갑판에 올라와 양손을 비벼대며, 인간의 몸이 비스킷 반쪽으로도 얼마나 오래 버틸 수 있는가를 지적하고, 다른 배를 만날 가능성이 있는 날짜를 알려주기 위해 복잡한 계산을 하곤 했다. 마침내 그들은 낙관주의자도 배 밖으로 던져버리고 나서야 제대로 일을 할 수 있었다.

이 일화의 교훈은 어떤 종류이든 '주의(主義)'를 믿는 사람들은 자신들의 특효약이 상반된다 하더라도 서로 단결해야 한다는 것이다. 그들은 특효약을 가졌다는 점에서 보통 사람들과는 구별된다. 어느 한 사람의 특효약은 또 다른 사람의 특효약으로 균형을 맞출 때에만 보통 사람이 견딜 수 있다.

만약 어떤 '주의'의 신봉자들이 나머지 모든 '주의들'을 자기네 사고방식으로 전향시킨다면 보통 사람들로선 그들이 너무나 지겨워서 조만간 그들을 근절하려 할 것이다. 이것은 비관주의 신봉자 못지않게 낙관주의 신봉자에게도 해당되는 얘기다. 우리 시대에 비관주의가 존재하는 것은 세계 상황이 나쁜 탓이라고 흔히들 설명하지만, 내가 볼 때는 우리 모두가 젊은 시절에 빅토리아풍의 낙관주의를 겪으며 견뎌야 했던 지루함 탓이 상당히 크다.

사실 낙관주의는 신뢰할 만할 때는 유쾌하지만 그렇지 못할 때는 엄청 짜증스럽다. 특히 짜증스러운 것은 우리의 곤경을 나누지 않아도 되는 자들이 우리의 곤경에 대해 낙관주의를 피력하는 경우다. 타인의 곤경에 관한 낙관주의는 그것을 사라지게 하거나 줄일 수 있는 방법에 대한 아주 구체적인 제안이 병행되지 않는 한 대단히 위험하다.

만약 의사가 당신의 병을 낫게 할 치료법을 처방할 수 있다면 그 의사는 당신의 병에 대해 낙관할 권리가 있다. 그러나 당신의 친구가 순전히 말로만 "그래, 넌 곧 좋아질 거야."라고 한다면 오히려 병을 악화시킬 수도 있다. 지난 2년 동안 불경기에 대해 줄곧 낙관적으로 말해온 사람들 대다수가 의학적 조언자라기보다는 쾌활한 친구 쪽에 속하는 자들이다. 게다가 그들의 쾌활함이 굶주리고 있는 사람들의 행복에 그리 보탬이 된 것 같지도 않다.

어떤 종류의 곤경에 처했든 필요한 것은 쾌활한 감정이 아니라 건설적인 사고다. 전 세계적인 불황 덕분에 이 사실이 점차 세상에 먹혀들어가고 있다. 바로 이 점에서 나는 우리가 겪고 있는 현재의 곤경 속에서도 허용될 수 있는 낙관주의의 유일한 기초를 보게 된다. 떠들썩한 선전이 아니라 건설적인 사고만이 이 곤경을 치유할 수 있다. (1932. 3. 16)

역지사지의 맹점
As Others See Us

어떤 사람들은 자기가 자기에 대해 알고 있는 지식이 외부인이 그에 관해 얻을 수 있는 지식보다 믿을 만하다고 주장한다. 그들은 어떤 사물을 진정으로 이해하려면 내부에서 바라보아야 한다고 말한다. 이렇게 말하는 자들의 일부는 철학자고 일부는 상냥한 도덕주의자들로, 우리에게 이웃의 관점으로 사안을 보기 전까지는 이웃들을 나쁘게 생각하지 말라고 역설한다. 반면에 세상 물정에 밝은 사람들은 언제나 내부의 판단보다는 외부의 판단을 신뢰한다. 이처럼 서로 다른 견해에 대해 어떻게 생각해야 할까?

내가 생각하기에 답은 그 사람이 느끼는 감정에 관심이 있는지, 아니면 그 사람이 하는 행동에 관심이 있는지에 달려 있다. 만약 그 사람이 느끼는 감정을 이해하고 싶다면 그 사람의 껍질 속으로 들어가 그의 관점에서 세상을 보는 법을 배

위야 한다. 그러나 그가 하려던 행동을 알고 싶다면 천문학자가 달이나 목성을 바라보듯 철저히 외부에서 바라보는 것이 더 현명한 일임을 깨닫게 될 것이다. 두 관점의 차이는 여러 나라의 행위를 살펴보면 더욱 분명하게 드러난다.

예를 들어 영국인들이 인도에서 하는 행태를 보자. 대다수 영국인들은 인도에 사는 영국인들이 무지몽매함과 불관용과 미신에 맞서 문명의 빛을 전파하고자 영웅적으로 투쟁해왔다고 생각한다. 영국인이 아닌 거의 모든 사람들에게 그 영국인들은 인도에서 권력을 즐기며 공물을 착취하는 야만적인 압제자로 보인다. 만약 당신이 인도 거주 영국인이 어떻게 느끼는지 알고 싶다면 영국인의 관점을 취해야 하고, 그가 무슨 짓을 하는지 알고 싶다면 다른 나라 사람의 관점을 취해야 한다. 미국인들이 아이티와 중앙아메리카에서 벌이고 있는 행위나 기타 각종 제국주의적 소행에 대해서도 같은 얘기를 할 수 있다.

그러나 외부에서 보는 관점이 진리로 이어지려면, 어떤 나라가 다른 나라를 판단할 때 흔히 보여주는 태도보다 좀 더 냉정해야 한다. 사랑이 이해의 열쇠라고 말하는 사람들도 있지만 그것이 과학적 이해를 뜻하는 것이라면 내 생각에는 틀린 얘기다. 하지만 증오를 이해의 열쇠로 보는 것은 그보다 훨씬 비과학적이다.

우호적이든 비우호적이든 감정이란 것은 모두 판단을 왜곡하기 마련이다. 만약 천문학자들이 달을 하느님이나 악마로 생각했다면 달의 운행에 관한 적절한 이론을 세우기까지 훨씬 더 오랜 시간이 걸렸을 것이다.

하지만 인간에 관한 문제에서는 어려움이 있다. 우리는 일반적으로 나의 사랑이나 증오의 대상이 아닌 한 남들이 하는 일에 크게 관심을 두지 않는다. 다른 사람들에게 관심이 없으면 그들에 관한 정보를 얻으려 애를 쓰지도 않게 된다. 그러나 우리가 그들을 사랑하거나 증오하면서 얻게 되는 정보는 잘못된 정보이기 쉽다. 이것은 특히 한 나라가 다른 나라에 관해 갖고 있는 지식에 해당되는 얘기다.

예를 들어 대다수 미국인은 라트비아란 나라를 사랑이나 증오의 감정 없이 바라보는 듯하다. 그 결과 그들은 라트비아에 대해 아무것도 아는 게 없다. 만약 미국인들이 어떤 나라를 좋아하거나 증오한다면 미국 신문들이 호의적이거나 비판적인 정보를 제공할 것이며, 실제로도 그렇다고 볼 수 있다. 그리하여 지식인 것처럼 보이는 것들의 더미 속에서 미국인들의 편견은 점점 굳어지게 될 것이다.

우리는 여기에서 민주주의의 난제 중 하나와 부닥치게 된다. 사람들은 학교를 떠난 뒤로는 대개 신문을 통해 외국에 관한 변변찮은 지식을 얻기 마련이다. 그리고 자신의 편견에 아첨하지 않는 신문은 사서 보지도 않는다. 따라서 그들이 얻는 지식이라고는 자신의 편견과 격정을 확증해주는 지식뿐이다.

이것이 국제적 사안에 대한 온당한 처리를 가로막는 커다란 난제 중 하나다. 국수주의적 민주주의의 한계 내에서 이 문제를 어떻게 다룰 수 있을지, 나로선 당최 알 수가 없다.

(1932. 3. 23)

멀리 보면 달라지는 것들
Taking Long Views

어떤 사람들은 자기가 죽은 다음 세상에 무슨 일이 벌어지든 관심 없다고 말한다. 내 입장에서는 그런 식으로 느껴지는 않는다. 나는 설령 개인적으로 미래에 참여하지 못한다 해도 현재의 행동이 미래에 열매를 맺게 되리라고 생각하고 싶다. 또한 나는 문명이 계속 향상될 거라 생각하고 싶고, 때때로 그 반대의 생각이 들면 기분이 가라앉고는 한다. 눈앞의 전망이 다소 우울한 요즘 같은 시절에는 좀 더 먼 미래를 생각해보면 종종 기운이 나기도 한다.

 19세기 사람들은 진보를 당연하게 여겼다. 특히 진화를 믿게 된 후로는 미래가 과거보다 틀림없이 나을 것이라는 생각이 일종의 자연법칙으로 여겨졌다. 이처럼 활기찬 사고의 틀에서는 굳이 먼 시대를 생각할 필요가 없었다. 심지어 한두 세기 후에 유토피아가 실현될 거라는 기대도 있었다. 1914년 이후로 이러한 낙관주의는 점차 자신감을 잃어갔고, 현재의 불황을 겪으며 아주 많은 사람들의 마음속에서 비관주의에 굴복하고 말았다.

하지만 비관주의는 향후 100여 년을 상정할 때나 필요할 뿐이다. 그 이후로는 인류가 행복과 평화와 번영의 시대로 진입할 가능성이 아주 많아 보인다. 따라서 낙관주의를 장려하고 싶은 사람들 사이에서 긴 안목이 유행처럼 번지기 시작했다. 천문학자들은 인류가 앞으로도 수십억 년을 더 존속할 수 있다는 말로 낙관주의자들에게 충분한 시간을 남겨주고 있다. 나로 말하자면 이처럼 광대한 원경들에서 참으로 격려를 받고 있다.

최근에 나는 스테이플던 William Olaf Stapledon [1886~1950년, 영국의 철학자 겸 SF 작가]이 쓴 『최후의 인간과 최초의 인간 Last and First Men』란 책을 읽었는데, 생물학적으로 영겁의 세월에 걸쳐 지구에서 금성으로, 또 금성에서 해왕성으로 떠나는 인류의 미래를 추적하는 내용이었다. 나는 이 책에서, 처음에는 의식도 못하고 또 일시적으로 실패를 겪기도 하지만, 결코 영원히 좌절하지는 않는 불굴의 목적의식이 마음에 들었다. 그것은 지식, 정복, 인류 스스로 결정하는 공동의 방향, 생명의 충만 등을 향한 목적의식이었다.

이 책의 저자는 이 목적의식이 현재의 인류가 겸비하고

있는 지적 역량을 지닌 채 세상에 나왔으므로 쉽게 꺾이지 않을 것이며, 사회적으로나 물질적으로나 무수한 격변을 이기고 살아남을 것으로 보고 있다. 나 역시 그의 견해에 공감한다.

이러한 믿음은 공감하는 사람들의 내면에서 공적 사안이나 사적 사안과 관련해 용기와 일관성을 북돋을 수 있다. 내가 볼 때 이것은 학교에서 반드시 육성해야 할 것들 중의 하나다. 현재 대부분의 나라는 민족적 관점에서 역사를 가르친다. 그러나 민족이란 것은 흥망성쇠를 겪으므로 순전히 민족적 차원의 희망은 비록 모호할지라도 연대기적 한계를 지닐 수밖에 없다.

게다가 역사 교육이 민족의 위대함으로 가장 강조하는 요소는 주로 정복이나 지배 따위인데, 이것은 인류 전체의 영광에는 기여하는 바가 없다. 인류 전체의 영광을 가시화하려면 인류 출현 이전의 지질학적 기록과 현생 인류의 초창기 투쟁, 그리고 세계 문명 전체의 역사를 가르쳐야 한다.

이 과거의 기록 속에서 하나의 보편적 운동이 눈에 띄게 될 것이고, 그에 따라 학생들은 미래로 향하는 이러한 상승 운동을 잇고자 하는 욕구를 자기도 모르는 사이에 품게 될 것이다. 개인의 영광은 동료를 누르는 승리에 있을지 모르지만 인류의 영광은 지혜로운 공동의 목적에, 그리고 인간 본성에 담긴 고리타분한 것들과 환경을 공동으로 정복하는 데 있다.

나는 각 민족 집단이 민족적 목표들만 추구함으로써 초래하는 역경으로 인해 머지않아 인류가 자신의 공동 목적에 대해 더 생생하게 깨닫게 될 날이 오리라고 믿는다. 그 공동 목적은 우주에서 인간이 존재하는 것에 대한 정당성을 입증하는 일이다. (1932. 3. 30)

채식주의자도 사납다
On the Fierceness of Vegetarians

괴짜 학교를 만들어 볼까 생각해 본 독자가 있을지도 모르겠다. 만약 그렇다면 당장 생각을 접으라고 강력하게 촉구하는 바이다. 전 세계에 널려 있는 괴짜들은 괴짜 학교 선생이 자기들 특유의 비법을 믿지 않는다는 사실을 알게 되면 너나없이 펄쩍 뛸 사람들이다. 그러니 모두 선생을 우습게 여길 것이다.

괴짜들 중에는 멕시코 인디언 주술사들을 고대 이집트 지혜의 저장고라고 생각하는 사람들이 있는가 하면, 기자의 피라미드는 그것이 세워진 날부터 1932년에 이르기까지 세계사의 흐름을 예언한다고 확신하는 사람들도 있다. 영국인이 사라진 10지파[고대 이스라엘의 12지파 중 사라진 열 개 부족]라고 믿는 사람들도 있고, 자기가 줄리어스 시저의 환생인 줄 아는 사람들도 있다. 이런 모든 사람들 때문에 개인적으로는 내가 고생을 했다.

그중에서도 제일 성가신 부류가 바로 채식주의자들이다. 채식주의자들은 파리 한 마리도 해치지 못할 정도로 유순하고 온화하다는 생각이 널리 퍼져 있다. 실제로 파리 한 마리 해치지 못할 수도 있다. 이에 대해선 내가 뭐라고 말할 수 없지만, 파리를 향한 그들의 자비심이 인간에게까지 미치지 않는다는 점은 확실하다. 채식주의 식단을 지지하는 가장 강력한 근거는 아마도 채식을 하는 사람들이 정력 넘치고 호전적이라는 점일 것이다.

최근에 한 숙녀로부터 편지를 받았다. 그녀는 내가 운영하는 진짜 멋진 학교―그녀는 기꺼이 그렇게 불러주었다―에 자기 딸을 입학시키려고 수천 마일을 달려왔노라고 했다. 나는 그 숙녀분이 학교를 둘러볼 수 있도록 날을 잡고, 적절한 열의를 갖추어 손님 맞을 준비를 했다. 그런데 불행하게도 아이들 식단표가 그녀의 눈에 띄었다. 그것을 읽고 난 숙녀께서 논평을 했다.

"시리얼. 네, 아주 좋군요. 바나나. 네, 훌륭해요. 그런데 이건 뭐죠? 베이컨! 당신이, 새로운 세상을 만들고 싶다는 분이, 순진무구한 아이들에게 더불어 사는 창조물들의 살을 먹도록 권한다고 이해해야만 하는 건가요?"

그녀는 자기 눈을 믿을 수 없었고 그리하여 당장에 멋진 솜씨로 채식주의 옹호론의 개요를 펼쳐 보이기 시작했다. 나는, 식단의 재료에 대해서는 의학계 최고 권위자들과 의논을 한 다음 일정한 관심을 기울여왔다. 그러니 당신이 아무리 수천 마일을 달려왔어도 단 몇 분의 대화로 내 생각을 바꿀 수는 없을 거다, 라고 부드럽게 설명했다. 그러자 숙녀가 말했다. "아, 하지만 크게 실망했어요. 설마 제가 우는 모습을 보고 싶으신 건 아니시겠죠?"

그녀가 이렇게까지 말했어도 육류가 아이들에게 나쁘다는 사실이 결정적으로 입증된 것 같지는 않았다. 마침내 그녀는 돈을 안 받고 나의 요리사가 되겠으며, 식료품 청구서를 반으로 줄여주겠노라고 제안했다. 나는 그 대목에서 용케 다른 긴급한 용무를 찾아냈다. 달아나는 것 외에는 희망이 보이지 않았기 때문이다.

이것은 결코 특이한 경험이 아니다. 버나드 쇼Bernard Shaw[1856~1950년, 영국의 극작가. 유명한 독설가이며 채식주의자이기도 했다]와 리허설을 마친 패트릭 캠벨 부인Mrs Patrick Campbell[1865~1940년, 영국의 연극배우]이 뭐라고 외쳤는지는 천하가 다 안다. "만일 그가 비프스테이크라도 먹게 된다면, 하늘이 우리를 도우시길."

캠벨 부인은 채식 위주로 먹는 사람들을 별로 겪어보지 않았던 게 분명하다. 아니면 비프스테이크가 그녀가 바랄 수 있는 희망의 최대치라는 사실을 알고 있었는지도 모른다. 어쨌거나 세계사를 보더라도 이것은 새로운 현상은 아니다. 아벨은 우리가 알다시피 고기를 먹었지만 카인은 식단의 구성에 있어서 버나드 쇼와 의견이 일치했다. (1932. 4. 13)

우리가 가구를 사면서 생각하는 것들
Furniture and the Ego

정도의 차이가 있기는 하지만 정상적인 사람이라면 대부분 자기표현의 필요성을 느끼기 마련이다. 사람들이 이런 목적을 달성하고자 취하는 수단은 엄청나게 다양하다.

   어떤 한 가지에 철저하게 만족하는 것을 즐기는 사람들은 대개 다른 것을 찾으려 하지 않는다. 위대한 오페라 가수들은 호텔 방에서 살고 낯선 무리들과 어울리고 친숙한 것이라고는 거의 없는 물질적 환경에서 지내면서 이 도시 저 도시 떠돌아다닌다. 그들은 그들의 예술 속에서 자아를 완전하게 표현할 수 있기에 이런 생활을 견딜 수 있다. 그보다 정도는 덜 하더라도 남다른 예술적 재능이나 문학적 재능을 가진 사람들이라면 대부분 해당되는 얘기일 것이다.

   그러나 대다수 사람들, 특히 대부분의 여성은 자신이 직접 모았거나 선택한 물질적 환경에서 자아를 표출하려는 욕구를 가지고 있다. 많은 여성들이 결혼하고 나면 자신의 집에서 큰 기쁨을 맛보는데 그것은 남편이 주는 기쁨에 못지않다. 우리의 사고와 감정 속에 존재하는, 있는 그대로의 개성은 그 핵심이 너무 희미하고 눈에 보이지 않기에 완벽한 만족을 주지 못한다. 따라서 우리 대부분은 외부 세계에서 자기 내면 존재의 반영물을 보고 싶어 한다.

우리는 이것을 다양한 수준에서 성취하고 있다. 광고판마다 자기 이름이 홍보되는 사람이라면 최고 수준의 성취를 이루었다고 볼 수 있지만, 보통 사람들에게는 그만한 축복이 찾아와주지 않는다. 전형적인 주부는 커튼과 양탄자, 식탁과 의자, 만찬용 식기와 커피잔 따위에서 자기표현을 추구한다. 어떤 사람들은 가구를 갖추는 과정을 은밀하고 개인적인 작업으로 생각한다. 개성적인 아름다움, 특히 창조자 특유의 기질에 어울리는 아름다움을 지닌 예술 작품을 수집하는 행위로 보는 것이다.

하지만 그들보다 수줍고 소심한 자아를 가진 이들—현대 세계에서는 이런 사람들이 대다수를 차지한다—도 있다. 그들의 가장 큰 염원은 남들이 자신을 이웃들과 정확히 똑같게 봐주는 것이다. 따라서 그들은 가구에서도 자기만의 취향을 표현하기보다는 정확성을 추구한다. 그들의 방법에 따르면, 그랜드 래피즈Grand Rapids[19세기 말 이후 가구 대량 생산의 중

심지가 됐던 미시간 주의 도시]에서 만든 완전하게 갖춰진 세트를 사거나 통째로 박물관에 넘겨질 법한 시대의 더없이 훌륭한 가구 세트를 들여놓아야 한다. 이 소심함을 바탕으로 실내 장식 사업이 번창한다.

톨스토이는 피로연을 여는 신혼부부 한 쌍에 대해 어디에선가 이렇게 묘사하고 있다. 파티가 끝나자 두 사람은 다른 모든 사람들과 정확하게 똑같은 파티를 치렀다는 사실을 서로 축하한다.

이런 것이 최고의 야망인 사람들은 존경을 바라는 마음보다 경멸에 대한 두려움이 큰 게 분명하다. 혹시 존경을 바란다고 하더라도, 진정 본질적인 특성이 아니라 성공적인 모방을 통해 존경을 확보하고자 한다. 이런 사람들은 필요한 수고를 감수하는 이들이 배울 수 있는 취향은 습득할 수 있겠지만, 남들이 어떻게 생각하든 내 눈에 아름다워 보이는 사물을 자연스럽게 즐기는 법은 습득하지 못한다.

이웃을 두려워하는 것은 우리의 가장 고질적인 감정 가운데 하나로 모든 성취의 적이기도 하다. 거실을 가구로 꾸미는 일처럼 비교적 단순한 문제에서도 마찬가지다. 우리는 퉁명스러운 검열관 같은 태도로 이 감정을 서로에게 강요한다. 이러한 태도 탓에 우리는 서로를 우둔하게 만들 뿐 아니라, 활기 넘치는 개성이 자유롭게 표현되는 광경에서 얻을 수 있는 즐거욺을 스스로 박탈한다. 따라서 꼴사나운 가구의 근원은 전쟁이나 종교 박해 등 인간 삶에서 주요한 모든 해악의 근원과 동일하다. (1932. 4. 20)

만족을 느끼기 위한 처방전
Why Are We Discontented?

요즘 시대에는 잔잔한 만족감이 매우 드물다는 것이 통념인 듯하다. 그렇다면 다른 시대에는 잔잔한 만족감이 좀 더 흔했으리라 생각하기 쉽지만 내가 볼 때는 이것도 매우 의심스러운 가정이다. 만약 우리 시대의 폐단을 고발하고자 한다면, 과거 사람들보다 덜 만족한다는 점이 아니라 여건이 개선되었는데도 더 만족하지 않는다는 점을 근거로 삼아야 할 것이다.

우리는 지난날 행복한 삶의 조건으로 여겼던 것들을 어느 시대보다도 많이 실현해왔다. 심지어 요즘 같은 불경기에도 과거 그 어느 때보다 많은 위안거리가 존재하며 사치도 많이 한다. 특히 오락거리가 많아져서 지루할 틈이 별로 없다. 그럼에도 극빈층을 제외하고 예전보다 눈에 띄게 행복해진 사람들이 있는지 의심스럽다.

현대 문학이 대체로 낙관주의와 거리가 멀다는 점은 분명하다. 예를 들어 프리스틀리John Boynton Priestley[1894~1984년, 영국의 소설가 겸 평론가] 같은 사람이 픽윅의 유쾌함을 재창조하려 하면 그 작품은 인위적이거나 시대착오적인 것으로 여겨진다.

현대의 염세주의는 통상 믿음이 쇠퇴한 탓이거나 삶에서 뭔가 지속적이고 보람 있는 목적을 찾기 어렵기 때문이라고 한다. 하지만 이것이 과연 정확한 분석인지, 문제의 근원에 제대로 닿기나 했는지 의심스럽다.

나는 보람 있는 목적과 열정의 결핍 그 자체가 생리적 원인에서 기인한다고 믿는다. 몸 상태가 아주 좋은 사람은 자기가 믿을 뭔가를 찾아내는 반면 소화 기관이나 내분비선에 문제가 있는 사람은 온갖 우울한 형태의 의혹과 좌절의 먹이가 되곤 한다.

나는 우리 시대의 염세주의자들에게 신체 활동과 소박하지만 건강에 좋은 식사, 장시간의 수면으로 짜인 엄격한 요법을 처방하면, 그들이 해볼 만한 가치가 있는 온갖 것들을 깨닫고 그것들을 직접 할 수 있다는 희망적인 생각을 갖게 될 거라고 생각한다.

책을 쓰려고 심사숙고하거나 다양한 형태의 설교와 선전 일에 종사하는 사람은 아침 식사 전에 의무적으로 한 시간씩 괭이질을 하거나 야외에서 육체노동을 하게 해야 한다. 그렇게 시간을 보내고 나면 아침 식사가 그야말로 꿀맛이어서 그 날 온종일 허황된 생각을 할 수 없을 것이다.

이 요법에 반항하면서 계속 염세적으로 구는 자들에겐 좀 더 가혹한 방법을 써야 한다. 이를테면 아침 식사로 사과 한 알과 우유 한 잔만 허락하고 정오가 될 때까지 야외에서 계속 신체 활동을 하게 한다. 점심을 먹고 나면 그들은 대부분 잠에 빠질 것이며, 혹시 깨어 있는 몇 사람도 읽을 만한 책을 쓰지는 못할 것이다.

우리의 몸은 날마다 해마다 자연적 리듬을 탄다. 자연의 혹독함에서 벗어날 수 있는 인공적 수단이 별로 없었던 그 오랜 세월에 걸쳐 체득한 리듬이다. 우리는 이 혹독함에서 일상 생활을 해방시켰다. 우리의 방은 밤에도 불빛이 환하고 꽁꽁 언 날씨에도 적당한 온기가 돈다. 우리 가운데 몸을 움직여 일하지 않는 사람들은 신체의 건강을 유지하기 위해 필요한 것보다 훨씬 적게 신체 활동을 하기 마련이다. 우리의 식사도 역시 기름지기만 하지 영양가는 별로 없는 경향이 있다.

내가 볼 때 현대인들의 욕구 불만은 무슨 거창한 좌절이나 믿음의 쇠퇴 때문이라기보다 이런 소박한 이유들과 훨씬 관계가 깊다. 만약 내가 옳다면 현대의 절망을 치유하는 일은 철학자의 몫이 아니라 의사의 몫이다.

이런, 안타깝게도 나는 의사가 아니라 철학자다.

(1932. 4. 27)

비스킷은 먹고 살아야지!
How People Economise

가계 수입이 지금보다 줄어들면 아끼는 방향으로 적응할 수밖에 없다. 이런 상황에서 사람들이 내리는 결정은 그 사람의 성격을 나타내는 지표가 되는데, 가끔 놀라운 경우가 있다.

심각한 손해를 입은 귀족 영주가 있었다. 그는 친구 한 명을 불러들여 경비 절감에 대해 조언을 구했다. 그 친구는 주의 깊게 따져보더니 과자 만드는 요리사 세 명을 계속 고용할 필요는 없을 것 같다고 충고했다. 그에 대한 귀족의 대답은 이랬다. "이런 제기랄, 여보게, 사람은 비스킷을 먹어줘야 한다고." 그는 성냥을 사는 대신 종이를 불쏘시개로 쓰고 노끈 따위나 아끼면서 절약하려 했던 것 같다.

영국인은 직장을 잃으면 딸들에게 들어가는 교육비를 아끼고 식비를 줄인다. 남자들은 평소보다 자동차를 1년 더 굴리고 옷을 여섯 달 더 입는다. 작가들이 쓴맛을 봐서 아는 것처럼, 책 사는 일도 포기한다. 그러면서도 말쑥한 정장 한 벌 갖출 여유만 있으면 클럽 출입을 포기하지 않는다.

 가능하기만 하다면 대부분의 사람들은 남들에게 나가는 경비를 줄여서 절약하는 방식을 가장 좋아한다. 주급, 월급, 팁 같은 비용을 깎는 것이다. 이런 식으로 아끼지 못한다면 본인이 곤궁을 견디는 수밖에 없다.

 내가 관찰할 수 있었던 한도 내에서 보자면, 여자들은 옷이나 화장품에 쓰는 돈을 줄이기에 앞서 건강을 해치는 수준까지 식비를 줄일 것이다. 대체로 남녀 모두 사회적 지위를 높이거나 이웃의 존경심을 얻는 데 들어가는 지출은 거의 포기하려 하지 않는다. 그보다는 먹고 마시는 따위의 순전히 개인적인 즐거움을 위한 비용을 포기할 것이다. 가난한 사람들이 마지막까지 포기하지 못하는 것들 중 하나도 성대한 장례식이다. 적어도 영국에서는 그렇다. 사람들은 행복하게 살다가 수치스럽게 죽기보다는 비참하게 살더라도 화려하게 떠나기를 바라는 것이다.

 중국에서는 이런 일들이 훨씬 광범위하게 벌어진다. 내가 베이징에 살고 있었을 때, 한 소녀가 비탄에 빠진 나머지 자기 어머니가 숨을 거둔 침대 곁에서 죽음을 맞았다. 소녀는 효도의 귀감이라며 매우 칭송받았기 때문에 그녀의 가족은 거리 한복판에 기념문을 세워도 된다는 허락을 받았다. 그런

데 그토록 영예로운 일에 어울리는 기념문을 세우고 장례를 치르느라 부유한 전문직이었던 소녀의 형제들은 인력거꾼으로 전락했다. 하지만 그들은 불평 없이 이 추락을 감내했다.

만약 투자할 돈이 있다면, 나는 피아노 장사에 투자할 것이다. 평생을 겪어 보니, 사람들은 다른 무엇을 절약하더라도 피아노에 들어가는 돈만큼은 아끼지 않으리라 확신하게 됐기 때문이다. 왜 그러는지는 짐작도 못하겠다. 나는 그저 사실을 기록할 뿐이다. 내가 아는 신혼부부는 아이를 낳지 않을 작정인데 자신들의 수입을 그랜드 피아노를 사는 데 쓰고 싶어서 그렇다는 것이다.

지난여름 일부 영국 해군이 폭동을 일으켰는데 그 원인은 널리 알려지지 않았다. 사정은 이랬다. 군대의 봉급 삭감안이 제출되자 병사들은 아내가 할부로 구입한 피아노 할부금을 내지 못할까봐 걱정이 됐다. 해군성은 병사들에게 피아노를 공급한 회사들과 접촉했고 할부금에 대한 양보를 얻어냈다. 그러자 폭동은 즉시 진정됐다.[3] (1932. 5. 4)

쉬지 않고 움직이는 세계에서
On Locomotion

현대인은 지구 위의 물체들과의 상대적 위치를 빠르게 자주 바꾸는 것이 행복의 필수 요건 중 하나라고 생각한다.

뉴욕 시민은 지구의 자전 때문에 하루에 약 6,000 마일을 움직인다. 태양 주위를 도는 지구의 공전으로 인해 매년 3억 마일 정도를 여행하는 것이다. 태양의 고유 운동은 그들을 초당 수마일의 속도로 헤라클레스 자리에 다가가게 한다. 그러나 이 모든 것도 그들을 만족시키지 못한다. 항성에 대해서 상대적으로 움직이는 것만으로는 충분하지 않다. 브로드웨이에 대해서도 상대적으로 움직여야 한다.

이 점에서 사람들은 바뀌어왔고 지금도 바뀌고 있다. 초서의 시대에는 케임브리지 대학생 두 명이 케임브리지에서 2~3마일 정도 거리에 있는 트럼핑턴에 가고 싶다고 하면 대학 당국은 그들이 거기에서 하룻밤 묵을 수밖에 없겠구나 생각했다. 누구도 그곳을 하루 안에 다녀올 수 없다고 여겼기 때문이다. 제인 오스틴의 작품에 나오는 등장인물들은 한 청년이 레더헤드에서 런던까지 15마일[약 24킬로미터]가량 되는 거리를 당일로 간다는 이유로 그를 대단히 경박한 사람 취급했다.

오늘날에는 영국인들이 바그다드로 날아가 부활절 휴가를 보낸다. 조만간 북극으로 주말 소풍을 가고 사하라 사막 너머로 오후 여행을 가게 될 것이다.

이처럼 기동성이 증가하면서 교육받은 사람들의 정신 구조는 엄청난 변화를 일으켰는데, 변화의 폭으로 말하자면 아마도 미국보다 유럽 쪽이 더 클 것이다. 유럽에서 여행을 하면 순식간에 국경을 넘어 다른 문명으로 접어든다. 따라서 뉴욕에서 로스앤젤레스까지의 3,000마일보다 도버에서 칼레[영국과 프랑스를 가르는 도버 해협에 면한 프랑스의 도시]까지 21마일의 변화가 더 크다. 국경을 넘어 멕시코로 들어가면 아주 획기적인 변화를 맛볼 수 있는 것은 사실이지만 미합중국 시민들은 멕시코 문명에서 뭔가 배울 만한 게 있다고는 전혀 생각하지 않는다.

유럽에서는 그처럼 다른 나라들에 비해 뛰어나게 우월한 한 나라가 없다. 그러므로 여행이 사람의 시야를 넓히고 공감대를 확대하고 인류에 대한 지식을 증가시키는 효과가 있으리라 기대해봄 직하다. 이 효과는 방문하는 외국 땅의 주민들과 의미 있는 관계를 맺을 수 있는 일을 하고자 여행하는 사람들 사이에서 발생한다. 그저 여행을 위한 여행을 하는 사람들에게선 기대할 수 없는 일이다.

여행하기 위해 여행하는 사람들이 부자일 경우에는 세계 어느 나라에 가나 똑같은 범세계적인 호텔에 머물면서 자기 나라에서 알고 지냈던 동료 여행객들과 어울린다. 만약 가난하다면 흔히 대규모 패거리를 이루어 여행하는데, 심지어 업무상 원주민들과 접촉해야 하는 난국에서도 그들을 구원해주는 가이드가 한 명씩 따라붙는다. 그들은 그림엽서와 철도 체계 외에는 아무것도 경험해보지 못한 채 집으로 돌아오기 마련이다.

끊임없이 움직이는 습관은 지난날엔 상당히 소중했던 것들을 파괴하고 있다. 즐거움을 찾아 책을 읽던 습관이 사라져가고 있다. 금방 나온 신간이 아닌 경우에는 특히 더하다. 사계절에 대한 지식, 일 년 내내 한곳에서 진득하니 머물 때 생겨나는 정겹고 자잘한 지역 사랑 같은 것들을 이제는 농사일하는 사람들에게서나 기대할 수 있게 됐다. 그에 따라 지난날의 시정(詩情)도, 시정이 샘솟게 하던 감정의 흐름도 사멸하고 말았다.

소중한 정서와 중요한 생각들은 대부분 오랜 기간을 조용하게 보낸 후에 비로소 성장할 수 있다. 그런데 지난날의 정서적·철학적 시야에 담겨 있던 이런 요소들이 지금은 힘을 잃어가고 있는 것이다.

다른 한편에서는 이전 시대의 권태와 참을 수 없는 단조로움에서 생겨났던 잔혹함과 광기 역시 줄어들고 있다. 따라서 저울질해 보면 이득이 있을지도 모르겠다. 하지만 손익이 어떻게 나오든 사고방식의 변화가 지극히 크다는 것, 또 그 변화가 아직 절반밖에 완성되지 않았다는 점은 확실하다.

(1932. 5. 11)

협력을 강요하는 사회
Of Co-operation

민주주의의 영향 아래에 있는 이 시대에는 협력의 미덕이 과거 복종이 점유했던 자리를 차지해왔다. 구식 교사는 아이가 순종적이지 않다고 말했지만 현대의 여교사는 아이가 비협조적이라고 말한다. 결국 같은 얘기다. 어느 경우든 교사가 바라는 대로 하지 않는다는 것이다. 그러나 전자의 경우에는 교사가 정부처럼 행동하는 반면 후자의 경우에는 교사가 국민의 대표, 다시 말해 다른 모든 아이들의 대표처럼 행동한다.

새로운 언어도 예전 언어와 다를 바 없는 결과를 낳고 있다. 온순함, 무비판적 수용, 패거리 본능, 인습 존중을 북돋우고 그에 따라 필연적으로 독창성과 적극성, 비범한 지성은 단념시킨다.

가치 있는 무언가를 이룬 어른들이 '협조적인' 아이였던 경우는 드물다. 대체로 그들은 고독을 즐겼다. 책을 끼고 슬며

시 구석으로 들어가곤 했고 야만적인 또래들의 주목에서 벗어날 수 있을 때 가장 큰 행복을 느꼈다. 예술가나 작가, 과학자로 두각을 나타낸 거의 모든 사람들이 어린 시절에는 학교 친구들의 조소와 경멸의 대상이었다. 게다가 교사들 역시도 패거리를 편드는 경우가 너무나 흔했다. 어린 녀석이 남다르게 구는 게 불쾌했던 까닭이다.

　모든 교사들은 훈련 과정에서 아이가 가진 비범한 지성의 징표를 알아보는 법과 너무 남다르다는 이유만으로 일어난 짜증을 자제하는 법을 배워야 한다. 그렇게 하지 않으면 미국에서 가장 뛰어난 재능을 가진 아이들 중 많은 수가 박해를 견디다 못해 열다섯 살 이전에 재능을 잃고 말 것이다.

　하나의 이상(理想)으로 보더라도 협력은 결함이 있다. 나만을 위해 살지 않고 공동체와의 관계 속에서 사는 것은 옳은 일이다. 그러나 공동체를 위해 산다는 것이 공동체가 하는 대로 따른다는 의미는 아니다. 당신이 불이 난 극장에 있다고 가정해보자. 사람들은 우르르 몰려나갈 것이며 이른바 '협력'보다 차원 높은 도덕성을 배우지 못한 자들이 그 아귀다툼에 가세할 것이다. 무리에 맞설 수 있게 해주는 내적인 힘을 갖추지 못했기 때문이다. 전쟁에 착수하는 나라의 심리도 모든 점에서 이와 똑같다.

　하지만 나는 개인의 창의성이라는 교의를 지나치게 밀어

붙이고 싶지는 않다. 고드윈William Godwin[1756~1836년, 영국의 정치 평론가 겸 소설가로 사유 재산을 부정하고 생산물의 평등한 분배에 입각한 사회 정의의 실현을 주장했다]은 셸리Percy Shelley가 너무 존경했기에 장인으로 모신 사람으로, 이렇게 단언한 바 있다. "흔히 '협력'이란 말로 이해되는 것들 모두가 어느 정도는 해악이다."

고드윈은 오늘날에는 "나무를 쓰러뜨리고, 운하를 파고, 선박이 항해하는 데 많은 이들의 노동이 필요하다."고 인정하면서도 기계가 아주 완벽해져서 사람의 도움 없이도 그 모든 일들을 척척 해내는 날이 오리라고 기대한다. 심지어 그는 장차 어떤 오케스트라도 존재하지 않게 되리라고 생각한다. "우리에게 연주회란 것이 있을까?" 그가 묻는다. "연주자 대다수가 기계적으로 연주하는 비참한 상황이 너무 두드러져서 심지어 이 시대에도 치욕적이고 경멸적인 화제가 될 정도다. 앞으로는 아예 한 사람이 모든 악기를 연주하는 게 현실적이지 않을까?" 고드윈은 계속해서 그 독주자가 고집스럽게 자기 나름의 작품을 연주하면서 이미 죽고 없는 작곡가들의 노예가 되기를 거부할 거라고 설명한다.

물론 이 모든 얘기가 터무니없긴 하지만 나의 견해가 이런 식으로 희화화된 것을 보는 것도 나로선 유익한 일이다. 그럼에도 나는 여전히 확신한다. 민주주의적 정서도 일부 작용하고 기계화 생산의 복잡성도 한몫하여, 우리 시대는 협력이란 교의를 위험한 수준으로 밀어붙이고 있다. 무질서한 개인적 탁월함뿐만 아니라 사회 진보에 필수적인 개인적 탁월함에도 치명적일 수 있는 수준까지 밀어붙이는 것이다. 그러니 고드윈 같은 사람조차도 사회적 순응을 미덕의 시작이자 끝으로 믿는 이들에게 가르칠 만한 게 있나 보다. (1932. 5. 18)

니체와 돈 후안의 공통점
Our Woman Haters

　남성을 혐오하는 부류의 여성이 있다는 사실을 우리 모두 알고 있다. 물론 한 명의 남자로서 나는 그런 여자들이 전처럼 흔하지 않다는 게 기쁘기는 하다. 그녀는 자신의 혐오감을 공개 연단에서 천명하고 그것을 고상한 도덕적 근거로 정당화하며 남자들도 이 혐오감을 아는 것이 중요하다고 생각한다. 그래야만 남자들이 그 참기 힘든 자만심에 타격을 받는다는 건데, 아쉽게도 그런 경우는 드물다.
　여성을 혐오하는 남성은 남성을 혐오하는 여성과는 아주 다른 유형이다. 그녀가 가진 자기 확신, 맹렬함, 고상한 윤리적 열정이 그에게는 없다. 그는 자신이 어떤 대의를 대변한다고 느끼지 않으며, 혹시 그렇게 느끼더라도 그건 아담과 이브가 낙원을 떠나기 전에 이미 잃어버린 대의일 뿐이다. 그는 자신이 치명적이고 위태로운 길의 한복판을 걷고 있다는 사실을 잘 알기 때문에 자신의 견해를 드러내지 않은 채 심상치 않은 성(性)과의 접촉을 철저히 피한다. 그러나 쥐구멍 앞의 사냥개처럼 무자비한 운명이 그를 기다리고 있다. 쉰 살가량 되면 몸이 병들어 억세고 실력 있는 간호사에게 능률적인 간호를 받게 되는 것이다.

그 남자가 몸은 회복됐지만 여전히 병약한 상태일 때 간호사가 통보한다. 자기는 곧 그의 곁을 떠나야 하는데 그가 자신의 보살핌 없이 어떻게 사나 상상이 되지 않는다고 말이다. 그 상황을 상상할 수 없는 건 남자도 마찬가지여서 결국 간호사와 결혼하고, 그 후로 그녀는 영원히 행복하게 산다.

이런 유형의 남자가 때로는 책을 쓰기도 한다. 그가 쓰는 책들은 대단히 격렬하고 남자답다. 니체가 바로 이런 범주였는데, 그는 세상이 다 알다시피 피에 굶주린 작가여서 제1차 세계 대전을 야기한 장본인으로 비난받았을 정도였다. 니체는 '여성'에 관해 쓸 때면 자신이 인상만 살짝 찌푸려도 (그의 견해에 따르면) 저 경멸받아 마땅한 성의 대군 전체가 벌벌 떨기라도 할 듯이 쓴다. 노련한 여자는 이런 글을 보면서 그가 실제 생활에서는 유순하며 겁에 질린 남자일 거라고 판단한다.

하지만 또 다른 유형의 여성 혐오자가 있는데, 그들은 좀 더 복잡한 축에 속한다. 바로 돈 후안 유형으로서 여성에게서 끊임없이 자신의 이상을 찾지만 결국엔 실패하고 그 우상에게서 흠을 발견하면 당장 흠 있는 우상을 버리는 남성이다. 고백하건대 나는 이런 유형은 거의 참아줄 수 없다.

그저 남자 대 여자이면 되지 왜 여자가 남자의 이상이 되어야 하는가? 이상형으로 산다는 건 따분한 일임에 틀림없다. 허구한 날 위선을 부리고 부자연스럽게 행동의 제약을 받아야 한다. 여러분의 진정한 돈 후안은 두통 감기를 앓거나 아침을 제대로 먹지 못해 기진맥진한 숙녀에게서 자신의 신념을 발견할 것이다. 그는 이처럼 영혼을 파괴하는 범죄를 저지르고도 자신에게 죄가 있는지 없는지 결코 자문하지 않는다.

돈 후안 유형은 스스로 대단히 남자답다고 믿지만 사실은 마더 콤플렉스의 희생자다. 아이들은 대개 자신의 어머니에 대해 완벽하게 알지 못한다. 어머니들은 성인만이 아는 자신의 관심사를 아이들이 눈치 채지 못하게 하기 때문이다. 따라서 아이들은 오로지 자신에게만 헌신하는 여성상을 그리게 된다. 아이 외에는 아무 의미도 없는 삶을 사는, 삶 자체를 가능케 하는 이기주의의 핵심마저 결핍된 여성상이다.

바이런처럼 이런 어머니와 정반대의 어머니를 가진 사람들조차도 문학이나 시대 정서에서 모성애의 이상형을 이끌어낸다. 그리고 자기가 어머니에게서 얻지 못했던 것을 무의식중에 아내에게 바란다.

이 점에서 요즘의 시대 정서는 잘못됐다. 물론 예전보다 약간 덜하기는 하다. 우리 시대의 돈 후안들은 자기 시대를 놓친 표본이며 자신의 비애를 당당하게 선포하지 못한 채 선배들의 비극을 고소한 듯 지켜볼 뿐이다. 현대에 어울리는 역할은 뭔가 다른 것일 듯하다. 어쩌면 정신 분석학자 역할이 가장 나을지도 모르겠다. (1932. 5. 25)

아버지의 그늘 아래
The Influence of Fathers

오늘날 아버지들의 영향력은 과거에 비해 크게 줄었다. 학교 때문이기도 하고 남자들이 전보다 바쁘기 때문이기도 하다.

역사를 보면 자기 분야에서 어느 정도 명성을 얻은 사람이 아들도 자신의 발자취를 따르도록 키워서 아들이 아버지를 크게 뛰어넘는 사례가 되풀이되어 왔다. 하지만 오늘날 뛰어난 남자들은 아들이 없는 경우가 많고, 혹시 아들이 있다면 아버지를 미워한다. 이 청년이 어디를 가든 사람들이 "아, 자네가 그 유명한 아무개 씨의 아들인가?"라고 말해서 자신은 사라지고 자식만 남은 듯한 느낌이 들기 때문이다. 그러므로 이 아들의 단 한 가지 소망은 절대 아버지의 삶을 따르지 않고 최대한 아버지와 다르게 사는 것이다.

먼 옛날에는 이런 일이 일어나지 않았다. 누군가 알렉산드로스 대왕에게 "아, 당신이 그 유명한 필리포스 왕의 아들이오?"라고 말했을 거라고는 생각되지 않는다. 혹시 그런 사람이 있었더라도 분명 알렉산드로스가 그 자리에서 죽여버렸을 것이다. 이 경우에는 경쟁심이 증오심과 결합되어 있기에 아버지의 영향이 심리학적으로 흥미롭다.

필리포스가 살아 있을 때 알렉산드로스는 아버지가 승리하여 자신이 정복할 땅이 남아나지 않을까 봐 두려워했다. 필리포스 왕은 알렉산드로스가 스무 살 때 암살당했다. 아마도 알렉산드로스가 지극히 사랑했던 어머니의 묵인하에 벌어진 일이었을 것이다. 서른두 살의 나이로 사망할 당시 알렉산드로스는 펀자브 지방까지 이르는 아시아 땅 전역을 정복했으니 그가 아버지의 명성을 무색하게 만들었다는 데는 의심의 여지가 없다. 아리스토텔레스가 중간 중간 학자티를 내는 편지를 보내 '어허!' 탄식하고는 야만인들에게 지나치게 관심을 쏟는 것은 저속하다고 일러주었지만, 알렉산드로스의 응답은 인더스 계곡의 식물 표본에 몇 가지 초보적인 지리학 정보를 덧붙여 보내는 것이 전부였다.

그 밖에도 자기 분야에서 이름을 떨친 많은 사람들이 아버지의 영향을 받았는데 한니발, 프레더릭 대왕, 모차르트, 존 스튜어트 밀도 여기에 속한다. 아버지의 사랑이 필수적인 것은 결코 아니다. 반드시 필요한 것은 어린 시절부터 기술적인 가르침을 받고, 관심의 폭을 한 방향으로 좁혀가며, 그러한 교육과 더불어 아버지만큼 탁월해지겠다는 야망을 품는 것이다.

현대 세계에서는 이러한 교육의 기회를 좀체 허용하지 않는다. 이것이 과거 유형의 뛰어난 사람들이 점점 희귀해지는 이유 중 하나이기도 하다. 최고의 영예를 성취하려면 상당한 능력을 타고나야 함은 물론이고 그 밖에도 많은 것들이 요구된다. 세계를 정복하겠다거나 카르타고[한니발의 모국]가 저지른 잘못에 복수하겠다는 욕망처럼, 압도적이면서도 다소 단순한 열정이 필요하다.

어릴 때부터 한 분야와 관련된 문제에 몰두할 필요도 있다. 아버지의 영향력이 아들의 적성에 맞게 발휘될 경우 쉽게 이러한 결과로 이끌 수 있다. 나폴레옹은 브리엔느 군사 학교에 보내진 것을 계기로 필요한 편협성을 확보할 수 있었다. 이후로는 온통 전쟁에 관한 것들에 대해서만 교육받을 수 있었으니까.

최고의 명성은 만능 교육이나 잡다한 관심의 포용으로 얻어지는 게 아니다. 그것은 정서적으로나 지적으로나 집중성과 일정한 편협성을 갖춰야만 성취할 수 있다. 모든 젊은이들에게 똑같은 환경이 주어지고 그들이 받아들일 똑같은 기준들이 제시되는 세상에서는 쉽게 일어날 수 없는 일이다. 탁월하기 위해서는 다양성이 필수적이며 획일적인 교육은 평범한 성인의 삶을 양산하기 마련이다. 따라서 미래에는 개인적 명성이 과거보다 더 희귀해지리라고 예상할 수밖에 없다.

(1932. 6. 1)

견과 먹는 사람들의 모임
On Societies

현대인 특히 현대 여성의 특징 중 하나는 엄청나게 다양한 목적을 가진 온갖 종류의 조직에 습관적으로 참여한다는 것이다. 우선 게임과 스포츠를 위한 단체가 있다. 나도 어느 동네에서는 크리켓 클럽 부회장이고 다른 동네에 가면 축구 클럽 부회장이다. 크리켓이나 축구 경기를 직접 하느니 차라리 죽어버리고 싶은 사람인데도 그렇다.

정치적 목적을 가진 단체들도 있다. 일요일 경기를 장려하는 단체와 그런 단체들과 싸우는 단체, 자유무역을 옹호하는 단체와 관세를 높이자고 우기는 단체, 전쟁에 반대하는 단체와 전쟁 준비를 선동하는 단체, 반(反)파시스트 단체와 영국 파시스트 단체 등등.

정당 정치의 바깥에서 각종 사회적 목적을 추구하는 단체들도 있다. 산책로나 고대 유적의 보존을 위한 단체, 드루이드

교의 유적을 탐사하는 단체, 이구아노돈[백악기에 멸종된 초식성 공룡. 이미 멸종된 동물의 멸종 방지를 위해 노력한다는 풍자의 뜻으로 쓰였다] 멸종 방지를 위한 단체 등등.

그 다음에는 패류학자, 이집트학자, 수목 재배가, 원예가 등의 학구적인 단체도 있다. 영국에 존재하는 단체의 수는 주민 수보다는 적은 것 같지만 그리 많이 적지는 않다. 나는 적어도 대여섯 개 단체에 가입하지 않은 성인을 만나본 적이 없다.

모든 단체의 모든 모임은 다른 모든 단체의 모든 모임과 완전히 똑같다. 우선 회장이 한 명 있다. 그는 다른 회원들보다 아주 조금 부유하고 위엄이 있지만 그 단체가 존재하는 원대한 목적에는 별로 관심이 없다. 지출 항목을 일일이 나무라고 모두들 회비를 연체하고 있다고 지적하는 명예 회계도 있다. 머지않아 회장의 뒤를 잇기를 꿈꾸는 명예 간사도 있다. 그러나 단체가 살아남으려면 이들만으로는 충분하지 않다. 이것이 비로 유급 간사가 하는 일이다.

요즘에는 거의 성사될 리가 없는 각종 개혁을 주장하는 일로 먹고사는 지적이고 고매한 남녀들이 엄청나게 많다. 만약 어느 마법사의 손짓 한 번으로 이런 잡다한 법안이 정말 통과되어 버린다면 그 많은 사람들이 어떻게 될는지 생각만 해도 몸서리쳐진다. 아마도 실업률이 위험한 수준으로 올라갈 것이다. 그러므로 단체 간사는 '희망을 품은 채로 여행하는 것이 도착하는 것보다 낫다'는 격언을 명심해야 한다. 도착은 곧 파멸을 뜻하기 때문이다. 그럼에도 간사는 끊임없이 최선을 다해야만 한다.

나는 때때로 '일요일 경기를 위한 협회' 간사와 '주일 준수 조합' 간사가 함께하는 간사 연맹이나 간사 노조 같은 게 있지 않나 궁금해진다. 두 사람이 만나 열띤 공동 캠페인에 합의해서 각자 자기 운동의 최종 결과가 제로가 되도록 만드는 것 아닐까? 그렇게 생각할 수 있었으면 좋겠다.

하지만 걱정이다. 인간에겐 타성이 있어서 이 소중한 사람들이 성공이라는 재앙을 만나지 않도록 필요한 모든 것을 해 줄 테니 말이다. 이들이 너나없이 보유한 공통점은 어떤 것을 변화시키고자 하는 갈망이다. 그렇지만 누구나 '뭔가' 변하기를 바란다고는 해도 특정 단체가 주장하는 특정 변화를 바라는 사람은 거의 없다. 인간은 놀라울 정도로 선전에 둔감하다.

한번은 '견과 먹는 사람들의 모임' 명예 간사를 만난 적이 있다. "아니 무슨 말씀이세요?" 그녀가 소리쳤다. "폐병으로 온몸이 마비됐던 프라하 사람이 견과 식이 요법을 시작한 지 한 달도 안 돼서 체코슬로바키아 헤비급 선수권 대회 우승을 차지했다는 얘기도 못 들어보셨단 말이에요?" 나는 헤비급 챔피언이 되고 싶은 마음은 없다고 항변하자 그녀는 시험 기간에 함부로 비프스테이크를 먹다가 1등을 놓친 사람들의 사례를 마구 퍼부어댔다. 나무에서 살던 우리 조상들은 나무 열매를 먹고 살아서 놀라운 수학 실력을 가질 수 있었나 보다. 이런 주장에도 불구하고 알고 보니 그 '사람들'이란 323명에 불과했고 그중 307명은 몸이 약하다며 몰래 고기를 먹고 있는 건 아닌지 의심스러웠다.

우리는 기나긴 자연도태를 거쳐 이성을 획득했지만 그렇게 얻은 이성에 이토록 무심하다. (1932. 6. 8)

진정한 도덕과 교화의 차이
On Being Edifying

 우리 모두는 물론 높은 덕을 쌓아야 하지만 그 미덕을 어느 정도 드러내야 하는지는 각자의 직업에 달려 있다. 말 거간꾼이나 마권업자에게는 경건한 분위기를 기대하지 않으며 선원에게는 가족 주치의처럼 훌륭한 말씨를 기대하지 않는다.
 자연스러운 행동이 허용되는 직업들은 수준 높은 사기를 쳐야 하는 직업들에 비해 대체로 돈벌이가 되지 않는다. 법인 변호사나 부패한 정치가, 인기 좋은 정신과 의사는 도덕적 견해를 아주 정직하게 매우 자주 발언하리라는 기대를 받지만, 이 고된 일의 대가로 적절한 보수를 받기 마련이다.
 하지만 수준 높은 교화가 요구되는 직업인데도 그에 수반되는 도덕적, 지적 손실에 비례해 보상받지 못하는 직업이 두 가지 있다. 가르치는 직업과 설교하는 직업이다. 설교하는 직업은 교화가 그 본질이므로 설명할 것도 없지만 가르치는 직업에 요구되는 교화는 재난에 가까운 수준이다. 지금까지 교화하는 일을 해왔다고 증명할 수 있는 모든 교사가 현장에서 파면될 때까지 우리는 절대로 건전한 주민이 되지 못할 것이다.

먼저 교화의 내용이 무엇인지부터 분명히 하자. 내가 어떤 아이에게 "벨라도나[독초의 일종]를 먹으면 안 돼, 그랬다간 죽을 테니까."라고 말한다면 이는 교화가 아니다. 그러나 이렇게 말한다고 해보자. "초콜릿을 너무 많이 먹으면 안 돼. 그랬다간 탐식의 죄를 짓게 될 거야." 이것이 교화다.

그런데 탐식의 죄악을 범했는지 아닌지 신경 쓰는 아이는 아직까지 한 명도 없었지만 어른들에게 대식가로 낙인찍히는 것을 바라지 않는 아이들은 많다. 혼나는 건 불편하기 때문이다. 어른이 "이건 죄악이니까 하지 마."라고 말하면 아이에게는 "이건 하면 안 돼. 말을 듣지 않으면 내가 못마땅해할 거고 그러면 네 맘이 불편해질 거야."라는 의미로 전달된다.

그러나 후자의 진술은 벨라도나가 너를 죽일 거란 진술과 마찬가지로 교화력이 없다. 사실 교화의 본질은 허위에 있다. 그것은 진정한 이유가 아닌 것에 이유를 부여함으로써 성립되기 때문이다.

모든 도덕이 헛소리라고 말하는 건 아니다. 천만의 말씀이다. 모든 건전한 도덕에는 저마다의 건전한 이유가 존재한다. 벨라도나를 먹으면 안 되는 이유처럼 간단하고 진솔하게 제시할 수 있는 이유 말이다. 그러나 헛소리란 것은 마치 공중에 떠다니는 물질처럼, 우리의 행위 결과와는 전혀 무관하게 자체적인 이유로 존재하는 도덕 개념이다.

부도덕한 행위는 해로운 행위이며 사회적으로 해로운 행위에 대해선 일반적으로 사회적 벌칙이 따른다. 그러므로 사회적으로 해로운 행위는 개인에게 득이 되지 않는 것이다. 고상한 견해를 끌어오지 않아도 이런 논리는 얼마든지 어린 세대에게 납득시킬 수 있다.

의지의 도덕뿐 아니라 마음의 도덕도 존재한다는 것을 부인하지는 않는다. 선한 행위뿐 아니라 선한 감정도 물론 존재한다. 사람들이 선한 감정을 반드시 갖도록 하는 일은 무척 바람직하지만 설교로 그것을 이룰 수는 없다. 오히려 반대로, 죄악에 관한 믿음은 죄인을 참회로 이끌고 싶다는 핑계로 죄인을 향한 적의를 정당화하는 결과를 낳을 수도 있다. 죄악에 관한 믿음을 버린다면 매정함을 도덕의 망토로 위장하는 게 훨씬 더 어려워질 것이다.

내가 생각하는 마음의 도덕은 주로 친절한 감정과 선한 본성으로 구성된다. 그러나 이런 것들은 설교에 의해 만들어지지 않으며 왕성한 소화력, 건강한 내분비선, 복 받은 환경 등으로부터 생겨난다. "당사자들이 모두 불쾌하게 여기더라도 네 의무를 다하라."는 교화이며 가학적 본능에 호소하는 것이다. "신선한 채소를 더 많이 먹어라. 그러면 너의 이웃들을 덜 미워하게 될 거다."는 과학적 도덕이지 결코 교화는 아니다.

(1932. 6. 11)

개가 생각을 할 수 있다면
Do Dogs Think?

"이러이러한 개를 키우는 노부인하고 알고 지내는 친구가 있는데요……." 개를 주제로 삼는 토론은 언제나 이런 식으로 시작된다. 하지만 그 친구나 노부인이나 개가 진짜 있는지 찾아보려고 하면, 대개는 꾸며낸 이야기라는 게 드러난다. 생각한다는 것이 과연 어떤 의미인지 결론을 내리지도 않은 채 개들도 생각을 하는지 논쟁을 벌이기 일쑤인 것이다.

저명한 심리학자 존 B. 왓슨John B. Watson 박사는 개뿐만 아니라 사람도 생각을 하지 않는다고 한다. 또는 사람들이 생각을 한다 치더라도, 그 사고(思考)를 구성하는 방식은 소리 내어 말하는 것이 아니라 스스로에게 하는 혼잣말일 거라고 한다. 사고에 관한 왓슨의 학설을 받아들인다면, 개는 생각을 하면서 다른 개들이 충분히 들을 수 있을 정도로 큰 소리가 아니라 목이 잠긴 듯한 작은 소리로 짖을 거라고 가정해야만 할 수도 있다.

저명한 러시아 생리학자 파블로프는 오랜 시간 개를 연구해왔다. 그는 개가 생각을 한다는 증거를, 개들이 짖는 소리가 아니라 개들이 흘리는 침에서 찾았다. 이 자리에 없는 친구를 생각하기만 해도 그 친구와 함께 있을 때 일어날 법한 효과 몇 가지가 나타날 때가 있다. 이와 비슷하게 파블로프의 개들이 있지도 않은 고깃덩어리를 생각하면 진짜 고깃덩어리가 불러일으키는 몇 가지 효과들이 나타난다. 그 효과란 침을 흘리는 것으로, 파블로프는 기구를 설치해 그 침을 튜브 하나에 모았다.

이런 방법으로 개가 고깃덩어리에 대해 생각한다는 사실뿐만 아니라 그 생각을 얼마나 많이 하는지도 알 수 있다. 개는 고깃덩어리를 얼마나 생각하는지에 따라 침을 여섯 방울 흘렸을 수도 있고 열두 방울 흘렸을 수도 있다. 이런 점에서 보면, 개가 생각을 한다는 사실에는 어떠한 의심의 여지도 없다.

개들이 생각을 한다는 데에는 어떤 다른 의미가 있는 건 아닐까? 아니 실제로 어떤 다른 감각이 존재하는 건 아닐까? 심리학자들이 다투고 있는 의문들이다. 쾰러Wolfgang Köhler[1887~1967년, 독일 심리학자]의 유인원들은 거의 독일 철학자들만큼이나 지능적이었다. 반면에 주커만Solly Zuckerman[1904~1933년, 영국 동물학자]의 개코원숭이들은 철학적 사유를 할 만한 여지가 전혀 없는 잔인하고 부도덕한 짐승들이다. 손다이크Edward Lee Thorndike[1874~1949년, 미국 심리학자]의 고양이들은 이런 방식으로 행동하고, 왓슨의 쥐들은 저런 방식으로 행동한다.

언젠가 나는 베트남 남부 지역에 사는 코끼리에 대해 알게 된 적이 있는데, 그 코끼리의 사육사는 관광객들에게 코끼리 먹이로 줄 바나나를 팔았다. 코끼리는 바나나를 받으면 우아하게 절을 했지만 점원에게서 바나나를 사지 않은 관광객에겐 더러운 물을 뿜어냈다. 베트남 사람이긴 하지만 코끼리 사육사가 생각을 할 수 있었던 건 분명하다. 하지만 코끼리가 생각할 수 있었다는 점도 그처럼 분명한 일일까?

어쨌든 그 코끼리와 똑같은 일을 하는 기계를 만들 수는 있을 것이다. 10센트짜리 동전을 넣어야 하는데 5센트짜리를 넣으면 코끼리가 그랬던 것처럼 더러운 물을 뿜는 기계를 만들기는 어렵지 않을 것이다. 그렇다고 해서 그 기계가 생각을 할 수 있다고 말할 수는 없다.

개가 생각을 할 수 있는지 없는지 나는 모르겠다. 생각한다는 것이 무엇인지, 인간이 생각을 할 수 있는지 없는지도 역시 모르겠다. 하지만 인간이 생각을 할 수 있든 없든, 개를 사랑하는 사람들은 개가 생각을 할 수 있다고 생각한다는 것

쯤은 알고 있다. 이토록 중요한 주제에 관한 인류의 지식에 내가 기여할 수 있는 바가 고작 이 정도라니, 정말 유감이다.

(1932. 6. 15)

우리는 사고 싶지 않았다
On Sales Resistance

최근 몇 년 사이에 엄청난 양의 시간과 돈과 두뇌가 구매 저항을 극복하는 데, 다시 말해 죄 없는 사람을 꼬드겨서 가지고 싶지도 않았던 물건을 사면서 돈을 낭비하게 만드는 데 동원됐다. 이런 일을 가치 있다고 여기는 것이 우리 시대의 특징이다. 판매 기술에 관한 강연이 열리고, 그런 기술을 가진 사람들은 보수가 높다. 하지만 이 문제를 잠깐만 따져보면 문제의 행위가 득보다는 실이 많은 유해한 행위라는 사실이 분명해진다.

예를 들어 가족과 함께 멋진 여름휴가를 보내려고 저축을 해온 어느 근면한 직업인이 그랜드 피아노를 팔고 싶은, 고도로 훈련받은 강도에게 불시에 습격을 당한다. 그는 피아노를 놓을 공간이 충분하지 않다고 지적하지만 강도는 벽을 조금만 헐면 거실에 놓인 피아노의 꼬리가 멋진 침실로 튀어나오게 할 수 있다고 설명한다. 가장은 그와 아내는 피아노를 못 치고 큰딸도 바로 얼마 전에야 음계를 배우기 시작했다고 말한다. 그러자 강도는 "바로 그래서 이 피아노를 사셔야 한다는 겁니다. 일반 피아노로 들으면 음계가 지루할 수 있지만 이 피아노로 말하자면 지극히 아름다운 선율의 깊은 맛을 그대로 간직하고 있답니다."라고 한다. 괴롭힘을 당하던 가장은 볼일이 있어 가봐야겠다고 하고 강도는 내일 다시 오겠다고 협박한다. 그러다 자포자기한 희생자가 무너지고 그의 아이들은 해변의 휴가를 포기해야 한다. 여름 내내 식사 때마다 아내의 잔소리가 양념으로 곁들여진다.

이 모든 불행의 대가로 판매원은 단지 수수료를 받을 뿐, 피아노를 팔려고 내놓은 사람이 돈을 몽땅 가져가는데 이것이 곧 그의 이윤이다. 그럼에도 두 사람 모두 나라로부터 우대를 받아 마땅하다고 여겨진다. 그들의 사업이 경기에 도움이 된다고 가정하기 때문이다.

이처럼 본말이 전도된 현상은 경제와 관련된 모든 것을 소비자가 아니라 생산자의 입장에서 바라보는 데서 기인한다. 예전 사람들은 먹기 위해 빵을 굽는다고 생각했지만 오늘날 우리는 굽기 위해 빵을 먹는다고 생각한다. 돈을 쓸 때도 우리가 구매하는 것을 향유하기 위해서가 아니라 물건을 만든 사람들을 살찌우기 위해 써야 한다. 사업 기술은 최고의 미덕이다. 그리고 그런 기술은 사람들이 원하는 것보다 원하지 않는 것을 사도록 하는 데 발휘되는 것이므로, 구매자들을 가장 괴롭힌 사람이 가장 존경받는 사람이 된다.

이 모두가 아주 초보적인 실수와 연결되어 있다. 그 실수란 누군가 한 부문에서 돈을 쓰면 다른 부문에서는 그만큼 아껴야 하기 때문에 그런 식으로 괴롭힘을 당하더라도 전체 지출을 늘리지는 않는다는 점을 깨닫지 못하는 것이다.

그러나 부분적으로는 또다른 원인도 있다. 사람의 삶에서 유일하게 중요한 것은 노동 시간이며, 여가 시간에 하는 일은 타인의 노동 시간에 영향을 미치지 않는 한 무의미하다고 보는 시각이 그것이다. 몇몇 성직자들이 미국의 가정과 가족생활의 기쁨에 대해 얘기하는 것은 사실이지만 그런 설교는 '그들'이 직업상 하는 말로만 받아들여져 오히려 설교에 대한 구매 저항만 대폭 늘어났다.

이처럼 모든 일은 다른 어떤 것을 위해 행해진다. 우리는 돈으로 살 수 있는 것을 즐기기 위해서가 아니라 돈을 지출함으로써 다른 사람들이 돈을 벌 수 있도록 하기 위해 돈을 번다. 그 돈을 번 사람들은 또 다른 사람들이 돈을 벌 수 있도록 그것을 지출하고……. 이 연쇄 고리의 맨 끝은 아수라장이다.

(1932. 6. 22)

나폴레옹이 행복했더라면
Should Children Be Happy?

아이들을 행복하게 만드는 건 어렵지 않다. 애정과 상식, 착한 마음만 있으면 된다. 그러나 내 친구들—지식인 친구들만 그러는 건 아니다—은 아이를 행복하게 해주는 사람은 아이의 장래에 도움이 되지 않는다고 거듭 말한다.

지식인들은 내게 세상은 결코 행복을 맛본 적이 없기에 행복을 그리워하지 않는 사람들만 견딜 수 있는 끔찍한 곳이라고 말한다. 평범한 시민들은 내게 어린 시절의 행복이 오늘의 자신을 만든 건 결코 아니라고 말한다. "아니에요, 선생님. 그건 엄격한 훈육, 결핍을 견디는 금욕적인 경험, 노고와 역경과 혹독함 덕분이었답니다."

이렇게 말하는 사람들은 진실을 얘기하고 있다. 바로 그런 방법들이 오늘의 그를 만들었다는 데는 의심의 여지가 없다. 하지만 이것이 과연 권장할 만한 방법들인지는 그가 생각하는 것만큼 확실하지 않다.

    카인과 아벨이 다툰 이래로 지금까지 모든 부모들은 자식이 장차 어떻게 될지 궁금해했다. 아담은 분명 자기는 결코 형제를 죽인 적이 없다고 내세우면서 자기가 젊었을 때는 사과 한입만 먹어도 난리가 나서 사과도 제대로 못 먹었다고 지적했다. 이런 얘기들은 그저 보수주의에 불과하고 진지한 논의에서 다룰 만한 내용은 거의 없다.

    같은 자리를 지키고 있는 지식인은 속으로는 같은 동기에 지배받고 있다고 보면 틀림없다. 다만 좀 더 근사한 언어로 된 허울 뒤에 그 동기를 숨겨놓았을 뿐이다. 그는 모든 위대한 성취는 이런저런 불행의 산물이었다고 주장할 것이다. 그리고 어린 시절에도 행복하고 심지어 청소년기에도 행복하다고 하는 사모아인 같은 사람들은 문명에 기여한 바가 전연 없다고 지적할 것이다. 그는 만약 모두가 행복하다면 인간은 순식간에 돼지의 상태로 떨어질 것이라고 말한다. 그의 논리에 따르면 돼지는 지적인 사람들의 몫으로 떨어지는 행복보다 훨씬 많은 행복을 누린다.

    나로서는 위대한 성취의 비결이 그토록 단순하다는 사실을 믿을 수 없다. 아이들을 불행하게 만드는 것은 행복하게 만드는 것보다 훨씬 쉬운 일이고, 이미 무수한 세대의 교육 전문가들이 그 방법을 거의 완벽한 수준으로 행했다. 정말 그것이 전부라면 천재가 블랙베리만큼 흔해야 한다. 두더보이스 기숙 학교[찰스 디킨스의 소설 『니콜라스 니클비』에 나오는 학교로 이곳 아이들은 사악한 교장에게 학대받는다] 졸업생들은 과학과 예술에서 세계를 선도해야 마땅한 것이다.

불행했던 사람이 고통을 극복하고 위대한 작품을 창조하는 것은 보기 드문 경우인데, 예술이 그에게는 현실 도피였다는 사실 때문에 다소 빛이 바래기도 한다. 모두 그런 것은 아니지만 이런 도피적 성격 탓에 작품에 강건함과 온전함이 부족한 경우가 상당히 많다. 게다가 뛰어난 성취는 도움이 되는 만큼이나 해가 되기도 한다.

불행히도 역사는 침묵하고 있는 사항이지만 나는 감히 아틸라Attila[5세기에 서구 세계를 휩쓸었던 훈족의 왕]가 매우 불행한 유년기를 보냈노라고 말하겠다. 나폴레옹이 어린 시절 가난으로 수모를 겪지 않았다면 결코 그처럼 잘난 척하거나 호전적인 인간이 되진 않았을 것이다. 만약 나폴레옹이 돼지의 행복에 만족하도록 이끌 수 있었다면 인류의 입장에서야 잘된 일이었을 것이다. 많은 위인들의 실천과 이론에 잔혹한 요소가 있는 까닭은, 그 사람들은 자기도 모르는 사이에 어린 시절 고통을 안겼던 세상에 대한 복수로 살아왔기 때문이다.

진정으로 유익한 불행도 딱 하나 있긴 하다. 그것은 좋은 것을 상상만 하고 실현하지 못하는 데서 오는 불행이다. 이런 형태의 불행은 창조적 충동과 떼어놓을 수 없지만 창조적 충동 그 자체는 단지 개인적인 문제가 있을 때만 구속받고 약해진다. 적어도 나는 그렇게 믿는다. 잘못된 믿음일 수도 있겠지만 절대 잘못이라고 증명할 수는 없을 테니, 우리가 가진 좀 더 온화한 충동에 재갈을 물릴 이유라고는 없는 것이다.

(1932. 6)

기대하는 마음이란
On Expected Emotions

모일 모시에 어떤 기차를 타기로 마음먹는다면 사고가 일어나지 않는 한 그렇게 할 수 있다. 그러나 미리 정한 어떤 순간에 어떤 특정한 감정을 느끼기로 마음먹을 경우에는 실패할 가능성이 매우 높다.

당신이 속으로 '나는 다음 토요일 오전 6시 23분에 그레이Thomas Gray[1716~1771년, 18세기 중엽 영국을 대표하는 시인]가 쓴 엘레지의 아름다움에 압도될 것이다'라고 생각했다 가정해보자. 그러나 막상 그 시각이 되면 당신은 그 시가 지루하다고 생각하고 어떤 의지력을 발휘해도 그 느낌은 달라지지 않을 것이다.

이는 모든 사람이 무시했던 불편한 사실이고 아직도 구세대들은 이 사실을 제대로 인정하지 않고 있다. 우리의 직관이 맞는지 여부는 거의 대부분 기대 심리를 느끼는 능력에 달려 있기 마련이다.

일요일 아침 교회에 있는 사람은 종교적 감정을 기대하고, 따라서 일요일 만찬을 기다리고 있는 자신을 깨닫고는 부끄러움을 느끼게 된다. 고리타분한 부모는 자식들이 자신을 있게 해준 부모에게 감사하고 부모의 상투적인 농담을 언제까지나 재미있어하며 부모의 지혜에 감탄하기를 기대한다. 자식들이 이러한 기대 심리를 감지하지 못하면 부모는 그들을 이상한 괴물로 취급한다.

결혼을 하는 신랑 신부는 이제부터 서로를 사랑하는 것이 두 사람의 '의무'라는 얘기를 듣는다. 사랑이란 하나의 감정이기 때문에 의지로 통제할 수 없고 따라서 의무의 영역에 넣을 수 없는데도 그렇다고 한다. 신중한 행동이야 의무가 될 수도 있겠지만 사랑은 하늘의 은총이다. 따라서 그 은총이 철회되었을 때는 그것을 상실한 사람을 비난할 게 아니라 동정하는 것이 마땅하다.

감정이 기대를 벗어나는 경우가 절대 없는 존경스러운 이들도 일부 있는 것은 사실이다. 그들은 어김없이 약간 뚱뚱한 중년이고, 위엄 있고 존경받는 나무랄 데 없는 사람들로, 한 사회의 기둥들이다. 예전에 이런 유형의 표본으로 매우 호감을 주는 사람을 알고 지냈는데, 그가 어느 날 팔레스타인에 가게 됐다. 그쪽 여행이 지금만큼 흔하지 않던 시절이었다. 신중함과 절약이 몸에 밴 사람이었으므로 그는 가족들과 주고받을 개인 전신 부호를 정해놓았다.

예를 들어 그가 전보로 'Bang'이라는 단어를 보내면 가족들은 "자파에 도착했다. 행복하게 잘 지내고 있다. 세탁물을 보내다오."라고 해석하기로 되어 있었다. 만약 그가 'Pish'라고 보내면 이런 의미였다. "너희들 편지가 기대만큼 길지도 상세하지도 못하구나. 진달래가 꽃을 잘 피웠는지, 내가 호숫가에 심어놓은 수양버들은 무성해졌는지 알고 싶구나." 그러나 만약 'Grand'라고 보내면 이런 뜻이었다. "성지(聖地)의 동식물군은 나의 예상을 훨씬 뛰어넘었다." 과연 그러했으므로 그는 그렇게 전보를 쳤다.

자신이 놀라리라고 예상한 경우 외에는 절대로 놀라게 하지 않는 질서정연한 우주 속에서 위풍당당하게 움직이니 그 얼마나 행복한 사람인가! 그 얼마나 큰 평화와 평온을 느꼈겠는가! 그러나 그보다 미천한 인간들은 이런 기쁨을 느낄 수 없다. 그들은 세상이 예측 불가능하며, 자신들은 성지의 동식물군과는 아주 다르다는 것을 깨닫게 된다. 감정의 영속성과 예측 가능성을 가정하는 모든 것들이 그들에게는 불행이나 적어도 위선을 부르기 쉽다.

어린 세대를 대할 때는 절대로 감정을 요구해서는 안 된다는 점을 잊지 않는 게 아주 중요하다. 아이들이 당신을 좋아한다면 당신이 여행에서 돌아왔을 때 마음에서 우러나는 기쁨을 나타내는 것이 보통이다. 그러나 때마침 누군가 아이들에게 강아지를 한 마리 주었거나 아이들이 퍼즐 문제에 정신이 팔려 있을 경우에는 당신이 도착했든 말든 전혀 신경을 쓰지 않을 수도 있다. 이런 상황에서 당신이 감정을 표시하라고 요구한다면 그것은 거짓을 가르치는 것이나 다를 바 없다. 우리 시대가 앞선 시대들보다 나은 점이 있다면, 어린 세대의 특징이라고 할 수 있는, 거짓에 대한 혐오다. (1932. 7. 13)

바보들만 똑똑한 시대
On Modern Uncertainty

세계사에는 네 종류의 시대가 있었다. 모두가 자기는 다 안다고 생각했던 시대, 아무도 자기가 아는 것이 있다고 생각하지 않았던 시대, 현명한 사람들은 많이 안다고 생각하고 어리석은 사람들은 아는 게 별로 없다고 생각했던 시대, 어리석은 사람들은 많이 안다고 생각하고 현명한 사람들은 아는 게 별로 없다고 생각했던 시대. 첫 번째 시대는 안정의 시대고, 두 번째는 서서히 쇠퇴하는 시대고, 세 번째는 진보의 시대고, 네 번째는 재앙의 시대다. 원시 시대는 모두 첫 번째에 속한다. 자기 부족의 종교나 오래된 풍습의 지혜, 풍작을 보장하는 주술 따위에 대해 아무도 의심하지 않았고, 따라서 이를테면 굶주림처럼 행복하지 못할 명백한 이유만 없다면 모두가 행복할 수 있었다.

두 번째 시대의 예로는 기독교 발흥 이전의 고대 세계를 들 수 있으나 그 후 곧바로 쇠퇴기로 접어들었다. 로마 제국에서는 부족 종교들이 배타성과 힘을 상실했다. 사람들이 다른 종족의 종교에도 진리가 담겼을 수 있다고 생각하게 됨에 따라 자신들의 종교에도 허위가 있을지 모른다고 생각하게 됐기 때문이다. 반신반의하면서도 동방의 주술을 받아들였고, 더 개화된 문명인들이 상실한 미덕을 게르만족 야만인들이 지니고 있다고 여겼다. 그 결과 모든 사람이 모든 것을 의심했고 의심이 노력을 마비시켰다.

18세기와 19세기 초에는 그와 정반대 현상이 벌어졌다. 과학과 과학 기술이 새로운 현상으로 다가오면서 그 분야를 이해하는 자들에게 엄청난 자신감을 부여했다. 과학의 승리는 명백했고 놀라웠다. 예수회 선교사들을 박해하려 했던 중국 황제는 일식과 월식의 날짜를 점치는 문제에서 선교사들이 옳고 황실의 점성가들이 틀린 것으로 드러나자 그들은 현인으로서 총애를 받을 만하다고 마음을 바꿨다.

이런 사례들이 도처에서 거듭 반복됐다. 영국에서는 농사에 과학적 방법을 도입한 이들이 낡은 농법을 고수하는 이들보다 눈에 띄게 많은 소출을 거두는 한편 제조업에서도 증기와 기계가 보수주의자들을 날려버렸다. 그리하여 교육받은 지성에 대한 믿음이 널리 퍼지게 됐다. 그런 지성을 지니지 못한 자들이 지성을 지닌 이들의 안내에 기꺼이 따르면서 급속한 진보의 시대가 열렸다.

우리 시대는 정반대로 가고 있는 실정이다. 에딩턴 같은 과학자들은 과학이 진정 어떤 것을 안다고 할 수 있는지 회의하고 있다. 경제학자들은 지금까지 세계 경제를 움직여온 기존의 방식들이 모두를 가난하게 만들고 있다는 사실을 감지하고 있다. 정치인들은 국제적 협력이나 전쟁 방지를 보장할 어떠한 방법도 찾아낼 수 없다. 철학자들에겐 인류에게 제시할 지침이 전혀 없다. 유일하게 긍정적인 견해를 지닌 사람들이 있긴 하지만, 그들은 언제 자신들의 견해가 불합리한지도 모를 만큼 어리석기 짝이 없다. 그 결과 세계는 바보들의 지배를 받고 있으며, 지식인들은 각종 국가 위원회에서 아무런 역할도 하지 못하고 있다.

이런 상황이 계속될 경우 세계는 점점 더 깊은 불행으로 빠져들 것이 분명하다. 지식인들의 회의주의는 무기력의 원인인 동시에 그 자체가 나태함의 결과이기도 하다. 해볼 만한 가치가 있는 것이 없다면 그 사실이 수수방관의 구실이 될 수 있다.

그러나 재앙이 임박한 상황에서는 수수방관하는 어떤 구실도 타당성을 지닐 수 없다. 지식인들은 회의주의를 떨쳐내든지 아니면 모두가 규탄하는 해악들에 함께 책임을 지든지 해야 할 것이다. 또한 학술적으로 투덜거리고 현학적으로 짜증 내는 태도를 버려야 할 것이다. 그들이 민주주의가 인정할 수 있는 언어로 말하는 법을 깨치지 못하는 한 어떤 말을 해도 무용할 테니까. (1932. 7. 20)

영웅 따라하기
On Imitating Heroes

사람이 직접적인 충동의 지시에 따를 때와는 다르게 행동하게 되는 데는 다양한 동기들이 있다. 그중에서 종교와 도덕이 가장 주목을 받아왔지만 그것 말고도 아주 강력한 동기들이 있다. 상사를 기쁘게 해주고 싶은 욕망, 동료나 부하로부터 인기를 얻고 싶은 욕망, 명성을 얻고 싶은 욕망, 특별히 어떤 한 사람을 기쁘게 해주고 싶은 욕망 등이다. 이런 욕망 각각에 대해 역사상 중요한 사례들을 얼마든지 찾아볼 수 있다. 그러나 평범하면서도 매우 강력한 또 하나의 동기가 있으니 그것은 바로 좋아하는 인물을 닮고자 하는 소망이다.

그런 점에서 알렉산드로스 대왕은 많은 중요한 인물들에게 영향을 미쳐왔다. 알렉산드로스는 줄리어스 시저가 정복을 시작하기도 전에 이미 정복을 완결하여 시저로 하여금 좌절감을 맛보게 했다. 배교자 율리아누스 황제는 페르시아와의 전쟁에서 승리했고 유리한 입장에서 평화를 향유할 기회가 있었지만 페르시아의 제안을 거절했다. 지난날 알렉산드로스가 같은 상황에서 비슷한 제의를 거부했기 때문이었다. 알렉산드로스는 전쟁을 계속해 승리를 거두었지만 율리아누스는 전쟁을 계속해 패배했다.

나폴레옹은 이집트에 갔을 때 그것이 동방 정복의 첫 단계라고 생각했다. 인도의 매력이 그를 유혹하면서 나폴레옹은 스스로를 알렉산드로스의 계승자라고 여기게 됐던 것이다. 그러나 넬슨이 이집트에서의 모험을 좌절시키자 나폴레옹은 시저나 샤를마뉴 대제 같은 다른 모델을 택하지 않을 수 없었다. 그는 몰락하는 그날까지 영웅 역할의 연기를 멈추지 않았고 몰락의 순간에도 한니발의 역을 떠맡았다. 『플루타르코스 영웅전』은 나폴레옹뿐 아니라 그보다 앞선 무수한 유명인들에게 지대한 영향을 미쳤고, 영광을 취하려는 자들에게 지침이 되는 행동 양식들을 제공했다.

영웅 한 명을 택하여 모방하는 것은 위인들뿐만 아니라 대다수 평범한 사람들의 삶에서도 강력한 자극이 된다. 여걸에 대한 모방 역시도 여성들의 삶에서 유사한 역할을 한다. 그러나 종종 어이없거나 참담한 결과를 초래하기도 하는데, 그 모델이 현실 생활이 아니라 낭만적 허구 속의 인물일 때 특히 더 그렇다.

무대 위의 영웅과 여걸들은 젊은이들에게 너무나 높은 기준을 제시하며 영화 속에서는 더 심각하다. 그처럼 모험적인 인생을 바라기도 어렵고 소설 속에서처럼 시적 정의가 현실에 딱 들어맞는 상황을 기대하기도 어렵다. 젊은이들이 이 사실을 깨닫고 나면 그들의 모방은 상상의 세계로 한정되기 쉽고, 그에 따라 삶의 역동적인 부분은 현실이 아닌 백일몽 속에 머물게 된다. 이처럼 감정과 행동이 분리되는 것보다는 차라리 파국을 맞는 게 낫다.

그러나 '크게' 낫다고는 할 수 없다. 영국에서는 현대의 젊은 지식인들이 올더스 헉슬리Aldous Huxley[1894~1963년, 『멋진 신세계』 등을 쓴 영국의 소설가 겸 비평가] 씨나 그의 작품에 등장하는 인물을 모델로 삼는 경향이 있다. 그 결과 젊은이들의 행동은 비정상적이고 부자연스러우며 건방지게 변해간다. 단순하고 솔직한 행동이 요구되는 상황에서도 그들은 소설 속 영웅이 결정적인 순간에 복잡하고 철학적인 태도로 변하던 것을 느닷없이 기억해낸다. 그것이 그들에게는 '근사해' 보이고 따라서 자기 자신도 그와 비슷하게 행동하도록 압박한다. 따라서 결국 그 자신은 물론 그들과 접촉하는 모든 이에게 불편함과 비현실성을 초래하게 된다.

또 하나의 모델은 수난당하는 성인상인데 딱히 여성들만 이를 모델로 삼는다고 할 수는 없지만 주로 그렇기는 하다.

자신이 반항을 모르는 끈기 있고 숭고한 사람이란 것을 스스로에게 과시하기 위해 남들이 자신에게 못되게 굴도록 유도했던 '착한' 여자들을 모르는 사람이 어디 있으랴? 구원의 천사도 '착한' 여자의 또 다른 유형이다. 이런 여자는 모델을 흉내 내는 동안에는 매우 괴로울지 모르지만 언제나 친구들의 불행을 기원하고 있다. 그래야만 그녀가 한 치의 착오도 없는 기술과 재주로 그들의 고통을 완화할 수 있기 때문이다.

    영웅 혹은 여걸의 모방이 아주 만족스런 사업인 것 같지는 않다. 아마 전반적으로 볼 때 그냥 있는 그대로의 자신을 견디는 것이 최선일 것이다. (1932. 7. 27)

고행의 십자가만 짊어지게 되리니
On Vicarious Asceticism

사치가 사람을 약하게 만든다는 것은 디오게네스Diogenes [BC 400?~BC 323년, 그리스의 철학자로 집 대신 목욕통 속에서 지냈다] 시대 이래 대부분 도덕주의자들이 줄곧 견지해온 명제다. 목욕통에서 사는 철학자가 이 관점의 옹호론을 펼친다면 그 자신이 진심으로 믿고 있는 게 확실하므로 존중하는 태도로 귀를 기울일 것이다.

사실 여기에는 어느 정도 타당한 면이 있다. 나는 목욕통에서 살려고 해본 적은 없지만—지중해성 기후가 아닌 한 유쾌할 것 같지는 않다—어떤 노동자의 오두막에서 지내면서 큰 만족을 느껴본 적은 있다. 흥미로운 연구를 위한 여유를 갖고자 자청한 소박한 삶에는 권장할 만한 것이 많다. 그리고 두말할 필요도 없이 많은 부자들은 현명하게 행복을 추구하는 데 쓰는 돈보다는 물질적 재산을 획득하는 데 더 많은 돈을 퍼붓는다.

그러나 가난한 사람들이 자기 몫에 만족하도록, 나아가 저임금을 기꺼이 받아들이도록 하려는 의도로 부자들이 역설하는 사치 반대론은 조금 다른 냄새가 난다. 19세기 초반 영국에서는 상류층 종교 세력이 모두 대중을 설득하는 데 발 벗고 나섰다. 가난한 사람들은 임금이 낮아야만 미덕을 잃지 않을 수 있고, 미덕이야말로 최고의 재산이므로, 할 수 있는 데까지 임금을 깎는 것이 기독교인 고용주의 의무라는 논리였다.

남들보다 많이 받는 임금 생활자들은 단지 부유하다는 이유만으로 사악한 괴물로 묘사됐다. 예를 들어 편물 직조공들은 평균적으로 하루 열두세 시간씩 일하고 일주일에 14~15실링이라는 상당한 임금을 받았는데, 그들을 잘 알고 있던 J. T. 베커 목사는 1812년에 이 통탄할 상황에 대해 이렇게 지적했다.

부의 적절한 용도도 모르는 자들이 이처럼 급속하게 부를 획득함으로써 사치와 방탕에 속도가 붙고, 하층 사회 거의 전체가 낭비와 악덕으로 타락하여 우리 교구에 처음 온 자들은 도저히 믿지 못할 정도였다. 남자들은 자기 직업의 의무를 다하지 않은 채 한 주의 전반부를 정치를 논하거나 노름으로 돈을 탕진하거나 선술집에서 방탕하게 보내고도 나머지 삼사일 동안 당면한 경비를 충당하기에 충분한 돈을 벌었다.[4]

이 목사 양반께서 좀 특이한 사람이었을 거라고 생각해서는 안 된다. 그의 관점은 곧 모든 상류층 도덕주의자들의 관점이었다. 여기에 변화를 불러온 것은 민주주의의 도래였다. 일하는 사람들이 투표권을 획득하자 정치인들은 그들을 존중하는 태도로 말할 수밖에 없었고 이 관행이 점차 다른 공적 발언들로 확산되었던 것이다. 그러나 사적 영역에서는 여전히 부자들은 가난한 자들이 지나치게 부유해서 타락한다고 생각했다.

여성과 관련해서도 유사한 상황이 전개되어왔다. 여성이 투표권을 획득하기 전까지는, 예컨대 여성은 담배를 피워선 안 된다고 생각했다. 여성이 흡연을 즐기지 못하도록 막음으로써 남성이 얻는 게 무엇인가를 자문해보면 이런 결론을 내릴 수밖에 없다. 금지 조항을 발하는 힘 자체가 너무도 유쾌하므로, 남성은 이성에게는 금지한 쾌락을 자기만 기분 좋게 즐길 수 있도록 여성의 행동 규범 전체를 확장한 정도다.

성직자의 독신주의를 강요할 당시 교황 그레고리우스 7세는 평신도들을 불러들여 도움을 받았다. 그 평신도들은 자신은 행복한 결혼 생활을 하면서도 교구 사제들과 그 아내들을 박해할 수 있는 기회를 달갑게 받아들였다.

민주주의가 필요한 까닭은 인간 본성에 담긴 충동의 힘 때문이다. 민주주의가 바람직한 까닭은 평범한 유권자가 무슨 정치적 지혜를 지녔기 때문이 아니다. 인류의 어떤 집단이든 일단 권력을 독점하면, 나머지 집단은 삶의 좋은 것들을 누리지 않고 사는 편이 낫다는 것을 입증할 목적으로 각종 이론을 창안할 게 분명하기 때문이다.

   이것은 인간 본성에서 가장 정떨어지는 특성 중 하나다. 그러나 역사는 정치권력을 모든 계층과 남녀 모두에게 고루 분배하는 것만이 이를 적절하게 막을 수 있는 방법이라는 사실을 보여주고 있다. (1932. 8. 3)

매우 경솔한 인간 분류법
On Labelling People

이웃 사랑은 의심할 여지 없는 우리의 의무지만 늘 쉽게 행할 수 있는 의무는 아니다. 그리고 어떤 이웃은 그 의무를 좀 덜 어려운 것으로 만들려는 노력을 전혀 하지 않는다는 사실을 인정해야 한다. 그런 사람들이 사람을 짜증 나게 하는 방법에는 여러 가지가 있지만 그중에서도 (내 사고방식으로는) 최악은 몇 가지 노골적인 꼬리표를 붙여 모든 사람을 일일이 분류하는 것이다. 이 불행한 습성이 몸에 밴 사람들은 자신이 남자 혹은 여자에 대해 완벽한 지식을 가졌다고 생각하면서 자신이 보기에 그럴듯한 꼬리표를 갖다 붙인다.

    내 생각에 이것은 주로 여성이 지닌 악덕인데, 아주 많은 사람을 접대하는 여자들이 특히 그렇다. 호스티스[사교 모임 따위를 주최하는 여주인]가 되려다 실패하는 여자들이 많은 걸 보면 호스티스 노릇은 어려운 기술임에 틀림없다. "오, 아무개 씨."

호스티스는 말한다. "당신은 '너무나' 예술적이에요. 아무개 양과의 만남이 즐거우시리라고 제가 '장담해요'. 너무나 '매력적인' 그림을 그리는 여성이거든요."

아무개 씨는 지극히 세련되고 훌륭한 취향을 가진 저명한 미술 평론가인 반면에 아무개 양은 단순하고 감상적인 수채화를 그리는 여자라고 가정해보자. 두 사람의 대화가 서로에 대한 혐오를 적나라하게 드러내는 수준으로 빠지는 것을 막을 수 있는 것은 오직 문명사회의 금기라는 힘밖에 없다. 누구에게는 '음악적'이란 꼬리표가, 누구에게는 '문학적'이란 꼬리표가, 누구에게는 '개를 좋아한다'란 꼬리표를 계속 붙이고, 같은 꼬리표를 단 사람을 만나면 누구든 즐거워할 거라고 기대한다.

하지만 분류되는 사람과 분류하는 사람 사이에는 근본적인 감정상의 대립이 존재한다. 자신이 하나의 형용사로 요약되었음을 깨닫는 순간 곧바로 자신의 개성이 그처럼 단순하게 취급된다는 생각에 불쾌해진다. "오, 러셀 선생님, 책을 그렇게나 좋아하신다면서요." 감정 표현이 유별난 안주인이 이렇게 말할 때면 존슨 박사[새뮤얼 존슨Samuel Johnson, 1709~1784년, 영국의 시인 겸 평론가. 학비가 부족해 옥스퍼드 대학을 중퇴했지만 훗날 문학적 업적으로 박사 학위를 추증받은 다음 '존슨 박사'로 불렸다] 식으로 대꾸하고 싶어진다. "부인, 저는 시간을 좀 더 유용하게 보낼 수 있는 방법이 있을 때는 절대로 책을 읽지 않습니다."

우리는 누구나 자신이 분류의 차원을 뛰어넘는 존재라고 느낀다. 일부 철학자들—예를 들면 베르그송—은 이 감정에 호소하면서 각자의 내면에 담긴 흥미로운 것은 언어적 분석으로는 포착할 수 없다는 견해를 지지하는 이론적 논리를 발전시키기도 했다. 이 작업을 하는 철학자들은 인기가 매우 높다.

인간을 고양하는 작가들의 작품을 읽을 때 사람들은 거기서 하는 얘기를 자기 자신에게 적용하고는 즐거워한다. 이처럼 자기 자신만을 생각하지 말고, '인간'에는 브라운 씨도 포함되고 존스 씨도 포함되고 기타 지겨운 이웃들 모두가 포함된다는 점을 기억해내면, 아마 인간에 대한 견해를 바꾸거나 지인들을 좀 더 존중하는 쪽으로 생각을 바꿔야만 할 것 같은 압박감을 느낄 것이다.

이 점이 바로 분류 문제의 핵심이라 할 수 있다. '낭만적'이니 '현대적 사고방식'이니 '과학적'이니 하는 형용구로 사람을 적절하게 설명할 수 있다고 가정하는 것은 사람에게는 존중하지 않아도 되는 것이 있다는 가정이기도 하다. 자신은 신비롭고 불가해한 심오함으로 충만하지만 남들은 아주 쉽게 이해할 수 있는 존재들이라고 생각하는 것은 자신의 우월성을 믿는다는 얘기의 연장이다. 통계학적으로 가능성이 낮은데도 대다수 사람들이 항상 달고 다니는 자기 우월감 말이다.

남들을 무시하는 견해가 모두 그러하듯 이런 생각도 세상을 실제보다 더 재미없어 보이게 만든다.

다른 사람을 이해한다는 것은 쉬운 일이 아니며 그 어려움을 알지 못하는 이들은 결코 해낼 수 없는 일이기도 하다. 역사 연구에서나 우정과 사랑에서나 가장 가치 있는 일은 자신과 다른 개성을 비슷하게나마 이해하고자 점진적이고 조심스럽게 접근해가는 것이다. 사람을 어떤 범주에 집어넣는 방식이나 많은 이들이 저마다 자신하는 직관력에 의존하는 방식으로는 결코 이해에 도달할 수 없다. 그 두 방식의 결합은 필요하지만 그것만으로는 충분하지 못하다. 근거 없는 멸시에서 나오는 지나친 자신감을 버리는 것이야말로 가장 필수적인 요소다.

(1932. 8. 10)

미소 짓는 살인자
On Smiling

고등 동물은 모두 기쁨을 표현하는 수단을 갖고 있지만 기쁘지 않을 때도 기쁨을 표현하는 것은 인간밖에 없다. 이것은 예의라 불리며 미덕의 하나로 꼽힌다.

어린아이에게서 보이는 가장 당혹스러운 사실 중 하나는 그들이 기쁠 때만 웃는다는 점이다. 손님이 오면 아이들은 동그랗고 불안한 눈으로 말똥말똥 쳐다본다. 손님이 재미있게 해주려 하면 아이들은 어른들의 바보 같은 익살에 깜짝 놀라곤 한다. 그러나 조만간 부모가 그들에게 전혀 관심이 없는 사람들과 함께 있을 때도 즐거워하는 척하라고 가르친다.

예의상 웃음을 달고 다닌다는 점에서는 우리보다도 동양의 나라들이 훨씬 정도가 심하다. 1868년까지 일본에서는 사회적 계급이 높은 사람은 위대한 인물의 면전에서 한순간이라도 미소를 잃은 하급자를 죽일 수 있는 권한이 있었다. 가정에서는 아내는 남편 앞에서, 자식은 부모 앞에서 웃는 낯을 보여야 했다. 서구 여행객들이 일본인을 대단히 쾌활한 민족으로 보게 된 것도 이 때문이었는데 적자생존의 한 경우라고 할 수 있겠다.

그러나 사회적 상급자 앞에서 지켜야 할 예의로 언제나 미소만 요구되는 것은 아니다. 예를 들어 한국에서는 임금을 알현하는 신하는 임금의 눈길이 자신에게 머무는 동안 몸을 떠는 모습을 보여야 했다. 임금이 마음만 먹으면 언제든 자신을 처형할 수 있다는 사실을 잊지 않고 있음을 보여주기 위해서였다.

비슷한 매너로 영국에서는 제대로 교육받은 집사는 주인과 함께 있을 때면 아무리 우스꽝스러운 일이 벌어져도 절대로 웃지 않는다. 하지만 영국의 예의는 모든 면에서 극동 지역의 예의와는 다르다. 중국에서는 연회에 참석한 손님들이 식사를 하면서 요란하게 쩝쩝거리고 잔치가 끝날 때는 배불리 먹었다는 가장 확실한 표시를 하는 것이 예의였다.

사교상 예의 중에서도 가장 당혹스러운 형태의 하나는 남미 인디언들에게서 발견된다. 한 추장이 다른 추장을 방문하면 주인은 손님이 하는 말을 그대로 되풀이해야 한다. 손님이 하는 얘기는 완벽하므로 덧붙일 게 없다는 뜻이다. 손님이 "저는 서쪽에서 왔습니다."라고 말하면, 주인은 "당신은 서쪽에서 왔습니다."라고 화답한다. 손님이 "저는 강을 타고 왔습니다."라고 말하면, 주인은 "당신은 강을 타고 왔습니다."라고 화답한다. 잠시 후면 이 불운한 손님은 더 이상 할 말이 떠오르지 않는다. 불편한 침묵이 흐르고 난 후에야 평범한 대화가 허용되지만 방문한 추장이 떠나기 전 마지막 30분 동안 또 그 의식을 되풀이해야 한다. 백인들이 이 정도로 높은 예의 관념을 가졌던 적은 결코 없지만 지루한 파티에서도 내내 미소를 지어야 한다는 인식은 여전하여 집으로 돌아올 때면 턱 근육이 얼얼할 정도가 된다.

  미소로 지루함을 감출 수 있다는 사실을 터득한 사람들은 다소 순수하지 못한 감정을 숨길 때도 미소를 이용하는 경향이 있다. 햄릿은 숙부가 살인자라는 사실을 숨기기 위해 미소를 짓는 습관이 있다는 사실을 알고 충격을 받았다. 나는 살인자를 많이 알지는 못하지만 내가 지금까지 알았던 사람들이 다소간 미소에 중독되어 있었던 것으로 보건대, 햄릿의 숙부는 그저 일반적인 사례를 보여주었을 뿐인지도 모른다.

  그러나 설령 모든 살인자들이 미소를 짓는다 하더라도, 미소 짓는 사람들이 모두 살인자라는 식으로 추론해서는 안 될 것이다. 세상은 이미 충분히 암울한데 나쁜 논리를 활용해 세상을 더 나쁘게 만들 필요는 없다. (1932. 8. 17)

체벌의 악영향
On Corporal Punishment

신체에 상해를 가하여 벌을 주는 행위는 이전에 이 주제를 이론화했던 모든 사람의 지지를 받았다. 300년 전의 문명화된 공동체에서는 귀나 혀를 잘라내는 경우가 드물지 않았다. 『주홍 글씨』를 통해 다들 알고 있듯이 뉴잉글랜드에서는 낙인을 찍는 행위도 온당하게 여겨졌다. 자백을 강요하는 고문도 당연시했다. 얼마 전 위커샴 위원회[5]가 '가혹한 심문 행위third degree'를 조사하는 과정에서도 밝혀졌듯이, 고문은 여전히 존재하지만 지금은 법 집행인이 행사한다고 해도 불법이다.

    대체로 모든 문명의 진보는 처벌 강도의 완화 및 신체적 응징의 감소와 함께 나아간다. 좀 더 엄격한 도덕주의자들의 갖가지 우려에도 불구하고 일반적으로 좀 더 너그러운 형법이 범죄를 줄여준다. 통계학적으로든 개별 범죄자들의 심리적 측면에서든 체벌 옹호론이 들어설 자리는 없다.

그렇지만 적어도 영국에서는 형사 처분의 하나로 태형이 되살아났다. 학창 시절에 회초리나 채찍으로 매를 맞았던 이들은 거의 한결같이 그 덕에 자신이 더 나은 사람이 되었다고 믿고 있다. 내가 볼 때는 이렇게 믿는 것 자체가 체벌이 끼치는 악영향 중 하나다. 어른이 되어서든 어렸을 때든 이런 일을 당한 사람은 마음에 분노가 가득하게 된다. 이 분노는 그를 사나운 반항아로 만들거나 자기 차례가 오면 다른 범법자에게 고통을 주고 싶은 격한 욕망의 소유자로 바꾸어놓는다. 후자의 감정은 도덕적 분개로 정당화될 수도 있다. 그러나 사실 이 감정을 느끼는 사람 자신은 결코 깨닫지 못하더라도 이는 자신이 과거에 겪었던 고통을 다른 사람에게 돌려주고픈 욕구에 불과하다.

영국에서는 특히 혐오스럽게 여겨지는 범죄를 남자가 저지르면 태형으로 처벌할 수 있다. 이를테면 여자가 부도덕한 방법으로 벌어오는 소득으로 살아가면서 여자를 폭행하는 경우가 여기에 해당한다. 태형을 명하는 판사들은 선고문을 발표하면서 뚜렷한 만족감을 드러낸다. 그들은 그것을 미덕이라고 생각하지만 사실은 잔인한 본능의 배출일 뿐이다.

최근에 런던의 《타임스Times》에 한 성직자의 편지가 실렸다. 어떤 형벌이 건강에 심각한 손상을 입힐 가능성이 있을 때는 교도소 의사의 소견에 따라 이 형벌을 가할 수 없다는 규정에 대해 몹시 유감스러워하는 내용이었다. 이 훌륭한 기독교 목사는 자신이 "피에 굶주렸거나 특별히 앙심이 깊은" 사람은 아니라고 밝힌 다음 이렇게 주장한다. "타인에게 폭력을 가하는 사람은 본인의 건강 상태가 어떠하든 자기 행위의 결과를 철저히 감수해야 한다."

얼마 전 상원은 학생들이 특정한 형사상 범죄를 저질렀을 때는 매질을 할 수 있도록 만드는 데 성공했다. 상원 나리들 대다수가 학창 시절에 가혹한 체벌을 당한 사람들이라는 점을 감안하면 지극히 당연한 결과다.[6]

범죄에 분개하는 것은 자연스러운 감정이며, 사람들이 가혹한 처벌을 당연한 것으로 생각하게 한다. 그러나 단지 벌을 가하는 자들이 쾌감을 느끼는 게 아니라 범죄를 예방하는 게 목적이라면 좀 더 과학적인 태도가 바람직하다. 모든 폭력과 잔인성은 그 반작용으로 또다시 폭력과 잔인성을 자극하는 경향이 있다. 그것은 반드시 직접적인 보복의 형태는 아니더라도 전반적으로 가혹하고 잔인한 형태로 되풀이된다.

만약 의사가 환자가 아프다고 해서 화를 낸다면 환자를 좀 더 효과적으로 치료하지 못할 것이다. 마찬가지로 형법이 범죄자에 대한 분노로 가득 차 있다면 더 효과적이지 못하다. 범죄자는 심리학적, 교육적, 사회학적, 경제적인 면에서 어떤 문제점을 드러낸다. 맹목적인 분노 상태에서는 이 어려운 문제를 제대로 다룰 수 없다. 체벌을 지지하는 모든 주장은 과학적 이해가 아니라 분노에서 나온 것이다. 사람들이 좀 더 과학적이 된다면 그런 야만적인 관행은 더 이상 용인되지 않을 것이다. (1932. 9. 7)

동물이 말을 할 수 있다면
If Animals Could Talk

얼마 전에 상당한 기량과 일류급 지성을 겸비하여 학계에서도 세계적 명사인 등산가를 만났다. 그런데 나는 그가 경험의 결과로 얻었다는 이론을 듣고는 다소 놀랐다. 그의 주장은 이러했다.

"산은 오를 수 있도록 만들어졌다. 암벽을 타다 보면 다 자란 성인에게 필요한 거리, 딱 그 거리마다 발 디딜 데가 있고 움켜잡을 데가 있다. 만약 인간의 크기가 지금의 두 배였다면 기존 등반 코스는 너무 쉬워 재미가 없을 것이다. 게다가 새로운 코스도 몇 개 없을 터이니 산을 오르는 일은 더 이상 흥미롭지 못할 것이다."

그는 바위가 형성됐던 까마득한 지질시대에, 그 바위들이 파리라도 되는 것처럼 낭떠러지를 오르는 데 좋아라 목숨을 거는 몇몇 괴짜들의 기쁨을 고려해 빚어졌다고 믿는 모양이었다.

내가 보기엔 산양이나 야생 염소나 영양은 이 주제에 관해 다른 견해가 있을 것 같았다. 만약 그들에게 의회가 있었다면 인간이라는 지긋지긋한 피조물의 어설픔을 서로 축하할 것이고, 인간의 어설픈 육체가 그 교활함의 발목을 잡고 있는데 대해 감사할 것이다. 그들이 펄쩍펄쩍 뛰어넘는 곳에서 인간은 기어 다닌다. 그들이 자유롭게 뛰어오르는 곳에서 인간은 밧줄에 매달린다. 그들이 타고난 은혜라며 제시하는 증거는 등산가들의 증거와는 정반대겠지만 조목조목 설득력이 있을 것이다.

18세기의 한 신학자는 토끼 꼬리가 하얀 건 토끼를 쏘아 맞추고 싶은 사람들의 편의를 위해서라고 엄숙하게 주장했다. 토끼가 말을 할 수 있다면 그에게 뭐라고 했을까? 만약 그가 걸리버의 여행과 비슷한 여정을 가다가 토끼들이 다스리는 나라에 들어간다면 그에게 어떤 처벌이 내릴지 상상해보라. 뛰어난 독설을 갖춘 덕분에 지방 검사로 뽑힌 토끼가 배심원 토끼들에게 설명하는 장면을 상상해보라.

검사 토끼는 격렬하게 비난할 것이다, "이 타락한 피조물은, 믿기 어려우시겠지만, 가증스러운 자기 족속들로부터 존경받아온 자입니다. 그는 소위 인간이라는 종의 엄청난 식욕을 채우기 위해서 우리의 고귀한 시민들을 마구잡이로 죽이는 건 전혀 사악한 일이 아니라고 진지하게 주장합니다. 게다가 더 기가 막힌 일은 올바른 사고를 하는 토끼라면 누구나 알고 있듯이 우리의 하얀 꼬리는 미학적 기쁨이란 목적에 기여하는 것임에도 불구하고, 이 자는 우리의 꼬리가 우리를 좀 더 쉽게 암살하기 위해 있다고 생각할 만큼 못된 길로 빠져 있다는 것입니다."

나는 이 저명한 신학자가 가장 준엄한 법의 심판을 받았으리라는 사실을 의심할 수 없다.

칠면조에게 사고력이 있었다면 크리스마스를 과연 어떻게 생각했을까, 나는 종종 궁금해진다. 아마도 평화와 우호의 계절로 보지는 않았을 것 같다. 내가 아는 한 저명한 생물학자는 쥐들이 동물계의 패권을 장악하여 인간을 퇴위시키는 날이 올 거라고 예상한다.

인간의 이익이 동물들의 이익보다 중요하다고 볼 수 있는 객관적인 이유는 전혀 없다. 동물들이 우리를 박멸하는 것보다 우리가 그들을 더 손쉽게 박멸할 수 있다는 것, 우리의 우월성을 주장할 수 있는 탄탄한 근거라고는 오직 이것 하나뿐이다.

우리가 예술과 과학과 문학을 높이 평가하는 것은 우리가 훨씬 잘하는 분야이기 때문이다. 그러나 고래는 물 뿜기를 소중하게 여길 것이고, 당나귀는 요란한 나귀 울음이 바흐의 음악보다 훌륭하다고 주장할 것이다. 전제 권력을 행사하지 않는 한 그들이 틀렸다는 사실을 증명할 수 없다. 결국 모든 윤리 체계는 전쟁 무기에 의존하고 있는 것이다.　　(1932. 9. 14)

섬에는 없는 '섬나라 근성'
On Insularity

섬에 사는 사람들은 대륙에 사는 사람들로부터 근거 없는 비방을 많이 받아왔다. 후자가 다수이기 때문에 대륙 사람들은 소수가 할 수 있는 것보다 효과적으로 자신들의 주장을 알려왔다. 사람이 거주하는 섬으로는 세상에서 가장 작은 섬에 속하는 실리 군도Scillies[영국 잉글랜드 남서부 콘월 반도에 있는 군도]로 막 유람을 다녀왔기 때문에, 나는 섬사람들의 일반적인 주장대로, 그들이 다른 면에서는 어떻든 통상적으로 이해되는 단어 뜻 그대로 '섬나라 근성'의 소유자들은 아니라고 말해야만 할 듯싶다.

    섬사람들에 대한 전통적인 견해는 그들이 외부 세계의 존재나 예의나 관습에 대해 다른 사람들보다 잘 모른다는 것이다. '섬나라 근성'이란 용어는 내가 볼 때 프랑스 혁명과 나폴레옹에 대항하는 전쟁 때문에 영국인이 대륙을 여행할 수 없던 시절에 부풀려졌다.

어느 나라에서나 전쟁으로 인한 고립은 이른바 '섬나라 근성'이란 특징을 낳기 쉽다. 그러나 시절이 평화로울 때나 전쟁 중이라 하더라도 다른 나라와 동맹을 맺었을 때는, 그리고 특히 아주 작은 섬에 살고 있을 경우에는, 흔히 생각하는 의미의 '섬나라 근성'을 지니게 될 가능성은 섬사람들이 오히려 다른 사람들보다 적다고 나는 주장한다.

실리 군도 사람들은 대부분이 아시아와 아프리카를 무대로 삶을 영위해온 해양 민족이다. 그들은 중국과 일본 간의 문제, 희망봉에서 벌어지는 영국계와 네덜란드계 간의 문제 등등의 사안에 대해 해박한 토론을 벌일 수 있다. 그들은 먼 지역에 대해 잘 알듯이 먼 시대에 대해서도 잘 안다. 고대에는 주석 교역을 목적으로 페니키아와 로마가 차례로 그들의 섬을 탐험했고, 중세에는 오늘날 유적으로 남아 있는 대사원의 수도승들이 내내 그들의 섬을 다스렸고, 찰스 1세가 처형된 후 크롬웰에 맞선 최후의 항전이 벌어진 현장이 바로 여기였다는 사실을 그들은 잘 알고 있다. 영토 면에서는 작은 세계이지만 그들의 사고와 상상의 세계는 유별나게 크다.

큰 대륙의 한복판에 사는 사람은 긴 여행을 할 만큼 돈과 여가가 많지 않은 한 외국의 관습과 생활양식을 접할 기회가 훨씬 적다. 러시아 대평원에 사는 농부는 러시아식을 벗어난 것과 마주칠 기회가 거의 없다고 할 수 있다. 러시아식 관습, 러시아식 신앙, 러시아식 선전이 그의 시야를 결박한다. 러시아가 여타 세계의 체제와 다른 체제를 건설할 수 있었던 것도 바로 그 덕분이다.

아메리카 대륙 중앙에서도 같은 일이 벌어지고 있다. 인구의 대다수가 미국식 방식이 유일하게 자연스러운 방식이라고 느낀다. 미국식 정부 형태를 자연스러운 정부 형태로 생각하고 미국의 폐단을 인간 본성에서 불가피하게 나타나는 것들에 불과하다고 생각한다. 같은 현상을 중국 또는 동일한 성질을 띤 대규모 대륙 지역 어디에서나 발견할 수 있다.

따라서 '섬나라 근성'은 섬사람들의 특징과는 거리가 먼 것 같다. 오히려 그것은 광대한 내륙 국가 주민에게서 너무나 자주 발견되는 특징이다. 바다에서 멀리 떨어져 사는 사람일수록 '섬나라 근성'의 편협한 사람들로 변하기 쉽다. 지금까지 문명의 진보는 항상 해양 민족들에게서 시작됐다. 페니키아인, 그리스인, 아랍인, 이탈리아인, 네덜란드인, 영국인, 그리고 (남북전쟁 이전까지의) 미국인 등이 그러했다.

철도의 발명으로 바다의 중요성이 줄었다는 사실이 최근에 문명이 쇠퇴하게 된 궁극적인 원인일지도 모른다. 만약 그렇다고 한다면 비행기를 완벽하게 개량함으로써 회복될 수 있을지도 모르겠다.

(1932. 9. 21)

점성가들의 믿음
On Astrologers

불우한 시기를 만난 위대한 옛 전통에는 언제나 비애 같은 것이 감돈다. 옛날 사람들이 묘사하던 점성가는 하얀 수염을 길게 늘어뜨리고 무아지경에 빠진 것처럼 느리게 말하는 늙은 현자다. 관중은 물론 그 스스로도 신비로운 지식을 지니고 있다고 믿었다. 최고의 영화를 누리던 시절의 점성가는 나라의 운명을 지배했고 칼데아 왕국[칼데아인이 아시리아 제국을 멸망시키고 세운 왕국으로 신바빌로니아 왕국의 동의어다] 시절의 점성가는 오늘날 영국은행 총재가 수상을 보좌하듯이 국왕을 보좌했다.

    점성가는 고대 로마에서도 존경받는 위치였고 유일한 예외는 '수학자'라고 불렸던 점성가들을 수도 로마에서 모두 추방했던 일부 합리적인 황제들이었다. 아랍인들은 중대한 일이 있을 때마다 점성가들과 상의했고 르네상스 시대의 최고 현자들도 그들을 믿었다. 위대한 천문학자 케플러는 존경을 얻고 생계를 유지하기 위해 점성가가 되어야만 했다.

　점성가들은 여전히 존재하고 있고 나도 운이 좋아 몇 사람을 알고 있다. 그러나 지난날의 저 당당한 존재들과는 얼마나 처지가 다른지! 적어도 내가 만나본 점성가들은 늙은 어머니나 병든 남편을 부양하는 근면하고 아주 기특한 남녀 직업인들이다. 그들은 생명의 별자리니 상승하는 운세의 행성이니 하는 오래된 비결을 주먹구구로 따라 한다. 하지만 그들의 언어는 슬프게도 현대화됐고 지난날 양피지에 신비롭게 새겨졌던 그들의 별점은 근사한 사절지에 말쑥하게 타이핑된다. 바로 이 점 때문에 별을 보며 미래를 해독하는 점성가들의 능력을 신뢰하기 어려워졌으니 그들은 잘못된 판단을 하고 있는 것이다.

　점성가들은 자신이 공언하는 과학을 진심으로 믿을까? 어려운 질문이 아닐 수 없다. 세상에는 별의별 놀라운 것들을 믿는 사람들이 있으며 직업적인 점성가들이 이런 유형이 아니라고는 말할 수 없을 것이다. 그리고 설사 점성가들이 자신의 점술은 다른 이들이 얻은 정보에 기초한 어림짐작과 추측에 불과하다는 점을 안다고 하더라도, 어디엔가 이런 못난 방법에 결코 의지하지 않는 뛰어난 전문가들이 있으리라 믿고 있을지도 모른다.

　옛날에 바닷물로 금을 만드는 법을 알아냈다고 공언해 큰 재산을 모은 훌륭한 사람이 있었다. 그는 너무 늦기 전에 남미로 달아나 행복한 여생을 보낼 작정이었다. 그때 불행하게도 다른 사람이 같은 비법을 알아냈노라 공언했고, 이 친구는 그자를 믿고 가진 돈을 모두 새로운 사업에 투자했다가 알거지가 되고 말았다. 사람은 남들이 생각하는 것만큼 부정직하지는 않은 경우도 종종 있다는 것을 보여주는 일화다. 이는 직업적인 점성가들이 대체로 자기네 교리가 진실이라고 확신한다는 것을 보여주는 얘기가 될 수도 있다.

이런 일이 가능하다는 것은 점성가들에게는 명예가 되겠지만 우리 교육 제도에는 크나큰 불명예가 된다. 학교와 대학이 온갖 정보를 퍼 담아 주지만, 그것이 왜 그런 것인지 사고하거나 추론하는 법을 배우는 사람은 아무도 없다.

과학적 증거의 본질에 대해 아주 조금이라도 아는 사람에게 점성가들의 믿음 따위와 같은 믿음을 갖게 하기란 당연히 불가능하다. 그러나 정부가 바탕에 깔고 있는 믿음은 대부분이 그런 따위의 것들이다. 이를테면 특정 지역에 살거나 소득이 일정 금액을 초과하는 사람들에겐 그만의 장점이 있는 거라고 보는 믿음이 그렇다.

정부는 그런 믿음의 기반이 약해지는 결과를 가져올 것이므로 사람들에게 올바로 사유하는 법을 가르치지 않을 것이다. 만약 그런 믿음들이 퇴색한다면 인류는 재앙을 피할 수도 있지만 정치인들은 그럴 수 없을 것이다. 따라서 무슨 짓을 해서라도 우리는 계속 어리석은 채로 있어야만 한다.

(1932. 9. 28)

아이들은 현실을 두려워하지 않는다
On Protecting Children from Reality

부모와 입법부, 많은 유치원 교사들의 가장 확고한 믿음 중 하나는 거친 현실과 접촉하지 않도록 아이들을 보호해야 하고 아이들에겐 무엇이든 예쁘게 치장해 공상적인 형태로 보여줘야 한다는 것이다.

내가 아는 어떤 여성들은 어린아이들에게 음악을 가르치는데, 제대로 된 음표 이름을 알려주는 대신 4분음표는 '타', 8분음표는 '테', 16분음표는 '타-테'라고 부른다. 그들은 이렇게 부르면 아이들이 더 좋아한다고 생각하지만 내가 관찰한 바로는 전혀 근거가 없는 믿음이다. 현대판 동화들의 결점도 비슷하다. 공상의 세계를 공상이라 하지 않고 어리석게도 덧칠을 해서 마치 현실인 것처럼 내민다.

더 중대한 사안에서도 같은 실수가 반복된다. 역사적인 인물들은 악당 아니면 완벽하게 훌륭한 사람으로 묘사된다. 위인에게도 약점은 있고 위대한 대의에도 항상 나쁜 측면은 있다는 사실을 아이들이 알면 좋지 않다고 생각한다. 걸핏하면 아이들에게 성교육을 하자고 주장하면서도 섹스의 정서적·사회적 측면을 있는 그대로 다루자는 주장은 보기 드물다.

아이들은 꽃들이 무슨 일을 하고 벌들이 무슨 일을 하고 남자와 여자가 (관례적 규범에 따라) 어떻게 해야 하는지를 배운다. 꽃과 벌은 실제로 자기가 해야 하는 일을 하지만 인간 남녀는 그렇지 않다고, 힌트조차 주지 않는다. 빅토리아 시대풍의 내숭에 대한 반발에도 불구하고 이런 형태의 거짓말이 주는 폐해를 인식하는 사람은 거의 없다.

나는 아이들을 직접 겪어본 결과 아주 다른 견해를 갖게 됐다. 아이들은 순수한 공상, 다시 말해 현실인 척하지 않는 공상을 즐기지만 공상과 현실의 차이를 분명하게 구분할 줄 안다. 아름답게 꾸며낸 동화를 사실인 것처럼 보여주면 아이들은 자기들을 농락한 속임수를 깨닫자마자 분노를 품게 된다.

아이들은 자신을 둘러싼 환경만 행복하다면 일반 세상의 불쾌한 진실들 때문에 쉽게 마음이 상하지는 않는다. 그들은 어른이 되면 사라지기 마련인 속임수를 싫어할 뿐이다. 어른들은 아이들이 불쾌한 진실을 알지 못하도록 습관적으로 차단하는 행동이 아이들을 위한 것이라고 생각할 수도 있지만 사실은 어른들 자신이 솔직하게 말하는 데 괴로움을 느끼기에 그렇게 하는 것이다.

현대 교육의 가장 나쁜 결점 중 하나는 현실에 대한 무관심이다. 나는 심오하거나 형이상학적인 '현실'을 말하는 게 아니라 그저 사실로서의 현실을 말하는 것이다. 세상의 유쾌하지 못한 모든 측면에 겁을 먹고 피하기만 하는 것은 위험한 습관일 뿐 아니라 경박하고 허약하다는 표식이기도 하다.

이 점에 있어서 우리가 조부 세대보다 낫다고 생각하기 쉽지만 내가 볼 때는 자만에 불과하다. 우리는 성적인 문제에서만 아주 약간 덜 과묵할 뿐 정치 문제에서는 훨씬 과묵하다. 50, 60년 전의 정치인들도 여러 면에서 끔찍한 사람들이었지만 오늘날 대다수 후배 정치인들처럼 그렇게까지 협잡꾼은 아니었다.

무엇에 관한 진실이든 상관없이 아이들 귀에 들어가는 것을 막고자 안간힘을 쓰는 교육자들은 아이들이 정치를 직업으로 택하기를 바라고 있고, 뭐가 불쾌한 건지 모르는 방법을 가르치려고 애쓰고 있는지도 모른다. 만약 그렇다면 제자들의 개인적 성공이란 관점에서는 교육자들이 옳을지도 모르겠다. 그러나 현실을 회피하는 정치인들은 현실을 회피하는 민주주의에 의해 만들어진다. 그렇기에 불쾌한 사실들을 알려고 하지 않는 공동체는 공동체 전체로서의 재앙을 맞게 되는 것이다.

(1932. 10. 5)

아픈 것도 자랑

Pride in Illness

인간의 본성에는 기묘한 특징이 많이 있지만 가장 기묘한 것 중 하나는 아픈 것을 자랑하는 심리다. 끊임없이 고장 나는 자동차가 있다는 걸 좋은 일로 생각할 사람은 아무도 없다. 사람들은 자기 차가 장거리 운행으로 몇 주씩 무용지물이 되거나, 최고 기술을 가진 정비공도 고칠 수 없는 희한한 고장을 계속 일으킨다고 자랑하지는 않는다. 그렇지만 자기 몸의 기운에 관해서는 바로 그렇게 행동한다. 제대로 기능하는 몸을 가졌다는 것은 흥밋거리도 못될 뿐 아니라 약간 평민적이라고들 생각한다. 허약한 소화력은 훌륭한 숙녀가 갖추어야 할 필수품에 가깝다. 임신 중에 목숨이 위태로운 심각한 상황을 넘긴 경험은 계층을 막론하고 자랑거리가 된다.

나는 내 안에도 아픈 것을 뽐내고픈 충동이 있다는 걸 안다. 지금까지 딱 한 번 아파봤지만 그 한 번에 내가 얼마나

'많이' 아팠던가를 사람들이 알아주면 좋겠다. 그리고 나보다 더 죽음에 가까이 갔다가 죽지 않고 돌아온 이들과 마주칠 때면 은근히 약이 오르기도 한다.

아픈 것을 자랑하고픈 심리는 가상의 병을 일으키는 한 원인이 된다. 대화나 업적으로 흥미를 끄는 데 실패한 사람들 중 일부는 수수께끼 같은 병을 일으켜 수많은 전문가들과 상의한다. 이 전문가들이 정직하지 않고 요령만 안다면 자기 능력으로는 감당할 수 없는 진단 결과가 나왔다고 환자에게 아첨한다. 이건 극단적인 경우지만 좀 덜한 수준에서도 같은 일들을 흔하게 볼 수 있다.

자신의 신체적 결점을 자랑하는 사람들이 자녀에게 취하는 태도를 관찰해보면 흥미롭다. 어떤 이는 자녀들을 병약함의 영광을 다투는 경쟁자로 여긴다. 이런 사람들은 자식이 아프다고 하면 화를 내면서 매정하게 대한다. 자기 자신이 받아 마땅한 내접을 자식에게 하는 것이다. 사신이 죽기 직전의 상태라고 생각하는 건강한 어머니가 건강하지 못한 자기 아이를 지극히 건강하다고 우기면서 괴롭히는 것을 보면 안타깝기 그지없다.

예를 들어 아이가 류머티즘을 앓고 있어 그렇게 말해주면 아이의 어머니는 격분한다. "류머티즘이라니! 말도 안 돼요. 아이들이 무슨 류머티즘에 걸려요? 이건 성장통일 뿐이에요."

그 견해와 다른 의학 정보를 아무리 많이 들이대도 이런 유형의 어머니를 흔들 수는 없을 것이다. 그녀에게 '성장통'이란 것은 이기적인 부모들이 아이가 아플 때 신경 쓰는 수고를 덜기 위해 만들어낸 어구에 불과하다고 설명해봤자 아무 소용이 없다. 심장 질환에 대해서도 마찬가지일 것이다. 이런 유형의 부모는 아마도 좋은 것을 너무 많이 먹어 소화 불량에 걸린 거라고 생각할 거다.

하지만 아마도 요즘 들어 더 흔해진 또 다른 유형이 있으니 바로 자녀의 병까지 포함해서 아픈 것을 자랑하는 부모들이다. 이런 부모는 아이를 두고 끝없이 야단법석을 떤다. 그리고 누가 들어주기라도 할라치면 아무나 붙잡고 떠들어댄다. 가족 모두가 신경과민증에 걸렸다, 감기만 걸렸다 하면 폐렴으로 번진다, 그러니 아주 특별하고 세심하게 처방된 과학적 식단을 유지해야만 소화 불량의 고통을 겨우 면할 수 있다고 말이다.

이런 부모에게는 아이들이 일상적으로 즐기는 경기나 오락이 공포의 대상이다. 심신이 건강하다면 아이들은 은밀한 반항으로 대응하고, 어쩌면 부모가 분별력 있게 다룰 때에 비해 건강을 더 망치는 짓을 할지도 모른다. 추운 밤에 아이가 밧줄을 타고 침실 창으로 내려가거나 잠옷 바람으로 바깥을 뛰어다니지 않으면 다행이다. 그러나 아이가 부드러운 것을 좋아하는 성향이라면 응석받이로 자라나 결국 건강 염려증 환자가 되고 말 것이다.

  서로 상반된 이 두 가지 잘못 모두 아픈 것을 좋은 일로 여기는 데 기인한다. 사람들이 인체를 자동차 보듯 한다면, 다시 말해 과도한 감정을 빼고 과학적으로 본다면 둘 다 얼마든지 피할 수 있는 잘못이다. (1932. 10. 26)

자선이 사라진 세상
On Charity

'자선'이라 불리는 분야만큼 지식인들이 도덕적 정서의 변화를 크게 겪은 분야도 별로 없다. 정말 사정이 딱해 보이는 거지에게 돈을 주지 않기란 어렵지만 돈을 주는 행위가 거북하기도 하고 얼굴을 붉히게 하는 경우도 있다. 따라서 누구든 구걸할 필요가 없도록 사회를 조직해야 한다는 생각을 떨칠 수 없게 된다. 우리는 주는 행위에서 자기만족을 느끼기는커녕 오히려 사회적 양심이 찔리는 것을 느낀다. 다른 사람들을 이처럼 궁핍과 수치로 몰아넣는 체제 덕분에 이익을 보고 있기 때문이다.

이것은 철저하게 현대적인 감정이다. 중세에는 전 시기에 걸쳐 적선을 하나의 의무로 보는 생각이 굳건했고, 그 결과로 게으르게 사는 건장한 거지들이 득실거렸다. 처음에는 탁발승들이 청빈 서약에도 불구하고 이 믿음 덕분에 먹고살 길을 얻었다. 인도에서는 오늘날까지도 많은 성자들이 신도들의 보시에 의존해 살고 있다. 자신의 생계를 버는 것과 같은 세속적인 일은 성스러운 묵상 생활과 양립할 수 없기 때문이다.

봉건제가 쇠퇴기로 접어든 영국에서는 양심을 달래기 위한 방편으로 그리 간단치 않은 형태의 자선이 발전했다. 1688년부터 1832년까지 모든 정치권력을 장악했던 귀족들이 그 기간의 후반부로 접어들어 임금 생활자들을 극빈 상태로 몰아가는 법률들을 만들면서 그동안 잘 살아왔던 사람들조차 끔찍하고 비참한 상태로 전락했다. 그런데도 이 시절의 대가문들은 자신에게 의존하는 사람들에게 진심 어린 자비를 베풀고 있다고 착각했다.

당대의 모든 부호들과 깊은 관계를 맺은 덕에 먹고살았던 그레빌이란 사람이 쓴 일지를 보면 그의 친구들이 가졌던 도덕적 시각이 잘 드러나 있다. 그가 1832년에 쓴 글을 보자.

쿠퍼 부인과 따님들이 몸소 오두막을 시찰하고 빈민들의 형편을 살핀다. 그들은 직접 방문해 물어보고 베푼다. 옷감, 약품, 돈을 나눠주고 다정하게 말을 건네니 진정한 자비의 샘에서 쉼 없이 흘러넘치는 물이 사방 온 땅을 적시고 소작농들의 마음이 기쁨으로 뛰게 함으로써 자비를 발산하는 이분들을 절로 사모하게 만든다.[7]

그러나 그는 편리하게도 불과 18개월 전에 있었던 일은 기억하지 않는다. 소작농들이 얼마나 '기뻤던지' 폭동을 일으키고 볏짚 더미를 불태우는 바람에 몇 사람이 교수형에 처해지고 많은 사람이 종신 유배형을 선고받았던 사건 말이다.

몇 년이 지난 후 그는 루트랜드 공작이 '아랫것들'을 위해 베푼 연회를 일지에 묘사하면서 이렇게 적고 있다.

'민중에게 일말의 연민도 느끼지 못하는 이기적인 귀족들'이라고 노려보며 으르렁대는 저 무례한 급진주의자를 이 자리에 불러오고 싶다. 수백 명의 사람들이 이처럼 공작의 성에서 잔치를 즐기는 모습을 보고 기쁨과 축하의 요란한 탄성을 들었다면, 부락들을 죽 둘러보고 골짜기마다 울려 퍼지는 종소리를 들었다면, 그는 아마 이렇게 자문할 것이다. 이것은 봉건제와 떼어놓고 생각할 수 없는 광경이니 봉건제를 타도하고 몇 가지 정치적 권리를 제공한다고 해서 '최대 다수의 최대 행복'이 과연 증대될 것인가? 그런 허황된 권리를 쥐어주는 대신에 고기와 술과 음악과 춤을 제공해 잠시나마 저들을 즐겁고 기쁘게 해주는 게 낫지 않은가?[8]

그날 그 공작이 '즐겁게 해주기'에 쓴 돈은 곡물세를 무겁게 부과해 빵 값이 터무니없이 치솟게 하고 그리하여 숱한 빈민을 굶어죽게 만들면서 손에 넣은 돈이었다.

지금은 사라지고 없지만 100년 전 사회는 자선을 독립보다 우위에 놓았다. 오늘날 우리의 눈에는 이상한 관점으로 보일 수밖에 없다. 그러나 이 관점은 지금도 새로운 형태들로 잔존하고 있고 정치적으로도 여전히 막강하다.

바로 이런 시각 탓에 많은 사람들이 실업자들에게 공공기관의 지원을 받을 수 있는 합법적 권리를 부여하는 것보다는 민간의 선행으로 실업자들이 생존하게 하는 편이 더 낫다고 생각하게 되는 것이다. 정의로운 세상이라면 '자선'의 가능성조차 없을 것이다.　　　　　　　　　　(1932. 11. 2)

아리스토텔레스를 숭배하지 않았더라면
On Reverence

우리 시대 사람이든 과거의 인물이든 위인을 존경하는 것은 소중한 감정이며 유용한 활동에 자극제가 되기도 한다. 열정과 모험심을 지닌 젊은이들에게는 선배들의 업적이 격려가 되고 자신도 성취할 수 있다는 증거가 되기도 한다.

그러나 존경이 이처럼 좋은 효과를 낳으려면 존경받는 사람들을 우리 능력 밖의 인물이 아니라 노력을 통해 충분히 도달할 수 있는 존재로 여겨야 한다. 과거 위인들의 생각은 시대를 초월해 완벽하므로 재검토할 필요가 없다고 가정함으로써 위인들을 나태의 핑계로 삼을 가능성도 있다. 이런 태도를 취하는 사람들은 그것을 '숭배'라고 부르며 변호하고 현대적인 독창성을 무례하다며 모조리 비난한다. 이런 의미에서의 '숭배'는 인류에게 불행으로 작용해왔다.

과도한 숭배로 인한 폐해의 가장 두드러진 예로 아리스

토텔레스의 영향을 들 수 있다. 서구가 아랍 세계와의 접촉을 통해 아리스토텔레스를 재발견한 11세기와 12세기에 한동안 그의 저작들은 지적 자극제 역할을 했다. 그러나 곧바로 아리스토텔레스는 정통의 규범이 됐고, 그가 말한 것들의 오류를 증명하는 것 말고는 아무런 진전도 이루어질 수 없었다.

갈릴레오는 자신이 만든 망원경으로 천문학 교수들에게 목성의 달을 보여주려 했지만 결국 실패했다. 교수들이 아리스토텔레스의 말만 믿고 목성에는 달이 없다고 생각했기 때문이다. 갈릴레오는 아리스토텔레스에 동조하지 않았다는 이유로, 그리고 성서와 상충되는 생각을 가졌다는 이유로 평생 비난을 받았다.

그로부터 2세기가 흐른 뒤 『종의 기원』을 출간한 다윈도 모든 종은 서로 다르게 창조되었다고 말하는 아리스토텔레스 교리의 교조적인 주장에 맞닥뜨렸다. 논리학과 미학 부문에서도 아리스토텔레스는 지극히 치명적인 영향을 미쳐왔으며 그것은 지금도 마찬가지다.

이제 아리스토텔레스의 영향은 대체로 과거의 것이 됐다. 그러나 아무런 의심 없이 위인들의 권위에 호소하는 태도는 결코 사라지지 않고 있다.

모든 면에서 구세대와는 다른 의견을 지닌 젊은 남녀들은 이 관점에 빠진 주장들과 부딪히게 된다. 격분한 부모나 교사들은 말한다. "네가 아무개 씨보다 현명하다고 생각한단 말이냐?" '아무개' 씨 자신도 예전에 부모나 교사들과 의견이 달랐던 사람인 경우가 대부분이지만 이 사실은 무시당한다. '아무개' 씨는 다른 환경에서 살았으므로 당연히 오늘날 알려져 있는 온갖 것들을 알지 못했다. 설령 '아무개' 씨가 보수주의자들이 추측하는 만큼 실제로 현명했다 하더라도 오늘날 상황에서 그의 의견을 지침으로 삼아야 한다고 생각할 이유는 없다.

오래 전에 살았던 사람의 의견을 교리처럼 받들면서 우리가 살고 있는 현대적 환경을 감안해 새롭게 고려할 필요가 없는 주제란 없다. 더구나 위대한 권위를 획득한 사람이 자기 시대에서조차 그리 현명하지 못했던 경우도 드물지 않다. 현명한 사람으로 인정받는 한 가지 방법은 이해력 부족과 공감대 형성의 실패를 화려한 수사로 가릴 수 있도록 열렬하고 웅변적인 언어로 현재의 편견들을 옹호하는 것이다.

위대한 작가들과 위대한 웅변가들이 이런 식으로 끼쳐온 폐해는 헤아릴 수 없을 정도다. 만약 웅변을 불법화할 수 있다면 인기에 영합하는 정부의 위험이 지금보다 훨씬 줄어들 것이다. 하지만 이것은 불가능한 해법이므로 탐구하는 과학적 시각을 양성하는 교육 제도만이 유일한 탈출구다. 글쎄 앞으로 2, 3세기가 더 흐르면 이 탈출구를 시험해볼 수 있을지도 모르겠다. (1932. 11. 9)

속담은 어디에서 왔을까?
On Proverbs

세상이 다 아는 속담들은 누가 만들었는지, 한 사람의 머리에서 완성된 형태로 튀어나왔는지 아니면 오랜 진화의 산물인지, 가끔 궁금했다.

우리가 아는 것처럼 속담은 놀랄 만큼 간결하다. 예를 들어 '급할수록 돌아가라'는 속담은 이보다 적은 수의 단어로 말하기가 불가능할 정도다. 만약 현대의 과학자가 같은 생각을 표현하고자 한다면 (적어도 행동주의자라면) 이렇게 말했을 것이다. "이동에 있어 주어진 지점으로부터 거리의 감소 비율은 평균 속도에 반비례한다." 복잡하고 난해할 뿐 아니라 진리와도 거리가 멀다.

이 속담이 두 개의 단어로 전달하는 내용을 18세기의 문필가(예를 들어 존슨 박사 같은)가 표현하려 했다면 이렇게 말하지 않았을까 싶다. "보행의 민첩성을 증진하기 위한 사려 깊은 노력이 바라는 목표에의 근접을 지연시키는 결과를 가져오는 경우가 드물지 않다."

나는 속담이 과학이나 문학에 맞서 자기 자리를 고수하고 있다는 점을 인정해야 한다고 생각한다.

그럼에도 속담이 죽어가고 있다. 속담은 본질적으로 안정된 농경 사회에 귀속되어 있다. 허구의 인물들 가운데 산초 판사Sancho Panza[세르반테스의 소설 『돈키호테』에 등장하는 하인]만큼 많은 속담을 만들어낸 인물도 없다. 그 뒤를 잇는 것은 월터 스콧 경[1771~1832년, 영국 역사소설가 겸 시인으로 기사도를 찬미한 『아이반호』 등을 썼다]의 작품에 등장하는 스코틀랜드 저지대 주민들이다.

지금은 새로운 속담을 만들어내는 사람이 아무도 없고 현대의 발명품들에 적용할 수 있는 속담도 없다. 사람들은 말한다. "푼돈을 아끼면 큰돈은 절로 모인다." 그러나 "라디오를 아끼면 절로 축음기가 된다."고 말한다면 이보다 바보스러운 애기도 없을 것이어서 아무도 그렇게 말하지 않는다.

속담의 지혜라고 하는 것은 주로 상상의 산물이다. 대체로 속담은 상반된 내용을 가진 것들이 짝을 이루고 있다. '급할수록 돌아가라'와 반대되는 속담은 '제때의 한 땀이 아홉 땀을 절약한다'이다. '푼돈을 아끼면 큰돈은 절로 모인다'의 상반된 짝은 '푼돈 아끼면서 큰돈 아까운 줄 모른다'이다. '머리 둘이 하나보다 낫다'는 속담의 반대는 '요리사가 너무 많으면 죽을 망친다'이다. 그 밖에도 많은 예가 있다.

　논쟁에서 속담을 이용하면 우리 선조들의 지혜의 정수를 구현한 것이니 반박의 여지가 없다고 받아들여지는 큰 이점이 있다. 그러나 짝을 이루는 상반된 내용의 속담이 존재한다는 것을 알고 나면 속담 때문에 지는 일은 다시는 없을 것이다. 그저 반대 속담을 인용하면 된다.

　속담은 문학적 형식이 군림하는 한 사례다. 200년 전에는 라틴어로 말하기만 하면 무엇이든 진실로 여겨졌다. 논쟁에서 셰익스피어의 구절을 인용해도 그와 비슷한 힘을 갖게 된다. 그러나 이런 종류의 일 중에서도 최고는 뭐니 뭐니 해도 속담이다. 행동의 지침으로서 속담은 쓸모가 없지만 문체의 관점에서 본다면 변호할 여지가 많아진다. 그리고 속담에 이런 문학적 가치가 없었다면 논쟁에서 그토록 대단한 힘을 느끼지도 못했을 것이다.

　속담의 현대판 유사물은 대개 속어의 형태를 띤다. 속어도 그 기원에서 익명성을 가지며, 이용하는 이의 필요를 충족하기 때문에 구전으로 확산된다. 속어는 문학적 전통의 무게를 떠받칠 필요가 없으므로 현대적인 것들에 대해 말할 수 있고 최신 발명품에서 은유를 끌어낼 수도 있다. 다행스럽게도 속어의 대다수가 점점 더 어법으로 용인되고 있다. 만약 그렇지 않다면 문학적 언어는 죽어버렸을 것이고, 그리하여 조만간 문장가들이 허용하는 용어들로 현대 세계를 설명하는 것은 불가능해졌을 것이다.

다른 모든 사회 제도들과 마찬가지로 언어도 보수주의자와 혁명주의자 간의 반목을 요구한다. 따라서 속어의 발명가가 곧 언어의 혁명가다. (1932. 11. 16)

남자들이 반바지를 입던 시절에는
On Clothes

지난 200년 사이에 일어난 풍속의 변화에서 가장 희한한 변화 중 하나는 남성복의 화려함이 쇠퇴했다는 것이다. 문명이 시작된 이후 18세기 말엽에 이르기까지 돈 많은 남자들은 사치스런 복장으로 자신의 부를 과시했으며, 그 아내들은 지금도 여전히 그렇게 하고 있다. 찰스 2세 시대의 피프스Samuel Pepys[1633~1703년, 영국의 유명한 일기 작가]는 아내의 옷보다도 자기 옷에 훨씬 더 많은 돈을 썼다. 여성만 비싼 옷으로 차려입는 것은 철저히 현대적인 풍습이다.

오늘날 남성 정장, 특히 야회복의 경우는 관례에 너무 엄격하게 묶여 있어 사실상 제복이나 다를 바 없고, 약간만 화려한 풍으로 나갔다 하면 눈총을 받기 일쑤다. 예전 남자들은 여자들 대부분이 예나 지금이나 그렇게 하듯이 행동했다. 형편 닿는 대로 자신의 옷에 돈을 썼고, 그림처럼 아름다운 옷을 선택함으로써 개인적인 취향을 발휘할 수도 있었다.

변화를 불러온 것이 무엇인지는 설명하기가 쉽지 않다. 영국에서는 청교도주의와 상당히 밀접한 관련이 있었는데, 이 관계는 특히 웨슬리John Wesley[1703~1791년, 영국의 감리교 창시재에 의해 강화되었다. 유럽 대륙에서는 프랑스 혁명이 근사한 옷들을 위험한 것으로 만들었다. 반바지 차림의 남자들은 목이 잘릴 가능성이 높았다. 짐작컨대 공포 정치 시대 때 목숨을 구하기 위해 처음으로 긴 바지를 입었던 사람들은 바지가 편하다는 것을 알고 그 후로도 계속 입었던 것 같다.

19세기로 넘어와 금권 정치가 귀족 정치를 대체하면서 그 변화가 고착됐다. 근사한 옷을 입고는 일을 하기 어려웠고, 부호들은 귀족들과는 달리 하루 중 일정 시간을 사무실에서 보내는 경우가 허다했기 때문이다.

그 결과의 하나로, 아마도 일시적인 현상일 텐데, 남녀 간의 차이가 예전보다 커졌다. 남자가 여자들의 존경을 확보할 수 있는 방법은 운동에서 두드러지거나 강렬한 개성을 지니거나 직업에서 남달리 성공하는 것이다. 옛날에는 남성도 지금의 여성들처럼 자연스럽고 좋은 인상을 강조해주는 아름다운 옷으로 이성의 호감을 끌 수 있었다. 이 점에서는 무훈이 언제나 유용했던 것이 사실이다. 하지만 셰익스피어의 홋스퍼 Hotspur[『헨리 4세』에 등장하는 이상주의재는 무훈이란 좋은 향수만큼도 쓸모가 없다고 투덜댈 수 있었다. 사실 옛날에 존경받은 귀족들은, 이를테면 오늘날의 성공한 비행사보다도 훨씬 덜 '남자다웠다'.

사회적 명망을 나타내는 수단으로서 복장의 의미가 퇴색하면서 그 영향으로 남성들은 더 화려했던 시절의 부자들보다 더 활기차고 더 진취적으로 변했다. 남자들이 추구하는 분야에서 남성과 경쟁하려면 근사한 복장을 삼가는 것이 현명하다고 생각한 초기 페미니스트들의 판단은 옳았다. 만약 모든 여성이 단조롭고 실용적인 제복을 입는다면, 남성이 여성을 존경하는 이유와 오늘날 여성이 남성을 존경하는 이유가 지금보다는 좀 더 비슷해지리라 짐작된다.

여성에 대한 남자들의 기준이 남성에 대한 여자들의 기준보다 천박하다는 점을 고백하지 않을 수 없다. 유감스럽기는 하지만 쉽게 막을 수 있는 현상은 아니다. 나는 프랑스 혁명 때 썼던 방법을 적용하면 어떨까 생각해본다. 살 차려입은 여자들을 모조리 참수한다면 생존자들이 촌스러운 패션을 새로 정착시킬지도 모른다. 그러나 그러한 혁명에서 남자들이 선뜻 앞장설 것 같지 않고, 앞장서도록 바랄 수도 없다. 듣기로는 러시아에서는 그 비슷한 일이 실제로 있었던 모양이다.

이 문제는 미에 대한 사랑과 사회적 양심이 갈등하는 여러 측면 중의 하나일 뿐이다. 그 갈등은 다루기 어려운 문제인데, 나로서는 이 문제를 어떻게 풀어야 할지 모르겠다.

(1932. 11. 23)

사회주의자가 좋은 시가를 피운다면
Should Socialist Smoke Good Cigars?

어떤 방면에서든 유별난 견해를 가진 사람은 남들이 겪지 않는 도덕적 문제에 직면하는 경우가 많다. 자기 양심의 명령에 따르도록 내버려둔다면 그는 그런 문제들을 처리하는 요령을 찾아낼지도 모른다. 하지만 "아, '자네'가 그래선 안 된다는 사실을 내가 깜빡했군."이라고 말하는 자상한 친구들 때문에 끊임없이 논쟁에 휘말리게 된다.

보통 사람이 자신과 견해가 다른 이들이 마땅히 해야 한다고 여기는 일들에는 엄청난 사고의 혼선이 깔려 있다. 내가 이 글의 제목으로 잡은 질문도 한 예가 될 수 있겠다. 이 문제와 관련해 나의 실천이 무슨 고상한 윤리적 원칙에 따르고 있지는 않다는 점을 먼저 고백하는 게 좋을 것 같다. 나는 좋은 시가를 거의 피우지 않지만 그건 내가 그럴 형편이 못 되어서일 뿐이다. 누군가 권하면 절대로 사양하지 않는다.

사회 정의를 주창하는 사람치고는 너무 시시하고 간단하게 넘어간다고 생각할 사람도 많을 것이다. 그들은 내게 "세상 사람들이 세상의 재물을 공평하게 나눠 가져야 한다는 게 당신의 믿음이라면, 당신이 자기 몫보다 많이 가지는 것은 어떻게 변명할 수 있는가?"라고 말할 것이다.

내가 이 주장을 진지하게 받아들인다면 세상의 총소득을 추정해 주민 총수로 나눠야 할 것이다. 그리고 이 계산의 답이 어떻게 나오든 간에 이렇게 말해야 할 것이다. "나는 이 액수에 만족할 것이며 초과분은 무조건 나눠주겠다."

하지만 이에 앞서 고려해야 할 몇 가지 사항이 있다. 인도와 중국의 농민들은 세계 인구의 절반가량을 차지하지만 연간 소득은 1인당 1파운드 정도다. 아프리카 원주민 대다수는 그보다도 소득이 적다. 따라서 현재 전 세계의 1인당 평균 소득이 연간 약 5파운드를 넘을지 의심스럽다. 그리고 이 돈으로 살아보려 할 경우 과연 내가 선전가로서 능률을 올릴 수 있을 것인지도 상당히 의심스럽다. 설사 내가 요가를 수행해서 먹지 않고 사는 법을 배운다 하더라도 책을 만드는 데 필요한 종이며 잉크, 펜 등에 드는 비용도 대지 못할 것 같기 때문이다.

어쩌면 내가 이 부분에서 착각하고 있는지도 모른다. 현대판 디오게네스로 살 여지도 있으니까 말이다. 만약 내가 그 사람처럼 목욕통에서 산다면 이목을 끌게 될 것이므로 지나가던 모든 이들이 나를 면담하려 들 것이다. 그리하여 마침내 나와 대화하는 모든 이의 생각을 바꿔놓을 수 있을지도 모르겠지만 과연 그럴 수 있을지는 상당히 의심스럽다. 설사 현대판 디오게네스로 성공한다 하더라도 나를 모방하는 자들이 등장하지 않으리라는 보장도 없다.

만약 사회주의자들이 기독교 초기의 은자들처럼 사막에서 사는 길을 택한다면 그들에 대한 세상의 관심은 줄어들 것이고 따라서 세상사에 미칠 수 있는 영향력을 전부 잃게 될 것이다.

다른 사람들을 자기 의견에 동조하도록 만들려는 사람에게는 두 가지 길이 열려 있다. 스스로 굶어죽겠다고 선언하거나, 예전에 한 여성 참정권 운동가가 그랬듯이 더비 대회[영국의 유명한 경마 대회]에서 달리는 말들의 발굽 밑에서 사라지는 극적인 굉경을 연출함으로써 감정에 호소할 수 있다. 이는 어떤 의견을 옹호하든 써먹을 수 있는 방법이다. 그러나 그 의견에 유리한 지적 근거가 탄탄하다면 지적인 선전 수단을 택할 수 있을 것이다.

갈릴레오는 지구가 태양 주위를 돈다는 사실을 인류에게 납득시키고자 했다. 만약 그가 종교 재판소에서 순교자가 되는 길을 택했다면 좀 더 효과적이었을지 모르지만 그러지 않고도 그는 사람들을 설득했다. 전반적으로 훌륭한 지적 논거를 가진 사람은 지적으로 호소하기 위해 깊이 생각한다. 단순히 감정에 의존하는 방법보다 견고한 믿음을 얻을 수 있기 때문이다.

좀 다른 얘기이지만 사회주의자가 '현재'의 부가 균등하게 분배되는 세상을 주창한다고 보면 안 된다. 그의 주장의 핵심은 좀 더 지각 있는 조직화를 통해 세상의 부를 훨씬 더 증대시킬 수 있다는 것이다. 사회주의의 새천년이 도래하면 우리 모두가 이따금 좋은 시가를 즐길 수 있을 것이다.

(1932. 11. 30)

누구나 유머 있는 시대
A Sense of Humour

"나에 대해 뭐라고 하든 상관없지만 내가 유머 감각이 없다고는 아무도 말 못 해." 우리가 듣고 또 듣는 말이다. 정말이지 영어로 말하는 거의 모든 사람이 이런 말을 할 것이다.

어떤 사람을 진짜 화나게 하지 않으면서도 온갖 것을 의심할 수는 있다. 그 사람이 어리석다, 무자비하다, 돈 문제에 정직하지 못하다, 늙은 어머니를 다락방에서 굶어 죽게 했다고는 말해도 된다. 그러면 그는 침착하고 이성적으로 빈빅하면서 이런 죄목들에 있어 결백하다는 사실을 입증할 것이다. 하지만 그에게 유머 감각이 없다고 말한다면 틀림없이 분노의 폭발을 이끌어내게 될 것이다. 이것이 바로 우리 시대의 기이한 특징이다.

17세기 사람들은 지극히 사소한 신학상의 문제로 서로를 화형대에서 불태웠고, 자기가 명예로운 사람이란 것을 증명하기 위해 기다란 양날 칼로 서로를 벴다. 그들의 자존심은 유머가 아니라 상식에 달려 있었던 까닭이다. 그 시대를 살았던 데카르트는 "상식만큼 제대로 보급된 자질도 없다. 스스로 충분하지 않다고 생각할 만큼 상식이 적은 사람은 아무도 없으니까."라고 말했다. 우리 시대에는 유머 감각에 대해 그렇게 말할 수 있다.

19세기 초에 역마차가 철도로 대체되고 물방앗간이 공장 굴뚝으로 대체되고 전원의 아름다움이 훼손되고 공리주의가 세상을 지배하던 시절, 사람들은 자신의 예민한 감수성에 긍지를 느꼈다. 그 시절의 신사가 갖춰야 할 필수 요건은 바이런 식의 절망, 고통으로 찢어지는 가슴, 바위처럼 완고한 고독과 폐허가 된 사원을 향한 사랑 등이었다. 신사는 절망의 고뇌로부터 쥐어짜듯 나오는 공허한 웃음이 아니라면 웃을 수도 없었다.

하지만 이처럼 고양된 감상이 점차 피곤하게 느껴지면서 현대적인 유머 숭배가 그 자리에 들어서게 됐다. 이 변화로 세상이 좀 더 재미있어졌는지는 나도 잘 모르겠다.

예전에는 하프 연주를 배우던 숙녀들이 이제는 무엇이든 재기 발랄하게 말하는 법을 배우고 있다. "저는 항상 가을이 여름보다 훨씬 시원하다고 생각한답니다, 호호호!" 누군가가 내게 이렇게 말하고는, 마치 탈레랑Charles-Maurice de

Talleyrand[1754~1838년, 프랑스의 정치가 겸 외교관이며 수완가로도 유명하다]의 훌륭한 경구를 들은 사람처럼 반응해주기를 기대할 때면 적절한 처신 방법을 찾기가 조금 어렵다. 이보다는 수준이 약간 높더라도 유머가 지나치면 지루해지기 쉽다.

한번은 많은 교수들과 자리를 함께했다. 그들은 대학의 정책도 논하고, 경제적 사안에 따라 다양한 사람들을 자유주의자와 보수주의자로 나누기도 하면서 대화를 이어갔다. 내가 정말 알고 싶은 마음에서 대학 내 그 두 파들 사이에 무슨 차이가 있느냐고 물었다. 교수들은 차례로 재치 있는 논평을 쏟아냈지만 내가 원하는 정보를 얻을 수 있는 얘기는 하나도 없었다.

내가 적절한 유머 감각을 타고난 사람이었다면 개의치 않았겠지만 이런, 안타깝게도 나는 극히 희귀한 인간에 속한다. 유머 감각이 없는 사람인 것이다. 전쟁 중반에 영국 육군성이 나를 불러 이 괴로운 사실을 통보해주기 전까지, 나는 내 유머 감각에 대해 전혀 의심하지 않았다. 내가 만약 터무니없이 웃기는 감각을 적당히 지니고 있었더라면 하루에 수천 명이 산산조각이 나고 있다는 사실을 생각하면서도 아주 즐거울 수 있었겠구나 싶었다. 그러나 고백하건대 부끄러운 얘기지만 그 생각은 나로 하여금 미소조차 띠게 하지 못했다.

옛날에 중국의 한 황제가 술을 가득 채운 호수를 만들어

농민들을 거기로 몰아넣었다. 자기 아내가 농민들이 술에 취해 버둥대다 익사하는 꼴을 보며 즐기게 하기 위해서였다. 참 대단한 유머 감각의 소유자다. (1932. 12. 7)

사랑과 돈
Love and Money

낭만주의 운동이 처음의 열정을 그대로 간직하고 있던 시절에는 사람이 사랑을 보고 결혼해야 하는지 돈을 보고 결혼해야 하는지가 흔한 토론 주제였다. 당사자인 젊은이들은 대개 사랑을 선호했고 그들의 부모는 대개 돈을 선호했다. 그 시절의 소설들은 무일푼인 줄 알았던 여주인공이 알고 보니 대단한 상속녀라는 사실을 마지막 페이지에서 밝혀 이 딜레마를 교묘하게 해결했다.

그러나 실제 삶에서 이런 대단원을 꿈꾸는 청년들은 실망하기 쉬웠다. 신중한 부모들은 자기 딸이 사랑을 위해 결혼해야 한다고 인정하면서도 딸이 만나는 모든 청년이 부유한 사람이 되도록 각별히 신경을 썼다. 이 방법은 때로 큰 성공을 거두기도 했다. 예를 들어 낭만적인 딸들을 줄줄이 두었던 우리 외할아버지도 이 방법을 택한 결과 궁색한 결혼을 한 딸은 아무도 없었다.

심리학의 시대인 오늘날에는 이 문제가 80년 전처럼 그렇게 간단해 보이지 않는다. 이제 우리는 돈이 아주 진실한 사랑의 원인이거나 그 원인의 일부일 수도 있다는 사실을 실감하고 있다. 그리고 여기에 대해서는 역사상으로도 주목할 만한 사례들이 있다.

훗날 비컨스필드 경이 된 벤저민 디즈레일리Benjamin Disraeli[1804~1881년, 영국의 정치가 겸 소설가로 영국 총리를 지냈다]는 젊은 시절 열정적인 야망을 가지고 분투하는 가난한 청년이었다. 그가 자기보다 훨씬 연상인 부유한 미망인과 결혼하자 세상은 그녀를 좀 어리석다고 여겼다. 그녀 덕분에 디즈레일리는 성공적인 경력을 쌓을 수 있었다.

냉소적인 세상은 당연히 디즈레일리가 아내보다 아내의 돈을 더 사랑한다고 추측했지만 그 점에서 세상은 잘못 알았다. 디즈레일리는 결혼 생활 내내 그녀에게 깊이, 진심으로 헌신했다. 처음 알았을 무렵 그녀가 가난했더라도 디즈레일리가 그녀를 사랑했을 것 같지는 않지만, 그녀의 자상한 관심은 남편에게 도움이 됐다. 그리고 이 도움에 대해 디즈레일리가 느낀 고마움은 쉽게 진지한 애정으로 발전할 수 있었다.

크나큰 애정의 바탕에는, 애정을 느끼는 사람이 자신의 목적을 실현하는 데 그 애정의 대상이 도움을 준다는 사실이 깔려 있다. 열정을 주로 야망에 바치는 남자들은 자신의 경력에 도움을 주는 여성을 사랑하기 마련이다. 그러므로 본능적으로 이기주의에 뿌리를 둔 사랑이라고 해서 그 사랑이 진실하지 못하다고 가정하는 것이야말로 얄팍한 심리일 뿐이다.

디즈레일리보다 훨씬 더 눈길을 끄는 사례는 무함마드다. 누구나 알고 있듯이 그는 돈 많은 미망인 밑에서 일하는 낙타몰이꾼이었는데 그녀를 사랑하게 되어 결국 결혼했다. 돈벌이가 되지 않는 예언자 사업의 초창기에 그를 지탱해준 것은 바로 그녀의 자본이었다. 무함마드가 어느 한 여자에게만 전적으로 헌신하는 남자는 아니었지만 일부다처제의 한계 내에서 자신의 아내이자 후원자를 진정 좋아했던 것만은 의심할 바 없다.

지금까지 남자가 가난하고 여자가 부유한 사례들을 들었지만 남자들이 지배하는 세상에서는 그 반대의 경우를 더 흔하게 볼 수 있다. 하지만 깔려 있는 심리는 거의 똑같다. 아주 부유한 남자가 아주 가난한 여자에게 결혼해달라고 한다면 여자는, 특히 사회적 야망을 품고 있는 여자일 경우에는 일종의 고마움을 느끼기 마련이고, 그에 따라 남자가 심하게 혐오스럽지만 않다면 그와 사랑에 빠지게 될 것이다. 어쨌거나 이 경우 부유한 남자는 가난한 남자만큼 개인적인 매력이 필요하지는 않을 것이다.

가진 자에게는 주어질 것이라고 했다. 부는 사랑의 껍데기뿐만 아니라 종종 사랑의 실체도 살 수 있다. 공정하지도 바람직하지도 않지만 그럼에도 불구하고 사실이다.

(1932. 12. 14)

우리가 범죄에 끌리는 이유
Interest in Crime

덕 있는 사람은 그들의 행위로써 세상에 불행보다 행복을 더 많이 불러오는 사람이라고 생각하는 이들이 있다. 하지만 이 견해는 잠깐만 따져봐도 무너지고 만다. 형이상학자들이 제시해온 무겁고 추상적인 여러 반론에 대해선 언급하지 않겠다. 나로 하여금 정반대의 견해를 취하도록 이끈 것은 좀 더 소박한 고찰이다.

세상을 놀라게 한 살인자에 대해 살펴보자. 이를테면 그가 혼자 사는 늙은 수전노를 살해해 그의 집 마당에 묻었지만 장화 밑창에 들러붙은 작은 진흙 부스러기 때문에 결국 유죄 선고를 받았다고 치자. 이런 사람이 대다수 박애주의자들의 몫보다 인류의 행복 증진에 더 많이 기여하고 있는 셈이다.

수전노의 상속자들이나, 가해자가 누구인지 밝혀내서 승진한 형사들만을 염두에 두고 하는 얘기가 아니다. 충격적인 사건을 접하고 흥분해 언쟁이나 권태를 잠시 잊을 수 있었던 문명 세계 도처의 수백만 가족 집단 전체를 염두에 두고 하는 얘기다. 대중의 가슴을 그렇게 심하게 휘저을 수 있는 일은 별로 없다.

하지만 이처럼 무해한 행복을 모두 제공해준 불쌍한 살인자는 당연히 받아야 할 것으로 보이는 감사를 전혀 받지 못한다. 이 일로 살인이 흥밋거리도 안 될 만큼 흔한 범죄가 되어버릴 수도 있으니 그에게 보상을 하는 데는 다소 어려움이 따를지도 모르겠다. 그러나 그가 처형된 후에는 적어도 동상이라도 세워 그가 대중에게 베푼 사심 없는 봉사를 기려야 한다고 나는 생각한다(동상을 시카고에 세우자고 제안하지는 못하겠다. 그 도시에는 공터가 부족하니까).

세상이 선정적인 범죄에 흥미를 느끼는 이유는 조금 모호하다. 나는 그 이유가 두 부분으로 되어 있다고 생각한다. 하나는 사냥의 쾌감이고, 다른 하나는 살인을 저지르고 싶지만 감히 그러지 못하는 자들이 맛보는 가상의 해방감이다.

유감스럽지만 내가 볼 때 사냥의 쾌감은 대다수 사람들이 인정하는 것 이상으로 강력한 인간 본성의 한 요소다. 그것은 대중이 터뜨리는 모든 도덕적 분개에서 톡톡히 제 몫을 하고 있다.

살해한 적의 머리를 모으는 보르네오의 사람 사냥꾼들은

도덕적 위선의 제지를 전혀 받지 않고 그 쾌감에 탐닉하지만, 문명인들은 비도덕적 열정을 고상한 윤리적 감상이라는 의상으로 감추기 전까지는 그 탐닉을 적절히 즐기지 못한다. 사람들은 사람 사냥꾼의 야만적인 충동을 살인자에게 풀면서 야만적이거나 사악하다고 느끼기는커녕 스스로를 미덕과 훌륭한 시민 정신의 수호자라고 믿는다.

  범죄에 흥미를 느끼는 또 다른 동기는, 다시 말해 범죄자에게 공감을 느끼게 되는 동기는 좀 더 은밀하게 무의식 속에 존재할 수밖에 없음에도 내가 볼 때는 제 역할을 하고 있다. 법의 압박이 없었다면 살인 충동은 대다수 사람들이 생각하는 것보다 더 흔했을 것이다. 살인을 처벌하지 않고 넘어가기 일쑤인 거친 변경 지역의 사회에서는 살인이 놀라울 정도로 흔해진다.

  우리의 증조부들은 결투를 벌였지만 그 시대 이래로 인간 본성에 어떤 근본적인 변화가 있었다고 보기는 어렵다. 문명인은 자신의 충동보다는 유순하게 행동하기 때문에 다른 사람들의 문명인답지 못한 행동에서 대리 만족을 느끼는 것이다.

  이런 관점에서 보면 탐정 소설은 유용한 기능을 충실히 해주고 있다. 법을 준수하는 평범한 시민의 가상 만족을 위해 책 속의 살인자는 실제 살인자 못지않게 일을 잘해낸다. 대부분 탐정 소설의 열렬한 독자인 나의 지적인 친구들은 플롯의 기발함과 추적 과정을 즐기는 것뿐이라고 장담한다. 그러나 내가 보기에 그들은 착각하고 있다. 우리는 공연을 보면서 그 근본적인 목적에 본능적인 흥미를 느끼지 못하면 예술 행위를 완벽하게 즐기지 못한다. 아무리 기발한 범죄 이야기라 하더라도 우리가 그것을 충분히 즐길 수 있으려면 살인자든 탐정이든 어느 정도 우리의 감정에 호소해야만 한다.

우리 모두가 외부로 드러나는 행동을 할 때처럼 무의식 상태에서도 도덕적일 수 있게 된다면 탐정 소설에 대한 흥미가 사라질 거라고 생각한다. 그렇다고 탐정 소설을 써서 생계를 유지하는 이들이 과도하게 경계심을 느낄 필요는 없다. 그 변화가 우리 생전에 일어날 것 같지는 않으니까.

(1932. 12. 21)

천재가 되는 법
How to Become a Man of Genius

나의 독자들 가운데 혹시 자기 세대에서 사상의 지도자가 되겠다는 포부를 가진 젊은이가 있다면 젊은 시절 좋은 충고를 받지 못했기에 내가 저질렀던 몇 가지 실수를 피할 수 있었으면 한다.

나는 어떤 주제에 대해 의견을 세우고 싶으면 그 주제를 연구하고 다른 각도에서 제기되는 주장들을 저울질함으로써 균형 잡힌 결론에 도달하려고 시도하고는 했다. 나중에야 이런 식으로 해서는 안 된다는 것을 깨달았다. 천재적인 사람은 연구할 필요도 없이 그 모든 것을 다 안다. 그의 의견은 지극히 독단적이며 그 의견의 설득력은 논증이 아니라 문학적 양식에 의존하는 것이다.

우선 한쪽으로 치우칠 필요가 있다. 그래야 힘의 증거로 여겨지는 격정을 촉발할 수 있기 때문이다. 반드시 편견과 열정에 호소하되, 사람들이 이미 그것들을 수치로 여기기 시작했으므로 뭔가 새롭고 신성한 윤리의 이름으로 호소해야 한다. 결론에 도달하기 위해서 증거를 요구하는 느리고 좀스러운 정신의 소유자들을 헐뜯는 것도 좋다. 무엇보다도 케케묵은 것이라면 무엇이든 최첨단인 것처럼 권해야 한다.

천재가 되기 위한 이런 비법이 완전히 새로운 것은 아니다. 우리 할아버지들 시대에는 칼라일이, 우리 아버지들 시대에는 니체가 이미 실행에 옮긴 바 있고, 지금 우리 시대에는 D. H. 로렌스가 실천해오고 있다. 로렌스의 추종자들은 그를 남녀 관계에 관한 온갖 새로운 지혜를 밝힌 사람으로 여기지만 실제로 그는 혈거인을 연상시킬 정도로 남성의 지배를 옹호하는 시대로 되돌아갔다.

로렌스의 철학에서 여성은 단지 노동을 끝내고 돌아온 주인공에게 휴식을 주는 부드럽고 풍만한 존재일 뿐이다. 문명사회들은 여성에게 그 이상의 뭔가가 있다는 사실을 이미 깨닫기 시작했지만 로렌스는 문명을 상대하려고 하지 않는다. 그는 케케묵고 어두운 것을 찾아 세상을 헤집고 다니며 멕시코 아즈텍족의 잔인한 흔적들을 사랑한다. 처신하는 방법을 배워온 젊은이들은 자연스럽게 그의 작품을 기꺼이 읽고, 예의바른 사회의 관행이 허용하는 선에서 혈거인이 하는 짓들을 실천하며 돌아다닌다.

천재적인 사람으로 변신하는 데 가장 중요한 성공 요소 중 하나는 비난하는 기술을 배우는 것이다. 다만 비난을 하되 언제나 당신의 독자가 비난의 대상은 자신이 아닌 다른 녀석들이라고 생각하도록 비난해야 한다. 이 경우 독자는 당신의 수준 높은 경멸에 감명을 받을 것이다. 하지만 당신이 비난하고 있는 대상이 독자 자신이라고 생각한다면 그는 당신이 버릇없이 자라서 화를 잘 내는 죄를 짓고 있다고 여길 것이다.

칼라일은 "영국 인구가 2천만인데 대다수가 바보들이다."라고 말했다. 이 문장을 읽는 사람들은 누구나 자신은 예외라고 생각했고 따라서 이 말을 즐길 수 있었다. 당신은 일정한 수준 이상의 소득을 올리는 사람들이나 특정 지역 주민이나 어떤 확고한 신조를 믿는 사람들처럼 뚜렷이 규정할 수 있는 계층을 비난해서는 안 된다. 그렇게 했다가는 일부 독자들이 당신의 독설이 자신들을 겨냥하고 있다는 걸 알아차릴 것이기 때문이다.

따라서 당신은 감정이 메마른 사람들, 지각력에 한계가 있는 사람들, 꾸준히 공부해야만 진실을 밝혀낼 수 있는 사람들을 비난해야 한다. 우리 모두가 그런 사람들은 우리 아닌 다른 사람들이라고 알고 있기 때문에 시대의 병폐에 대한 당신의 강력한 진단을 공감하는 시각으로 봐줄 것이다.

사실과 이성은 무시하고 당신만의 신화를 만들어내는 환

상적인 열정의 세계에서만 살아라. 확신을 가지고 전심전력으로 그렇게 하라. 그러면 당대의 예언자 중 한 명이 될 수 있을 것이다. (1932. 12. 28)

III

1933년

힘을 숭배하라고 설교하는 자들에게는
귀를 기울이지 마라. 만약 당신이 나약하다면
그들은 당신의 위선을 부추길 것이고, 만약 강하다면
잔인함을 부추길 것이다. 당신에게 힘이
있다면 그것으로 좋은 일이다. 그러나 진짜이든
사기이든 힘이란 남자들이 과시할 만한
자질은 아니다.

옛 친구를 만나면
On Old Friends

더는 젊지 않은 나이가 되면 오래전에 친구로 지냈던 이들을 만나 그 옛날 용감했던 행동들을 회상하는 아주 특별한 즐거움이 생긴다. 예전에 서반구를 횡단하는 여행을 하다가 기차에서 내리는 순간 뜻밖에도 40년이나 보지 못했던 사람을 만난 적이 있다. 소년 시절 많은 시간을 함께 보냈던 친구였다.

우리는 금세 한 세대 정도 잊고 지냈던 사람과 사건들에 대한 추억에 빠져들었다. 나는 예전에 우리가 개구쟁이 소년이었음을 보여주는 사건들에서 두 사람 모두 특별한 희열을 맛보고 있다고 느꼈다. 그 친구는 우리의 비행에 대해 나보다 많이 기억하고 있었고, 나는 그 시절의 내가 그저 말 잘 듣는 주일 학교의 귀염둥이는 아니었음을 알고 크게 안도했다.

구식 노인네들의 평범한 추억만큼 구경꾼들을 지루하게 만드는 것도 없다. 그들은 먼 옛날 젊은 시절의 흔하디흔한 사건들에 묘한 자부심을 느낀다. 하지만 젊음이 그처럼 멀리 있지 않은 사람들에게 그런 사건들은 그저 우스꽝스럽고 짜증스러울 뿐이다. 그런 자부심이 존재하는 까닭에 대해선 설명하기가 좀 어렵지만 내가 보기에는 다면적 존재가 되고 싶어 하는 보편적인 욕구 때문이 아닐까 싶다.

사람이 공적인 행사에서 한자리를 차지하고, 엄숙하게 점잔을 빼며 무게를 잡고, 국가적 중대사에 대해 잘 고려된 얘기나 하는 일에 다년간 익숙해지다 보면 자신이 지금과 달랐던, 명랑하고 무책임하고 장난기 넘치던 시절이 있었다는 사실을 기억하는 것만으로도 안도감을 느끼게 된다.

이런 추억들이 머릿속으로 밀려들어 오면 그는 혼잣말을 할 것이다. '봐, 마음속의 너는 따분하고 늙은 거물이 아니야. 마음속에서 너는 여전히 소년이야. 그러니까 네 공적인 지위에 문제만 없다면 지금도 무모하고 대담한 장난을 칠 수 있을 거야.' 이런 생각들이 머리를 스쳐가면서 그는 자기 자신을 평소 생각했던 것보다 사랑스러운 존재로 보기 시작한다. 그리고 공동체에 대한 의무를 수행하는 그의 모습만 보아온 사람들이 판단하는 것보다 자신이 더 멋진 사람이라고 생각하게 된다.

그러나 이것은 옛 친구들과 함께하는 회상에서 느끼는 즐거움의 일부일 뿐이며, 어쨌든 가장 중요한 부분은 아닌 것 같다. 이 즐거움의 또 다른 요소는 바로 외로움을 덜어준다는 점이다.

나이가 들어갈수록 삶의 점점 많은 부분이 일상적인 관계들에 끼지 못하게 된다. 대부분의 친구들은 우리 삶의 커다란 변화에 대해 아무것도 모르기 때문에 우리는 과거의 경험 중에서 점점 많은 부분을 개인적인 관계에서 배제하게 된다. 그러므로 나이가 들수록 고독한 기분을 느끼게 되는 것은 피할 수 없는 일인데, 먼 옛날의 친구를 만나면 이런 기분이 갑자기 줄어드는 것이다.

하지만 이보다 심오한 또 다른 요소가 있다. 쏜살같은 시간, 덧없는 만물, 죽음의 제국 등은 비극적 감정의 토대이다. 인간의 삶을 깊이 성찰하게 된 이후로 사람들은 그것에서 벗어나는 다양한 방법을 추구해왔다. 종교, 철학, 시, 역사와 같은 모든 것들은 덧없는 것에 영원한 가치를 부여하려는 시도들이다.

개인적 기억이 남아 있는 동안에는 그 기억이 다소나마 시간의 승리를 늦추고, 적어도 회상 속에서는 순간적인 사건에 지속성을 부여한다. 이런 충동이 좀 더 나아가면 왕들은 기념비에 자신의 승리를 새기고, 시인들은 옛 슬픔을 아름다운 언어로 읊어 불멸의 것으로 만들려 하고, 철학자들은 시간이 환상과 다를 바 없다는 것을 입증하는 체계를 창조하게 된다.

다 부질없는 짓이다! 돌은 바스러지고, 시인의 언어는 이해받지 못하고, 철학자의 체계는 잊힌다. 그럼에도 영원을 향한 분투는 스쳐가는 순간마다 고귀함을 부여해왔다.

(1933. 1. 4)

자유 경쟁의 그늘
Success and Failure

19세기 자유주의의 슬로건이었던 자유 경쟁은 분명 좋은 입장에서 얘기되는 경우가 많았다. 자유 경쟁은 국가의 부를 증대했고 수공업에서 기계 산업으로의 이행을 가속했다. 또한 자유 경쟁은 인위적인 불평등을 제거하는 데 기여함으로써 재능 있는 자에게 길을 열어준다는 나폴레옹의 이상을 실현했다.

하지만 자유 경쟁도 개선하지 못한 거대한 불평등이 있다. 바로 재능이 고르지 못한 데서 비롯하는 불평등이다. 자유 경쟁의 세계에서는 애초에 자연이 정력적이고 영악하게 만들어놓은 사람이 부를 쌓아가는 반면에 경쟁력에 도움이 안 되는 장점만을 지닌 사람은 가난에서 벗어나지 못한다.

그 결과 점잖고 관조적인 유형의 사람들은 권력이 없는 상태로 남고, 권력을 획득한 사람들은 자신의 장점 덕분에 성공했다고 믿게 된다. 그러므로 약자에게는 성공으로 이끌어줄 수 있는 능력을 지닌 옹호자가 붙지 않는 것이다.

옛날에는 사정이 달랐다. 박해가 너무 심하지 않은 곳에서는 오히려 박해를 통해 모종의 사회적 이익이 누적되었다고 볼 수 있다. 크롬웰 같은 사람이 현대 세계에 살았다면 혁명가가 되지 않았더라도 권력을 잡았을 것이다. 그를 혁명가로 만든 것은 그와 같은 종교를 가진 자들의 박해였다. 과학이 교회의 박해를 받았던 시절에는 과학자들이 자유주의적이고 진보적이었다. 그러나 명예로 뒤덮이고 널리 존경받는 오늘날 과학자들은 '현상(現狀)'의 버팀목이 되기가 쉽다.

더 나은 삶의 여건을 위해 투쟁하는 임금 생활자들을 가장 두드러지게 옹호했던 이들은 적어도 유럽 대륙에서는 거의 예외 없이 유대인이었다. 만약 유대인이 자신들의 종교로 인해 사회적 불의의 희생자가 되지 않았다면, 다른 형태의 억압을 겪고 있는 이들과 그처럼 큰 공감대를 형성하지 못했을 것이다.

실생활에서 성공에 기여하는 자질이 언제나 최대의 사회적 유용성을 가지는 것은 아니다. 예를 들어 많은 발명가들이 가난하게 죽어갔지만 사업가들은 그들의 두뇌를 활용해 막대한 재산을 모았다. 이처럼 예외적인 사례와는 별개로, 태평스럽고 약간 어리석으며 아마도 그리 정력이지 못한 평범한 보통 시민은 고려받을 만한 가치가 있다. 그러나 그들은 필요한 추진력을 소유하지 못했기에 자신의 주장을 효과적으로 옹호하지 못한다.

이 가엾은 친구는 무엇을 할 수 있을까? 그들은 자신과 유형이 다르지만 자신의 이익을 돌봐줄 사람을 찾을 수밖에 없다. 성공한 정치인은 바로 이런 평범한 시민을 설득하는 데 성공한 사람들이다. 하지만 이 성공한 정치인이 사회에 반감을 느낄 만한 어떤 이유가 없는 한, 이를테면 그가 박해받는 인종이나 분파에 속하지 않는 한, 성공하자마자 이렇게 생각할 것이다. '세상은 아무 문제가 없어.' 그러고는 자신이 권력에 오르는 수단으로 삼았던 보통 사람들의 불만을 무시하기 시작할 것이다.

어리석게 태어났다는 건 힘든 일이다. 그리고 자유 경쟁의 세계에서는 어떤 성공도 거두지 못할 것이라는 사실이 이 타고난 불운을 더욱 악화시킨다. 어리석은 이들 중 한 명이 어리석은 이들 전체를 제대로 대변하기란 불가능하고, 영리한 사람이 영리하지 못한 사람에게 동정을 느끼도록 만들 만한 약간의 박해 비슷한 것도 존재하지 않는다.

지금 이런 사실을 근거로 부드러운 박해라면 박해를 변호할 수도 있다고 진지하게 주장하는 것은 물론 아니다. 나는 다만 박해가 억압받는 이들에게 그들의 대의를 옹호하는 사람들을 제공해왔다는 점에서 박해의 다른 해악들을 약간 상쇄한다는 점을 지적하고 싶을 뿐이다.

성공의 기술을 갖추지 못한 사람들에게도 그들의 권리가 있다. 그리고 성공의 기술을 보유한 모든 사람이 성공을 이뤄 낼 때 그들이 어떻게 자신의 권리를 지킬 수 있을 것인지는 말하기 힘들다. 경쟁이 정의를 보장하는 수단이라는 믿음을 포기하는 것 말고는 해결책이 없다. (1933. 1. 11)

내가 부끄러워질 때
On Feeling Ashamed

대다수 사람들은, 특히 젊은이들은, 창피한 기억이 불쑥 떠오르면서 전신이 달아오르고 잠깐 숨이 막히는 느낌이 어떤 것인지 안다. 사람들 앞에서 말을 너무 길게 했는데 기대한 웃음을 불러일으키지 못했을 때나 어떤 사람의 존재를 의식해서 재치 없는 이야기를 했을 때면, 나는 뜨거운 수치심으로 한밤중에 벌떡 깨어나곤 한다. 그러면 자다 깬 이유가 잠시 생각나지 않다가 갑자기 와르르 기억 속으로 밀려든다.

당연히 알았어야 하는 것을 몰랐을 때도 같은 일이 벌어진다. 어떤 사람을 알아보지 못해 그에게 잊혔다는 상처를 줬다면 특히 더하다. 빅토리아 여왕의 즉위식 때 옥좌 계단에서 굴러 떨어졌다는 롤 경은 아마 그 후로는 구른다는 말만 들어도 얼굴이 홍당무가 됐을 것이다.

지금도 깊은 죄책감을 가지고 기억하는 경우가 하나 있

다. 나는 그때 저녁 식사 약속을 잊고 있다가 나 혼자 저녁을 먹고 나서야 약속이 생각났다. 정신없이 달려가 아주 늦게 도착해서는 두 번째 저녁을 먹어보려 했으나 그 고통은 고문에 가까웠다. 수줍음을 타는 젊은이들은 사교적 실수에 대한 기억으로 비참해져서 고독보다 교제를 훨씬 힘들어한다.

나는 대다수 사람들이 심각한 죄악에 대해 느끼는 감정도 본질적으로 같은 종류라고 생각한다. 살인을 저지르는 사람들은—적어도 내가 책을 통해 아는 바로는—발각되지 않으리라 확신할 때는 거의 회한을 느끼지 않지만 금방 발각될 것 같은 상황에 이르면 곧바로 자신이 한 짓을 후회하기 시작한다.

수줍은 사람이 서투르게 행동해 느끼는 창피함과 살인자의 회한 사이에는 정도에 차이가 있을 뿐 실질적으로 무슨 차이가 있는 것 같지 않다. 두 경우 모두 '다시 한 번 그런 일이 일어난다면 정말 다르게 행동할 텐데' 하는 생각으로 자신이 좀 더 현명하게 행동하는 장면을 자꾸 그려보게 된다. 그러다 어느 시점이 되면 이 공상이 기억을 완전히 위조할 수도 있다.

누군가 스무 살 때 살인을 저지르고도 결코 발각되지 않았다고 치자. 그런 사람이 일흔 살쯤 되면 열에 아홉은 자기가 그런 짓을 한 적도 없다고 믿게 되지 않을까 의심이 든다. 자수성가하여 이름을 떨치는 갑부들은 사업 초기의 속임수와 부정을 깡그리 잊어버릴 게 분명하다. 오래전에 저지른 범죄가 공개적으로 드러난다면 아마 범죄자 자신도 진심으로 놀랄 것이다. 나는 어떤 소설을 읽은 적이 있는데, 중대한 범죄를 저지른 두 남녀가 서로의 과거를 모른 채 결혼했다가 상대가 어떤 사람인지를 알고는 심각하게 괴로워한다는 내용이었다.

나는 자책감이 본질적으로는 일종의 사회적 현상이라고 생각한다. 그것은 남들이 나를 호의적으로 봐주었으면 좋겠는데 내가 저지른 어떤 일 탓에 그렇게 할 수 없다는 것을 깨닫게 될 때 일어나는 현상인 것이다. 이때는 물론 반드시 사회적 비난의 근거가 되는 기준을 받아들여야만 한다. 그 기준을 받아들이지 않는다면 우리의 반응은 크게 달라져서 격분이나 과도한 자기주장의 형태를 띠게 될 것이다.

일부 운 좋은 사람들은 중대사에서든 사소한 문제에서든 자기가 잘못한 것 같은 기분을 결코 경험하지 못한다. 예전에 어느 신분 높은 숙녀에게 수치심을 느껴본 적이 있느냐고 물었다. 그녀가 대답했다. "없어요. 그런 기분이 들 때마다 이렇게 혼잣말을 하곤 하죠. '너는 세상에서 가장 똑똑한 나라의 가장 똑똑한 계층의 가장 똑똑한 가문 중 한 가문의 가장 똑똑한 일원이야. 그런데 왜 '네가' 수치를 느껴야 하지?'" 나는 경외심과 부러움에 휩싸여 이 대답을 들었다. (1933. 1. 18)

무정한 부자들
On Economic Security

현대는 여러 면에서 과거와 다르다. 그중에서 하나도 중요하지 않은 차이는 옛날에는 아기 적부터 넉넉한 수입을 보장받았던 사람들이 정치권력을 차지했다는 점이다.

혁명 이전의 프랑스와 금세기 이전의 영국에서는 대다수 귀족이 자기 소유 토지에서 넉넉한 수입을 올렸다. 물론 노름으로 재산을 탕진하는 사람도 있었지만 그럴 때도 방탕하게 써버린 재산을 회복할 수 있는 길―프랑스에서는 궁정에서 차지한 지위에 의해, 영국에서는 인클로저 법[공유지를 사유지로 만드는 것에 관한 법령]에 의해―이 있었다. 그 법을 만든 사람들은 가난을 겪은 적이 없고, 삶의 불확실성에 대해 전혀 알지 못하고, 악전고투나 경쟁을 전혀 이해하지 못하는 사람들이었다.

이 풍족한 집단의 사람들은 자기네 집단 내에서는 사교를 아주 유쾌하게 만들어주는 편안하고 훌륭한 성품을 지니고 있었다. 또한 그들에겐 사심 없이 호기심을 추구할 수 있는 마음의 여유도 있었다. 그들은 이탈리아를 여행하며 옛 거장들을 발견하고, 북극 탐험가들과 담소하며 북서항로[캐나다 북극 지방에서 태평양에 이르는 항로]를 그려보고, 화학의 아버지이자 코르크 백작의 아들로 알려진 보일 씨의 기발한 실험들에 관심을 기울였다. 이런 점들에서 귀족 사회는 그들을 밀어내고 자리를 차지한 갑부 사회보다 교양이 있었다.

오늘날의 세계에서는 보장된 소득으로 사는 사람이 극히 드물다. 유럽에 거주한다는 조건으로 영국 정부로부터 봉급을 받는 저 인도 왕자들 정도가 예외다. 그러나 이들조차 인도가 자유를 되찾는다면 생계 수단을 상실할 가능성이 크다. 그들은 그들보다 운이 없는 동포들에게 그리 인기 있지 않은 까닭이다.

이런 희귀한 예외를 제외하면, 어제는 부유했지만 오늘은 가난한 사람들, 그리고 오늘은 부유한 사람들은 내일이면 가난해질 수도 있다는 사실을 알고 있다. 잠시도 가만히 있지 않고 불안하고 아등바등하는 세상이다 보니 과거의 여유 있는 문화가 급속히 사라져가고 있는 것이다.

그러나 18세기의 세련된 사회도 그 표면 아래로 아주 조금만 들어가 보면 그림의 또 다른 면이 드러난다. 자기 계급에는 세련되고 예의 바르고 교양 있게 처신했던 이 사람들이

다른 계급들에 대해서는, 오늘날 민주주의 사회에서는 도저히 상상할 수 없을 정도로 무자비했다.

혁명 이전 프랑스 귀족들의 박정함이야 기존의 역사책에서도 다반사로 볼 수 있는 일이지만 같은 기간 영국 귀족들 역시 그에 못지않게 무자비했다. 프랑스 귀족들은 개인에게 잔인했고 영국 귀족들은 전 계급이나 전 지역에 무자비했다. 영국에서는 1760년에서 1820년에 이르는 사이 평균 임금이 절반으로 깎였다.

언제나 다수보다 편안한 환경에서 지내온 사람들은 대개 자신보다 불운한 사람들에게 동정을 느끼지 못한다. 때로는 냉담한 태도를 솔직히 드러내기도 하고 때로는 좀 더 역겨운 견해, 즉 '행복은 영혼에 달려 있지 물질적 평안과는 아무 상관이 없다'는 견해를 취하기도 한다. 따라서 자신은 이 세상의 재물을 자기 몫 이상으로 취하더라도 가난한 이들에게 아무런 피해도 주지 않는다는 것이다.

예외적인 특권에 의지하는 보장은 불공정하다. 그리고 자신에게 이익이 되는 불공정을 변명할 핑계를 찾아야 하는 사람은 왜곡된 도덕관념을 지닐 수밖에 없다. 한편, 자유 경쟁의 승자인 오늘날의 권력자들은 경쟁에서 성공하는 수단이 되어 준 각종 행위들과 무자비함의 가치를 과대평가하고 있다.

서로 상반된 이 악덕들을 막을 수 있는 길은 하나밖에 없다. 불공정하지만 않다면 보장 제도도 좋을 것이다. 그러므로 운 좋은 소수만을 위한 보장 제도가 아니라 만인을 위한 보장 제도가 있어야 한다. 얼마든지 가능한 일이지만 현재와 같은 경쟁 체제가 존속하는 한 불가능할 것이다. (1933. 1. 25)

요령의 미덕과 진실의 미덕
On Tact

대부분의 젊은이들에게 교육은 고통스러운 과정이고 그중에서 특히 고통스러운 부분은 올바른 사회적 행동에 관한 수업이다. 나는 이따금 공원에서 노는 아이들 곁을 지나다가 그들이 또렷한 목소리로 외치는 소리를 듣는다. "엄마, 저 웃기게 생긴 영감은 누구야?" 그러면 기겁해서 숨죽인 목소리가 이어진다. "쉿! 쉿!" 아이는 자기가 뭔가 잘못했다고 희미하게 느끼기는 하지만 정확히 뭘 잘못했는지 전혀 감을 잡지 못한다.

아이라면 누구나 때때로 마음에 들지 않는 선물을 받는데 이 경우 부모들은 선물을 받고 기뻐하는 척해야 한다고 가르친다. 그러면서 또 한편으로는 거짓말을 해서는 안 된다고 말하니, 아이로선 도덕적 혼란을 느낄 수밖에 없다. 이렇게 자라나 성인이 될 무렵이면 우리는 요령의 미덕과 진실의 미덕을 철저히 구분하는 법을 터득하고, 어느 것을 어느 경우에 적용해야 하는지도 알게 된다.

요령도 미덕이라는 사실은 부인할 수 없다. 우연인 척하며 항상 요령 없는 소리를 불쑥불쑥 내뱉는 사람은 동료들로부터 잔뜩 미움을 사기 마련이다. 그러나 비록 미덕이라고는 하지만 요령은 몇 가지 악덕과 아주 밀접하게 연결되어 있다. 요령과 위선의 경계는 아주 폭이 좁기 때문이다.

나는 그 둘의 차이가 동기에 있다고 생각한다. 친절한 마음에서 남들을 즐겁게 해주고자 한다면 이것은 올바른 요령이다. 그러나 상대가 불쾌해할까 두려워서, 혹은 아첨으로 어떤 이익을 얻으려고 요령을 부린다면 좋게만 볼 수는 없을 것이다.

어려운 협상에 익숙한 사람들은 상대방의 허세뿐 아니라 온갖 편견까지도 부드럽게 다루는 법을 터득하게 되는데, 정직을 숭상하는 사람들에게는 이런 것이 엄청난 충격으로 다가온다.

초기 퀘이커 교도들이 모두 그랬듯이 조지 폭스George Fox[1624~1691년, 퀘이커교를 창시한 영국의 종교가]도 우상 숭배 분위기를 풍기는 관례적인 형태의 존경에 반대했다. 국왕 찰스 2세의 명을 받은 관리가 그를 체포하러 왔을 때였다. 본래 신사로서 이 임무를 못마땅하게 여겼던 그 관리가 모자를 벗고 경의를 표하자 폭스가 호통을 쳤다. "회개하라, 이 짐승!" 그가 문제 삼았던 것은 관리가 체포하러 왔다는 사실이 아니라 모자를 벗었다는 점이었다.

지극히 진실한 사람들은 이처럼 항상 요령을 혐오했다. 바이마르의 괴테를 찾아간 베토벤은 이 위대한 인간이 궁정에서 일단의 바보들에게 정중하게 구는 것을 눈 뜨고 볼 수가 없었다. 크로포트킨Pyotr Alekseevich Kropotkin[1842~1921년, 러시아의 지리학자이자 무정부주의 혁명가]은 귀족 출신이 많았던 초창기 러시아 혁명가들이 온갖 형태의 예의범절을 일부러 포기했다고 언급한다.

내가 아는 사람들 중에도 어떤 상황에서든 진실해서 절대 예의상 거짓말을 하지 않는 사람들이 있었다. 내가 볼 때 그들의 진실함은 높은 평가를 받았고, 남들이 하면 무례하다고 했을 행동도 그들이 하면 아무도 불쾌해하지 않았다. 그들은 예의를 실천하고 사는 나를 부끄럽게 만들었지만 그럼에도 감히 그들을 모방하려 해본 적은 한 번도 없다.

내 생각에 이 문제의 골자는 성자는 예의범절 없이도 살 수 있다는 것이다. 실제로도 예의범절은 성스러운 인격과 양립할 수 없다.

그러나 사람이 언제나 진실하려면 심술과 질투와 악의와 옹졸함으로부터 자유로워야 한다. 우리들 대다수의 기질 속에는 이런 악덕들이 조금씩 들어 있기 때문에 남들에게 불쾌감을 주지 않으려면 요령을 부리지 않을 수 없다. 우리 모두가 성자가 될 수는 없는 노릇이다. 그러니 성자가 되는 게 불가능하다면 적어도 너무 무례한 존재가 되지는 않도록 노력할 수 있을 것이다. (1933. 2. 1)

명예도 과유불급
On Honour

 버나드 쇼의 희곡 「그는 어떻게 그녀의 남편에게 거짓말을 했는가?」에 등장하는 숙녀는 연인에게 이렇게 말한다. "당신은 신사이고 명예를 존중하는 남자니까 진실을 말하지 못할 거예요."

 도덕적 원칙들 사이에서 명예가 차지하는 아주 특이한 위치를 보여주는 사례다. 많은 것들이 악하지만 불명예스럽지는 않고 어떤 것들은 미덕이지만 명예롭지 못하다. 명예의 규범이 존재하는 곳이라면 어디에서나 명예를 일반 도덕규범보다 강제적인 것으로 받아들인다.

 옛날 프로이센 장교들은 자신의 명예에 반하는 행동을 하도록 명령받았을 경우에는 명령 불복종을 이유로 처벌받지 않았다. 나폴레옹을 타도하는 전쟁으로 유럽을 쑥대밭으로 만드는 것은 명예와 양립할 수 있었지만, 민간인 자객을 고용하여 다른 누구에게도 피해를 주지 않고 나폴레옹을 제거하는 것은 불명예스러운 짓으로 여겼다. 실제로 자청한 암살자들이 몇 차례 제의를 했지만 영국 정부는 번번이 분개하며 거절했다. 신사가 자신을 모욕한 사람에게 결투용 검으로 자신을 찌르거나 권총으로 머리를 관통할 기회를 주지 않고 참아넘기면 신사로서의 명예가 상처를 입었다.

러시아 황제가 프로이센 국왕에게 영토를 나폴레옹이 양분하기 이전과 같은 크기로 만들어주겠노라고 약속한 바 있다. 그 후 그는 프로이센 영토에 복속되기를 거부하는 주민을 강제로 복속시켰고 그 과정에서 또 다른 유럽 전쟁을 야기할 위험을 무릅써야 했지만, 약속을 지키기 위해 명예가 요구하는 과업을 수행하지 않을 수 없었다.

상인의 명예는 채무를 갚도록 요구하지만 빈틈없는 거래를 피하라고는 하지 않는다. 카드 도박사의 명예는 다른 기술을 쓰지 않고 오직 한 가지 기술로만 돈을 따도록 요구한다. 여자의 명예는 오직 한 가지만을 요구하며 나머지 도덕규범은 깡그리 무시한다.

행동의 지침으로서의 명예는 점점 더 쓸모없어지고 있다. 이런 명예는 모두가 서로를 알고 지내고 세세한 행동들이 뒷공론을 통해 검토되던 귀족 사회에서 가장 크게 융성했다. 넓게 말해 명예로운 행동이란 자신과 동등한 사람들 사이에서 존경받을 수 있도록 하는 행동이었다. 그들에게 한 약속을 어길 경우에는 나쁜 평가를 받았지만 사회적으로 자기보다 못한 이들에게 한 약속은 마음먹기에 따라 얼마든지 깰 수 있었다. 역사를 보면 배짱 좋은 왕들이 백성과의 신의를 저버린 사례를 도처에서 발견할 수 있다.

명예라는 개념은 인생을 일종의 궁정용 게임으로 보는 시각과 연결되어 있다. 모두가 규칙을 지키지 않으면 재미있게 할 수 없는 그 고상한 게임 말이다. 이 규칙은 체스나 브리지 게임의 규칙과 마찬가지로 이 게임 외에는 어디에도 쓸모가 없으며 그저 게임에 묘미를 더하는 것으로 여겨질 뿐이다.

심각한 시기에는 행실의 규칙으로서의 명예는 사라지곤 한다. 크롬웰은 자신의 군대를 창설할 당시 명예로운 자들은 종교인들에게 맞서야 한다는 원칙을 세웠다. 전투에 임해본 결과 영광을 향한 사랑이 국왕의 군대에게 불러일으키는 용기 못지않게 종교도 전장에서 용기를 고취할 수 있다는 사실이 드러났다.

기이한 형태의 명예도 일부 있지만 모든 공인된 규범은 사람들이 어떤 측면에서 서로를 신뢰할 수 있도록 하는 이점을 지니고 있다. 예를 들어, 내 친구들이 은밀히 듣게 된 비밀을 다른 데서 되풀이하지 않으리라고 믿을 수 있다는 것은 아주 흐뭇한 일이다.

명예에 관한 기존의 규범 중 많은 것들이 유쾌한 사교 활동에 걸림돌로 작용한 것은 사실이지만 몇 가지 규범마저 없다면 진정 만족스럽고 교양 있는 사회생활이 가능할지 의심스럽다.

결투가 유행하던 시절에는 어떤 사람이 다른 사람에게 무례를 범해도 지금보다 관대하게 받아들일 수 있었다. 결투가 상한 감정을 깨끗이 씻어냈기 때문이다. 명예와 관련된 많은 것들이 환상에 불과하지만 유쾌한 사교에 필수적인 명예도 있기는 하다. 이 정도라면 명예도 쓸모가 있다. 하지만 명예가 모든 탁월함의 근원이자 원천으로 취급될 경우에는 참으로 중요한 모든 것들에 걸림돌이 될 뿐이다. (1933. 2. 15)

우리를 위로하는 역사
The Consolations of History

6세기 보이티우스Boethius[?~524년, 고대 로마의 철학자 겸 정치가]의 시대 이래 철학의 위안에 대해 얘기하는 것이 관례처럼 되어 왔지만 나로 말하자면 역사 연구에서 더 많은 위안을 찾는다.

아이가 우울할 때는 자신의 불행에 몰두함으로써 시야가 좁아져 자기 삶의 앞뒤 시기는 희미해진다. 그러나 나이가 들면서 우리는 치통이 있더라도 그 통증이 영원히 계속되지는 않는다는 사실을 기억할 수 있게 된다.

이처럼 우리 자신의 과거 경험에서 얻는 것과 같은 위안을 과거 인류의 역사에서는 훨씬 더 많이 얻을 수 있다. 현재 세계는 나쁜 길에 들어서 있다. 그리고 역사에 관해 아무것도 모르는 사람들은 전에는 결코 이런 상태인 적이 없었다고 생각하기 쉽다. 이런 관점이 절망과 무관심으로 이어지는 것이다.

하지만 실상을 보면 세계가 지금보다 나쁜 상태였던 시기도 자주 있었다. 이를테면 1819년 당시 유럽의 보통 사람들은 오늘날의 유럽인들보다 확실히 더 불행했다. 실제로 더 많이 굶주렸고, 높은 자리에 있는 자들은 더 사악했고, 한편에서는 억압에 대한 공포를, 또 다른 편에선 혁명에 대한 공포를 지금보다 더 크게 느꼈다. 어린아이들은 공장에서 하루 열다섯 시간씩 일했고 농업 노동자들의 임금은 일주일에 2달러 정도였다. 셸리는 자기 시대의 정치인들을 이렇게 묘사했다.

……보지도 느끼지도 알지도 못하는 통치자들,
그러나 기력을 잃어가는 조국에 거머리처럼 들러붙어 있으니,
피에 취해 눈멀어 노력조차 하지 않는, 그들이 몰락하는 날
까지…… [9]

오늘날 정치인들도 그리 높게 평가하기는 어렵겠지만 우리 대부분이 정치인을 이렇게까지 잔인하게 묘사하는 일은 거의 없을 것이다. 같은 시에서 셸리는 조지 3세를 '늙고, 미치고, 눈멀고, 경멸을 받으며 죽어가는 왕'으로 묘사하고 있다.
   셸리의 절망은 모든 관대한 지성이 느낀 절망이기도 했다. 프랑스 혁명으로 타올랐던 희망은 죽어버렸고, 피로에 지쳐 굼뜬 평화 속에서 개선을 위한 시도는 반동적인 동유럽 강국들에게 모조리 진압당했다. 그럼에도 그로부터 30년이 채

못 되어 세계는 의기양양한 낙관주의와 유례없는 번영의 시대로 들어섰다.

다른 동물들과 마찬가지로 인간에게도 새로운 상황에 적응하는 일은 주된 어려움이 된다. 인류에 앞서 살았던 거대한 파충류들은 천하무적으로 보였지만 기후의 변화로 사라졌다. 셀 수 없이 많은 종류의 동물들이, 예를 들면 뿔이 지나치게 많다거나 하는 식으로 공격 무기를 특화시킨 탓에 일상생활에 필요한 에너지가 부족해져서 멸종돼왔다.

하지만 인간은 빙하기와 전쟁과 역병 등 생존을 위협해온 모든 위험을 이겨내고 살아남았다. 그리고 이런 변화들이 일어날 때마다 필요 이상으로 느리게 적응하곤 했다. 이른바 현실적인 사람들, 다시 말해 선조들의 존경스러운 지혜를 맹목적으로 따르는 사람들이 항상 적응에 반대했기 때문이다. 지금도 여전히 그런 사람들이 우리의 정치를 좌우하면서 산업주의라는 변화된 환경에 적응하는 속도를 필요 이상으로 느리게 만들고 있다. 그러나 빠르게 변화하는 세계에서 그저 전통만 고수하는 것이 지혜가 아니라는 사실을 결국에는 모두가 알아차리게 될 것이다.

열정 대신에 지성이 경제를 이끌도록 한다면 그 즉시 우리 모두가 부유해질 것이다. 대다수 사람들은 지성보다 열정을 따르는 게 더 즐겁다고 생각하지만, 그에 대한 벌칙이 기아라면 결국에는 그들도 합리적인 방향을 따르게 될 것이다. 세계가 번영할 수 있는 조건은 지극히 간단하며 또한 이미 널리 알려져 있다. 이 조건들은 우리의 사고 습관의 변화를 필요로 하며, 따라서 대공황의 교훈이 인류의 마음 깊숙이 자리 잡을 때 비로소 채택될 것이다. (1933. 2. 22)

실패를 받아들이는 법
How People Take Failure

인간의 본성을 연구하는 학생들에게는 성공하지 못한 사람들이 어쩌다 자기가 이렇게 됐는지 설명하는 방식만큼 흥미로운 주제도 없다. 어쩌다 예외가 있긴 하지만, 그런 사람들은 자신의 능력 부족이 아닌, 전혀 다른 이유를 찾아낸다. 일반적으로 그들은 적들의 사악함을 탓한다. 자신의 희곡을 무대에 올린 첫 공연에서 쏟아지는 야유를 받은 작가는 그게 나쁜 희곡 때문이라는 가정을 참을 수가 없다. 그는 모든 평론가들이 확고한 명성을 지닌 저명한 극작가들과 공모했다고 스스로를 설득할 것이다. 심지어 평론가들이 신진 작가를 몰아내는 명목으로 돈을 받았다고 생각할지도 모른다.

    자신의 실패를 불운 탓으로 돌리는 사람들도 있다. 대중의 관심을 끌어야 할 때에 마침 대통령 선거가 있거나 전쟁이 일어나거나, 또는 자신에게는 책임이 없는 어떤 상황으로 인해 그쪽으로 주의가 쏠렸다는 식이다. 누군가에게 행운이 적대적이라는 시각은 매우 위험하다. 그런 시각은 곧바로 엉뚱한 망상으로 이어진다. 행운은 의인화되고, 초자연적 힘은 적대적인 것으로 간주된다. 이런 시각의 장점은 자존심에 큰 위안이 된다는 것이다. 초자연적 힘은 평범한 인간은 괴롭히지 않으며, 예외적으로 특별한 자질을 지니고 있기에 대중 속에서 홀로 선발된 사람만을 증오심을 가지고 찾아간다는 것이다.

  실패한 정치인들은 한결같이 자신들의 실패를 모략 탓으로 돌린다. 정치인들이 오로지 공공의 선을 위한 열망으로 행동에 나설 때가 있는데(그들 말로는 자주 그런다고 한다), 그들이 몰랐던 어떤 사소한 상황을 포착한 적들이 그들의 동기를 부도덕하고 비겁한 것으로 만들어버린다는 것이다.

  언젠가 미국에서 한때 저명한 사회주의 지도자였던 사람을 만난 적이 있다. 그는 전시(戰時)에 동지들과 떨어져 지냈는데, 그 때문에 배신자 취급을 받게 됐다. 그는 예전에 함께 일했던 사람들 모두가 어떻게 지금은 공화국 대통령이나, 최소한 총리가 될 수 있었는지 들려주었다. 반면에 자신은 전쟁 중에 민중의 편에 서도록 이끈 고귀한 애국심 때문에 이제는 희미하게 잊혔다고 했다.

  이런 신화로 자위하지 못하는 사람들은 꽤 많은 수가 자살을 한다. 실패나 성공을 산술적으로 계량화하는 데 익숙한 사업가들은 실패를 변명할 때 대부분의 사람들보다 더 많은 어려움을 겪는다.

그러므로 작품의 가치를 인정받지 못한 예술가들보다 파산한 사업가들이 자살하는 경우가 더 흔하다. 살아생전에 인정받지 못한 예술가는 사후에라도 명예를 얻으리라는 희망을 품을 수 있다. 그런데 사업가의 희망은 살아 있을 때에만 의미가 있으므로 그런 기대를 걸 수 없는 것이다.

역사를 돌이켜보면, 실패하고 나서 그 실패의 진짜 원인을 규명하는 작업에 들어가 그것을 개선하기 위해 전력을 기울인 사람들이 드물게 몇 명 있기는 하다. 그중에서 가장 두드러진 사람이 디즈레일리였다.

젊은 시절 디즈레일리는 옷을 아주 사치스럽게 입고 다니면서 자신이 어울리던 이들과 더불어 우아한 젊음을 즐겼다. 그때는 세상 물정에 어두웠기 때문에 그런 멋쟁이 의상과 그에 걸맞은 매너가 의회에서 성공하는 데 장애가 되리라는 사실을 몰랐던 것이다. 첫 번째 실패를 겪은 다음 교훈을 얻은 디즈레일리는 사치스러운 생활을 청산했다. 그는 경험에서 교훈을 얻는 능력을 다른 상황에서도 계속 발휘했다.

이런 능력은 매우 드물어서 성공하지 못한 사람들은 물론이고 성공한 사람들 중에서도 찾아보기가 어렵다. 역사상 성공한 사람들은 애초 성공한 상태에서 시작한 경우가 대부분이었다. 그러니 실패의 교훈을 소화할 수 있는 능력은 필요하지도 않았다. (1933. 3. 1)

자만심이 필요한 사람들
On Conceit

옛날 옛적에 어떤 스코틀랜드 사람이 자부심을 갖게 해달라고 하느님에게 기도했다. 그의 기도는 응답을 받았다. 크롬웰이 스코틀랜드 사람들에게 당신들이 잘못을 저지르고 있을 가능성도 생각해보라고 얼마나 간청했는지, 스코틀랜드 사람들을 빼고는 모두가 기억한다. 하지만 스코틀랜드 사람들은 그럴 수도 있을 거라고는 생각도 하지 않았다. 그래서 크롬웰은 전쟁으로 그들을 꺾어야만 했고, 그 후 원래는 기도회였던 스코틀랜드 사람들의 모임은 항의 집회로 변해버렸다.

자만심이 스코틀랜드인만의 기질이라고 말하려는 건 아니다. 거의 모든 사람들이 많든 적든 자만심을 가지고 있다. 자신의 가치를 과장하지 않고도 삶을 지탱할 수 있는 사람은 매우 드물다. 뛰어난 능력을 타고나서 누구에게나 인정받는 사람들만이 자신의 가치를 과장하지 않고도 행복할 수 있다.

1814년 웰링턴 공작이 파리에 있었을 때, 암살자들 때문에 그의 목숨이 위험하다는 의견이 있었다. 그러자 영국 정부는 공작의 목숨은 너무 소중하므로 불필요한 위험에 노출시킬 수 없다는 이유를 들며 그를 다른 곳으로 옮기려 했다. 공작도 이 견해에 전적으로 동의했다. 그는 수상에게 보내는 편지에 이렇게 썼다. "유럽에 무슨 일이 생긴다면 각하나 영국이나 동맹국들이 믿을 데라고는 저 말고는 아무도 없을 겁니다." 이건 사실이었으므로 자만심이라고 부를 수는 없다. 공작을 미국으로 보내 영미 전쟁에서 영국군을 지휘하게 하자는 제안도 있었다. 하지만 그는 자기는 그 전쟁에서 승리할 수 없을 거라며 제안을 거절했다. 사실 웰링턴 공작은 자신의 능력을 완벽하게 정확하고 객관적으로 평가했다. 그러나 이것은 그가 누구의 자부심이라도 충분히 만족시킬 수 있는 능력을 지니고 있었기에 가능한 일이었을 뿐이다.

제법 이상한 일이지만 아주 어리석은 사람들도 대부분 자만심을 가지고 있다. 다들 알고 있듯이 완전히 자기 만족에 사로잡힌 어떤 부류의 여성들은 끊임없이 자신의 결점을 장점처럼 묘사한다. 그런 여성들은 자신의 바보 같은 짓이 흥미를 끌지 못한다고는 꿈에도 생각지 못한다. 그녀는 자기에게 유리한 일이라도 되는 것처럼 "아, 저는 절대 책을 읽지 않아요."라고 말할 것이다. 산들바람이나 빗물도 견디지 못한다고 자랑처럼 떠벌릴 것이다. 자신의 허약한 소화력에 대해 말하면서 소화를 제대로 못 하는 몸은 칭찬받아 마땅하다는 것처럼 굴 것이다. 자기 자동차가 다른 누구의 자동차보다도 쉽게 고장 난다고 자랑하지는 않을 테지만 말이다.

그녀는 또한 "제가 늘 말씀드렸잖아요……"라는 문구로 운을 뗀다. 그게 다음에 이어질 이야기가 진실이라는 사실을 보증하고도 남는다는 듯이 말이다. 그리고 만약 당신이 그녀와 반대되는 의견을 개진한다면, 그 논의에는 귀를 기울이지 않는다. 그녀가 잘못 생각한다는 건 있을 수도 없는 일이기 때문이다.

자만심이 어느 정도까지는 유독 여성적인 특성이라고 암시하려는 게 아니다. 멍청한 남성들은 거의 언제나 자신의 직업상 기술에 대해 자만한다. 증기선이 처음 나왔을 때 해군 제독들은 약 50년 동안이나 그것을 거부했다. 자기들은 바다에 대해서라면 모르는 게 없다는 거였다. 가장 멍청한 남성들은 자기가 행복하려면 아내의 지성을 무시할 필요가 있다고 생각하는 자들이다.

조지 2세는 "누가 '나'를 조종한단 말인가. 짐은 그것이 알고 싶다."라고 말했다. 조지 2세만 몰랐지 다들 알고 있었다. 답은 캐롤라인 왕비였다. 남편이 모르는 길을 아내가 알고 있다면 최대한 눈치껏 길 안내를 해야 한다. 심지어 남편이 잘못된 길로 들어서도록 놔두는 게 더 현명한 처사라는 사실을 알게 될지도 모른다.

자만심도 예의와 눈치가 있어야 통하는 법이다. 남학생들은 자만할 기회가 거의 없다. 사내아이들이란 그런 아이들에게 무자비할 정도로 솔직하기 때문이다. 우리 모두 예의를 버린다면 세상은 더 나아질지도 모르겠다. 하지만 내 친구들은 이런 개혁을 시작하는 데 앞장서지 않기를 바란다. (1933. 3. 8)

지겨운 사람들에 관한 연구
On Bores

신기하기도 하다. 지겨운 사람이 된다는 게 얼마나 끔찍한 일인지는 모두가 알고 있지만 이런 불행을 피하기 위해 필요한 몇 가지 간단한 규칙을 아는 사람은 그리 많지 않다. 나는 지겨운 사람이 되는 갖가지 방법들과 그것을 피하는 방법들을 정리해 일곱 권으로 된 학술 논문을 쓸까 생각 중이다. 그러나 이 논문을 마치려면 상당한 시간이 걸릴 것이다. 그래서 불완전한 준비 단계의 형태로나마 세상에 몇 가지 성과를 내놓는 것이 나의 의무라고 생각한다.

지겹게 하는 사람에는 일곱 가지 부류가 있다. 논문 각 권마다 그중 한 가지를 다룰 예정이다. 계속되는 변명으로 지겹게 하는 사람, 지나친 근심으로 지겹게 하는 사람, 스포츠 이야기로 지겹게 하는 사람에 관한 연구는 아직 미완성이다. 그러므로 나는 현학적인 태도로 지겹게 하는 사람에 관한 이야기로 시작하려 한다.

허버트 스펜서Herbert Spencer[1820~1903년, 영국 철학자]는 현학적인 태도로 지겹게 하는 사람의 완벽한 본보기다. 우리 어머니가 저녁 식사에 초대하자 스펜서는 대충 다음과 같이 대답했다. "부인께서 너무도 친절하게 제안해주신, 댁에서 기분 좋고 생기 넘치는 대화를 나눌 기회를 제가 활용할 수만 있다면, 그건 기대하는 것만으로도 제게는, 아니 실제로도 제게는 아주 만족스러운 시간이 되겠지요. 하지만 제 상황이, 저로서는 말씀드리기가 지루하고 부인께선 자세히 듣기가 지루하실 텐데, 일련의 상황으로 볼 때 부인께서 말씀하신 그날은 제가 기쁘게 즐기기보다는 더 중요한 다른 일에 반드시 관심을 쏟아야 할 날입니다." 스펜서는 항상 이런 식으로 대화했고, 시간이 어느 정도 지나면 대부분의 사람들은 대화를 끝내고 싶어 하기 시작했다.

일화들을 들먹이며 지겹게 하는 사람은 보통 추억에 잠긴 나이 지긋한 신사들이다. 그들은 이렇게 시작한다. "자네가 그런 이야기를 하니 이런 일이 생각나는구먼. 1888년에 일어났던 일인가, 음, 아니야, 확실히 1887년이었던 것 같군. 어찌 됐건, 내가 옛 친구 존스를 우연히 만난 건 추위가 한창 기승을 부릴 때였네. 그 친구는 얼마 전에 통가라던가 하는 나라에서 돌아와 있었지. 아니, 차드 호숫가[아프리카 중북부에 있는 호수]라고

했던가. 거기서, 뭐, 아무튼 존스가 내게 뭐라고 했냐면⋯⋯."
말씀드리기 죄송하지만 그 일화의 뒷부분은 기억나지 않는다. 그쯤에서 내가 잠이나 자자고 자리를 떴기 때문이다. 하지만 경험적으로 그 일화를 들으면서 졸았어도 상관없었을 거라는 생각이 든다. 이야기가 정점에 이르렀을 때 누군가가 깨워서 웃을 수 있게 준비만 돼 있다면 말이다.

허풍으로 지겹게 하는 사람들은 어떤 본성을 지녔기에 그렇게 자화자찬을 하는지에 따라 몇 가지 부류로 나누어볼 수 있다. 그중 가장 흔한 부류는 속물이다. 예전에 나는 덕망 높은 교수를 한 명 알고 있었는데, 그는 자신이 이룬 사회적 업적에 대해 장황하게 늘어놓다가 이런 말로 매듭지었다. "그땐 정말 당황스러웠다네. 극구 사양했는데도 프레더릭 황후께서 나와 함께 다시 점심을 드시겠다고 계속 고집을 부리시지 뭔가." 하지만 그는 행복한 사람이었고 죽을 때는 기사(騎士)였다는 사실은 인정할 수밖에 없다.

마지막이자 최악의 부류는 지나친 활기로 지겹게 하는 사람들로, 거의 예외 없이 여자들이다. 다행히도 귀가 어두운 사람이라면, 그 태도를 보고는 그녀의 말이 현란할 정도로 재기 발랄하다고 넘겨 짚을지도 모른다. 하지만 사실 그녀는 이렇게 말하고 있다. "제가 늘 말하듯이 과식하는 사람들은 건전한 식욕의 즐거움을 잃어버렸다니까요." 이런 말도 한다. "제가 늘 생각하듯이 여름에 겨울옷을 입는 건 잘못인 것 같은데, 그렇지 않나요?" 또는 이런 말도 한다. "저는 친구들을 정말로 좋아하는 그런 사람이에요. 무슨 말인지 아실 거라 믿어요."

그녀는 키득대며 이런 심오한 잠언들을 하나씩 쏟아낸다. 이런 위트는 처음이라며 감탄하는 듯한 분위기로 뭔가 반응을 보여야만 할 것 같다. 이런 이야기를 몇 시간 듣다가 집으로 돌아가는 길이면 이따금, 미소가 아예 얼굴에 들러붙어 근육이 아파도 그걸 떼어낼 수 없다는 사실을 깨닫고는 한다.

남을 지겹게 하는 사람들에게는 공통점이 하나 있다. 그들은 대화를 나누는 상대에게 신경을 쓰지 않거나, 그들 자신과는 달리 상대는 그들에게 별 흥미가 없다는 사실을 깨닫지 못한다. (1933. 3. 15)

정치라는 이름의 게임
Politics and Sport

의회 정치는 영국인들이 미국으로 이주하면서 가져갔고 19세기에 세계 여러 곳으로 퍼져나간 제도다. 중세에도 많은 나라들이 의회 정치를 도입하려고 했지만 이 중세 의회주의는 헝가리를 제외하고는 모두 사라졌다. 헝가리에서조차 민주적인 의사 표현으로 나아가려고 하지는 않았던 것이 분명하다. 정확히 100년 전까지는 토론이 라틴어로 진행됐기 때문이다. 현대적인 의회 정치의 기원은 영국이다. 유럽 국가들에 이 제도가 존재하기는 하지만, 그것은 중세 형태를 보존한 것이 아니라 영국과 미국의 제도를 신중하게 변형한 것이다.

다른 나라에서도 의회 정치가 영어권 나라들에서만큼 성공했다고 말하기는 어렵다. 다른 나라들에서는 정치인들이 두 개의 큰 정당으로 나뉘지 않고 여러 그룹으로 나뉘어 있어서, 홍정과 타협을 통해 몇 개의 그룹을 합쳐야만 의회 다수파를 만들 수 있다. 이런 상황에서 정부는 불안정해지고 정치적 프로그램은 유동적이 된다.

의회 정치가 성공하려면 양당 제도가 필요하다. 영국과 미국에서는 이 제도가 국민들의 정치 관습에 확고히 뿌리를 내렸다. 미국에서는 시어도어 루스벨트Theodore Roosevelt[1858~1919년, 미국의 제26대 대통령]가 창당한 것과 같은 제3의 정당이 큰 성공을 거둔 적이 없다. 영국에서는 노동당이 자유당의 강력한 경쟁 상대가 되자마자 자유당은 서서히 사라져갔다.

영어권 나라들의 이런 특징은 무엇 때문일까? 나는 그것이 스포츠와 정치의 유사성에 기인한다고 믿는다. 축구 경기를 대륙의 정치에서 유행하고 있는 그룹 체제로 치른다는 것은 상상할 수도 없다. 그러므로 축구 경기와 마찬가지 방식으로 정치를 생각하는 사람들이, 축구에서처럼 정치에서도 서로 분명하고 확실하게 대립하는 두 편이 있어야 한다고 요구하는 것은 당연하다.

스포츠가 제대로 되려면 두 팀이 공정하고 대등하게 시합을 해서 누가 이길지 모르는 궁금증을 일으켜야 한다. 이길 기회가 없는 작은 그룹들은 보통 사람들의 흥미를 끌지 못한다. 스포츠에 대한 대중적 관심처럼, 이런 식으로 양당 제도가 유지되는 것이다.

정치를 스포츠처럼 여기는 관습의 중요성에 대해 일반 시민은 잘 인식하지 못하고 있다. 맞수 팀 간의 경기에서 중요한 것은 오직 승리뿐이다. 이쪽이든 저쪽이든 승리보다 더 중요한 게 있으리라고는 기대하지 않는다. 사람들이 정치를 이런 식으로 생각한다면 어느 쪽이든 승리의 명예와 영광만 차지하면 된다.

당론을 세우는 것은 게임을 치르는 기술의 중요한 요소지만, 그것은 이어지는 당의 행보에 어떤 영향을 미쳐서도 안 된다. 나라를 감정적으로 분열시킬 수도 있는 진짜 심각한 쟁점은 게임을 망치기 때문에 선거전에 등장하면 안 된다. 그런 이슈들은 대개는 직업 정치가들에게 압력을 행사하는 비정당 기구들이 들고 나오기 마련이다. 덕분에 정치 게임에서 스포츠 정신을 보존할 수 있지만 정치가 더욱더 단순한 게임이 되어가기도 한다.

평온한 시기에는 이 시스템이 충분히 작동되어 정치적 적대감을 일정 범위에 가둬둔다. 하지만 어떤 정치적 쟁점에 대한 대중적 흥분이 확산되면 그 시스템은 적합하지 않은 것이 되어 붕괴하기 쉽다. 정당이라는 기제가 지닌 힘은 대중의 소망을 이루는 데 장애가 될 수도 있다. 그리고 형식적 민주주의는 국민이 원하는 바를 상당 부분 좌절시키면서도 존립할 수 있다.

정치를 스포츠의 한 형태로 바라보는 관습에는 좋은 점도 있고 나쁜 점도 있다. 평온한 시기에는 좋은 점이, 혼란한 시기에는 나쁜 점이 두드러진다. 심각한 쟁점에 대한 이해력보다는 게임을 치르는 기술을 보고 선택한 정치인들과 더불어 이 위기를 잘 헤쳐나갈 수 있을지, 세계적인 불황을 겪고 있는 요즘 같은 시기에는 점점 더 의심스러워진다. (1933. 3. 22)

옛날이 좋았지
The Good Old Days

인간의 가장 굳건한 환상 중 하나는 과거 어느 시대에는 모든 인류가 착하고 행복했으리라는 믿음이다. 그리스인과 로마인은 황금시대가 존재했을 거라고 믿었다. 성경은 낙원 이야기로 시작되지 않는가. 기계가 등장했을 때는 반작용으로 중세를 찬양하는 운동이 대대적으로 펼쳐졌는데 그 형태가 매우 다양했다.

스콧의 여러 소설처럼 기사도 시대에 대한 낭만적인 찬양도 있었고 옥스퍼드 운동[19세기 영국 성공회의 프로테스탄트 경향에 반대하고 가톨릭의 전통을 새롭게 하기 위해 옥스퍼드 대학을 중심으로 일어난 운동]처럼 믿음의 시대로 돌아가려는 시도도 있었다. 크레시와 아쟁쿠르[백년 전쟁 당시 프랑스의 북부 지방]에서 영국에 승리를 안겨 준 것으로 추정되는 강인한 자작농에 대한 이상화 시도도 있었다. 반란 농민 와트 타일러Wat Tyler[1381년 영국에서 일어난 농민 반란의 지도자]와 사회주의자 사제 존 볼John Ball[?~1381년, 영국의 사상가이자 농민 반란의 지도자로 와트 타일러의 난에 가담했다] 등과 연계된, 수공업과 중세식 공산주의를 부활시키려던 윌리엄 모리스William Morris[1834~1896년, 영국 시인 겸 공예가]의 시도도 있었다.

 오늘날까지도 여전히 영국 노동 운동의 바탕에는 기계에 대한 분노의 물결이 흐르고 있다. 상상력 풍부한 포스터들을 보면 프롤레타리아들이 들판에서 자유로운 삶을 찾기 위해 공장에 등을 돌리고 서 있는 모습이 그려져 있다.

 먼 옛날에 대한 숭배는 때때로 꽤 기이한 형태를 띠기도 한다. 100여 년 전에 영국에서는 철도와 운하가 짧은 시기 동안이지만 격렬한 경쟁을 벌였다. 이상하게 들릴지 모르지만, 철도 회사들은 철도가 더 오래된 운송 수단이라는 점을 들어 대중에게 호소했다. 17세기 전반기에 '대단히 기발한 재주와 보기 드문 자질을 갖춘 신사인 장인 보몬트'가 나무 철도라는 '꿈의 길'을 뉴캐슬에 깔았으며, 그때부터 탄광에서는 늘 철도를 사용했다는 사실이 강조됐다. 이런 주장이 철도가 승리하는 데 얼마나 기여했는지는 나도 잘 모르겠다.

 행복했던 과거에 대한 믿음과 더불어 행복한 미래에 대한 믿음 역시 널리 존재한다. 오늘날의 해악들은 대개는 매우 허황되기 마련인 특별하고 일시적인 원인들 탓으로 돌려진다.

현재의 고통은 너무나 친숙하기에 부인할 수 없지만 과거와 미래는 이상적인 낙관주의를 그리는 데 딱 알맞은 주제다.

미래에 관해서라면 이런 태도에 대해 할 말들이 많을 것이다. 세상이 점점 더 좋아지리라는 부푼 희망이 필요하기 때문이다. 그러나 과거에 관해서라면 이런 태도에는 타당성이 별로 없다. 세상이 점점 더 나빠지고 있다는 믿음으로부터는 유쾌한 결론을 끌어내기가 어렵고, 사실 그렇게 되어가고 있다는 증거도 전혀 없다. 감상주의자들이 그려놓은 과거 시절에 대한 상상 속의 그림은 실제와는 거의 닮지 않았다. 이른바 '믿음의 시대'에 살던 사람들은 최악의 불황을 겪고 있는 지금 사람들보다도 훨씬 더 비관적이었다. 그리스인과 로마인이 황금시대라고 돌아보았던 그 옛날에는 인간을 희생 제물로 삼는 제도가 보편적이었으며, 상상할 수 있는 모든 잔인한 행위들이 상습적으로 벌어졌다.

세상이 점점 더 나빠지던 시기들이 있었다. 그중 최악은 야만족들이 침입했던 시기로, 바로 로마 제국이 무너질 때였다. 그러나 대략 서기 800년 이후, 적어도 서기 1000년 이후로 세상은 상당히 꾸준하게 진보해왔다. 300년 전만 해도 마녀 화형식이 잦았다. 200년 전에는 귀를 자르는 것 같은 잔인한 형벌이 형법에 따라 여전히 자행됐다. 100년 전에 북부에서는 노예제를 비난하는 사람들의 몸에 타르를 칠하고 깃털을 붙였다.

전쟁과 불황이 있긴 했지만, 대체로 세상은 점점 더 인간다워지고 평균적인 인류의 행복도 증가하고 있다. 좋았던 그때 그 시절에는 행복했으리라는 생각은 사실상 근거가 없는 믿음으로, 절실히 필요한 개선을 반대하는 구실로 사용되고 있을 뿐이다. 과거를 너무 좋게 보는 것은 좋지 않다. 오히려 현재를 아주 나쁘게 보는 것이 괜찮을 수도 있다.　(1933. 4. 5)

진정한 문명인을 위한 교육
On Becoming Civilised

18세기의 부자들은 여러 면에서 지금의 부자들보다 교양 있었다는 게 일반적인 시각이다. 그들은 라틴어와 그리스어로 쓰인 저술들을 인용할 수 있었고 이탈리아 회화들에 대한 상당한 심미안도 지니고 있었다. 그들은 대부분 영국, 프랑스, 이탈리아 문학의 가장 뛰어난 작품들에 대해서도 잘 알고 있었다.

하지만 부자들 사이에서 문명이 쇠퇴해왔다면, 빈민들 사이에선 그 반대 현상이 훨씬 더 뚜렷하게 일어나고 있다. 해군 생활에 대한 스몰렛[1721~1771년, 영국 소설가로 해군 군의관 시절 서인도 종군의 경험을 소재로 책을 썼다]의 이야기[10]들은 기이한 방식으로 그들의 공포를 드러내고 있지만 결코 과장된 이야기는 아닐 것이다. 심지어 그 후 상당한 세월이 흐른 뒤에도, 런던 빈민들의 생활은 디킨스의 작품에서 드러나듯이 고통스럽고 저급하고 난폭했다. 인구의 대다수가 읽고 쓰는 법을 몰랐으며, 감리교 신자가 아니라면 대부분이 주정뱅이였다. 처벌할 목적이 아니라면, 당국은 빈민가 사람들에게는 전혀 관심을 두지 않았다.

이런 사정은 유럽 전역에 걸쳐 다양한 형태로 존재했는데, 어느 곳에서나 계속 변화해왔다. 부분적으로는 물질적인 조건의 개선에 따른 변화도 있었지만, 학교로 인한 변화가 훨씬 더 컸다. 학교는 모든 소년 소녀들에게 문명화된 사물들에 대한 지식, 문명인들의 생활 방식에 대한 경험, 부모들의 가난했던 세상과는 다른 세상으로 향하는 상상력의 분출 수단을 선사했다. 우리 문명을 안정화하는 데는 무엇보다도 학교의 공이 컸다.

국민 대다수가 교육을 받는 나라는 최근까지도 존재하지 않았다. 로마가 멸망할 때는 상류 계층의 절멸이 문명을 파괴했다. 그러나 현대 세계에서는 임금 노동자들이 문명을 금방 다시 일으켜 세울 수 있을 것이다.

학교는 빈곤 계층의 지식뿐만 아니라 그들의 예의범절과 사회적 행동도 변화시켰다. 빅토리아 시대 초기의 소설들을 보면 부유층은 그들이 당할지도 모를 거친 행동들이 두려워 런던 변화가가 아닌 지역은 지나다니기를 꺼려했다. 그렇지만 오늘날에는 런던의 가장 가난한 지역의 사람들도 본질적으로는 가장 부유한 지역의 사람들만큼이나 행동거지가 반듯하다.

그렇다고 해서 지금 시행하고 있는 교육이 위험을 안고 있다는 사실을 부인할 수는 없다. 교육은, 국민감정에 불을 질러 어디서든 분별 있는 정치를 불가능하게 만드는 대중 신문들의 힘에 이끌려왔다. 출판의 자유는 그릇된 자유주의적 환상일지도 모른다. 모든 신문들은 권위 있는 국제기구의 통제를 받아야만 할지도 모른다. 또한 대량 학살을 선동하는 행위를 합법적인 돈벌이 수단으로 허용해서는 안 될 것이다.

만약 이것이 불가능한 유토피아적 몽상으로 생각된다면, 지금보다 더 깊이 있는 교육을 실행하여 젊은이들에게 단지 읽는 법만 가르치는 게 아니라 지적으로 읽는 법을 가르쳐야 할 것이다. 예컨대 그들에게 최근의 어떤 사건을 다룬 신문을 주고 실제로 무슨 일이 일어났는지 추론해보라고 해야 한다. 자신의 나라가 다른 나라와 분쟁에 휘말렸다면, 그 사안에 대한 자기 나라의 해설을 읽고 상대편 나라의 신문들이 그에 대해 뭐라고 말하고 있을지 추정해 제시하도록 해야 한다.

민주주의가 문명과 계속 공존하기 위해서는 이런 식의 교육이 반드시 필요하다. 학교의 고학년들 사이에선 토론회를 열어 학생들로 하여금 각자 자신이 외교 회의에 참석한 어떤 나라의 대표라고 상정하고, 그 나라의 입장을 진술하도록 하는 것도 좋은 방안일 수 있다. 이런 몇 가지 방법들을 통해 교육은, 진실이란 확정하기 힘들며, 열성 지지자들이 주장하는 바가 곧 진리는 아니라는 사실을 가르치는 한 가지 수단이 될 수 있다. (1933. 4. 12)

누군가를 설득하고 싶다면
On the Art of Persuading

아직 자기 의견을 일반적으로 인정받지 못한 사람이 그 견해가 일반적으로 인정받는 것이 중요한 일이라고 믿는다면, 문제에 직면해 있는 셈이다. 그 문제란 독자의 반감을 사지 않으면서 그들에게 영향을 미칠 수 있도록 자기 의견을 표현해야 한다는 것이다. 이는 결코 젊은이들 생각처럼 단순하지 않다.

먼저 "위트 있다는 건 현명한 일인가?"라는 질문을 생각해보자. 위트는 거의 언제나 어떤 사람을 직접 겨냥하며, 그 직접적인 표적이 된 사람은 위트가 부당하다고 여길 수밖에 없다. 독자들이 자신이 조롱당하고 있다는 사실을 알아챈다면, 그다음부터는 당신의 주장에 마음을 닫아걸 것이다. 당신의 풍자에 조심스러운 공감만을 느낀다 하더라도 독자는 당신이 부당하다고 느낄 것이다.

유머 감각이 없는 독자라면, 문장을 의도와는 다르게 글자 그대로 해석하고는 당신이 부정확하다고 책망할 것이다. 영어권에 속한 독자라면 어떤 경우든 심각한 상황에서는 위트를 사용해서는 안 된다고, 그리고 위트가 없는 사람이 안전한 안내자라고 느낄 것이다. 이 모든 이유 때문에 위트는 위험하다.

그러나 그 질문에는 또 다른 면도 있다. 독자들이 확실하게 싫어하는 사람을 용케 조롱할 수만 있다면, 그들은 당신의 농담에 즐거워할 것이고, 진지한 주장만 늘어놓을 때보다 기꺼이 당신의 글을 읽을 것이다. 여성들이 투표권을 갖기 전에는 페미니즘 반대론자들이 정치적인 여성들을 안전하게 조롱할 수 있었다. 지금은 낡은 방식의 엄격한 훈육을 배제한 학교들을 조롱하는 것이 안전하다. 그래서 판사들이 일간지에 실린 그런 기사들을 읽고는 판결에 영향을 받게 되는 것이다.

일반적으로는 아직 예외적이고 신기한 것을 조롱하면 안전하겠지만 확립된 지 오래된 걸 가지고 그러면 안 된다. 대부분 나라의 권좌는 늙어서 새로운 아이디어를 파악하기 힘든 사람들이 거의 차지하고 있다. 그런 사람들은 새로운 아이디어가 조롱당하는 것을 보면 즐거워한다. 그것을 깨우치기 위해 지적인 노력을 기울일 필요가 없어지기 때문이다. 위트 있는 사람이 되어야만 하겠다면, 이런 점들을 고려해서 반동적인 사람이 되어야 한다. 반면에 개혁가가 되려 한다면, 엄숙해질 필요가 있다.

　설득의 기술에서 매우 중요한 또 다른 요소는 상투적인 표현들을 능숙하게 쓰는 일이다. 예부터 전해 내려오는 유서 깊은 표현들이 있다. 거기엔 명백한 증거가 없는데도, 비평가들은 모두 인용하는 이의 통찰력과 심오함을 보여준다며 그 표현들을 환영한다. 만약에 당신이 책에다가 "목표를 성취하는 최선의 방법에는 이견이 있을지라도 우리는 모두 같은 목표를 추구하고 있다."라는 문장을 맥락도 없이 집어넣는다면, 모든 비평가들이 그 문장을 예상하지 못했던 지혜의 단편이라며 집어낼 것이다. 물론 이 문장은 말이 안 된다. 예를 들어 살인자와 교수형 집행인은 단연코 같은 목표를 추구하지 않는다.

　또는 "정성을 들여 정밀한 지식을 쌓아온 과학자에게는 최대한의 찬사를 보내야 마땅하지만, 그렇더라도 사실에 대한 날것 그대로의 지식을 초월하는 지혜, 우리의 위대한 철학자들과 시인들, 그리고 무엇보다도 불멸의 에이번의 음유 시인 Bard of Avon[셰익스피어]이 체현한 지혜의 존재를 결코 잊어서는 안 된다."라고 한 번 더 말한다면, 과학에 무지한 사람들은 모두 기뻐하며 중얼거릴 것이다. "정말 맞는 소리야. 베릴륨 원소의 비율이나 멕시코산 도롱뇽의 생태에 대해서는 나보다 더 많이 아는 사람들이 있겠지. 하지만 그들은 나무를 보느라 숲을 보지 못해. 나는 줄곧 숲을 지켜보고 있었는데 말이야."

따라서 남을 설득하고 싶다면, 열 쪽마다 한 번씩 이런 상투적인 표현 하나를 끼워놓아야 한다. 그렇게 하면 당신은 깊이가 부족하다거나 사실에 얽매인 노예라는 비난을 면할 수 있을 것이다.

문제의 핵심은 당연히 설득의 기술은 당신의 명제와 독자에 대한 아부가 결합해 이루어진다는 사실이다. 당신의 독자들이 하나같이 어떤 공통된 편견을 갖고 있다면 당신은 편견 없는 사람들을 조롱하는 즐거움을 누릴 수 있다. 또한 이전 시대의 상투적인 표현들이 아직은 널리 쓰이고 있으며 가장 지적인 사람들만이 그것들을 폐기한 것처럼 가장한다면, 그 표현들을 거부할 수도 있다. 그렇더라도 독자들의 편견을 조롱하거나 그들이 여전히 받아들이고 있는 상투적 표현들을 거부해서는 안 된다. 따라서 자기 시대와 민족의 한계를 공유하지 않는다면 아무리 정직한 사람이라도 남을 설득힐 수 없다.

(1933. 4. 19)

민주주의의 위험성
The Prospects of Democracy

100년 전에는 자유로운 정신을 지닌 모든 진보적인 사람들이 민주주의의 확대를 통해 이 세상 문제들의 해법을 찾을 수 있으리라고 믿었다. 유럽의 전제 권력에서 미국의 자유로운 대기 속으로 탈출한 이들은 압제의 중압에서 벗어났다고 느꼈다. 그 시절 사람들에게 미국은 지금 일부 사람들이 바라보는 러시아와 같았다. 인류 행복의 비밀을 세계 전역에 퍼뜨린 희망의 땅이었다.

    그 당시에는 그리 명확하지 않았던 것을 지금은 볼 수 있다. 미국의 행복은 정부 형태 덕분이라기보다 주인 없는 땅이 있었기에 가능했던 것이다. 누구나 살 수 있을 만큼 공간이 충분했고, 복잡한 도시 생활에 얽매이기 싫은 사람은 서부 변경 지대로 가서 개척자가 될 수 있었다. 미국인의 삶을 진정 자유롭게 만들어준 것은 바로 이것이었다.

이상한 사실은 민주주의를 가장 큰 목소리로 옹호했던 주(州)들이 노예제가 합법이었던 주들이라는 점이다. 민주주의를 향한 열망을 살펴보면, 민주주의가 대개는 정치권력의 혜택이 미치지 않는 하층 계급의 장악을 토대로 했다는 사실이 드러날 것이다. 민주주의를 고안한 그리스인들은 노예 제도를 당연하게 여겼다. 거의 모든 민주주의자들은 아주 최근까지도 여성들이 여전히 가사 노예 상태에 머물러 있는 걸 당연하게 생각했다.

　민주주의의 즐거움은 한마디로 자기보다 높은 사람들에게 자신의 권리를 주장할 수 있는 데 있는 것이지 자기보다 낮은 사람들에게 그것을 양보하는 데 있는 것이 아니다. 민주주의가 모든 계층과 남녀 모두를 끌어안게 되면서부터 민주주의를 향한 열망이 점차 사라져가고 있다.

　사람들은 경제 민주주의와 교육 민주주의가 수반되지 않는 정치 민주주의는 엉터리에 불과하다는 사실을 깨달았다. 지금은 대체로 부모가 부유한 사람들이 부모가 가난한 사람들보다 훨씬 더 많은 교육을 받고 있다. 그 결과 부유한 집안의 자식들이 권력의 요직을 독차지하고 선전 기술을 독점하는 경향이 있다. 이것이 문제로 남아 있는 한 진정한 민주주의는 불가능하다.

　하지만 진정한 민주주의가 존재한다고 해서 세상이 행복

하리라고 확신할 수 있을까? 요즘 사람들은 평등만으로는 충분치 않으며 자유 역시 행복의 필수 요소라는 사실을 쉽게 망각하는 경향이 있는 듯하다.

민주주의가 곧 자유를 의미하는 것은 결코 아니다. 민주적인 정부라도 우리가 무얼 마셔야 하는지, 어떤 오락을 허용해야 하는지, 어떤 복장이 바른 복장인지, 어떤 문학이 우리가 읽기에 좋은 것인지 등과 같은 사안에 대해 규칙을 만들 수 있다. 실제로 영어권 민주주의 국가들은 이런 주제들에 관해 모두 법률을 제정해놓았다. 어떤 경우에도 소수파가 되는 일은 없을 정도로 모든 면에서 전형적인 사람은 거의 없다. 그러므로 소수의 권리가 존중되지 않는다면 우리 모두가 억압을 피할 수 없을 것이다.

보다 인기 없는 형태의 정부 치하에서보다 민주주의 국가에서 개인의 자유를 누릴 기회가 더 적다는 점을 두려워해야 한다. 여기에는 몇 가지 이유가 있다. 민주주의 국가에서는 억압이 다수의 이름으로 행사되므로 문제가 발생하면 오직 소수만이 억압에 저항한다. 전제 정치하에서 정부는 대중적 저항의 분출을 두려워하기 때문에 자기 보존에 필요하지 않다면 어떤 억압도 행하지 않는다. 게다가 인기 없는 정부는 인기가 너무 없다는 바로 그 이유로 인해 개인적 자유를 향한 열망이 사그라들지 않게 하지만, 다수파가 폭군으로 군림한다면 대부분의 사람들이 폭정을 즐길 것이다.

　나는 민주주의를 지지하는 중요한 논거들이 있다는 사실을 알고 있으며 대체로 그것들이 설득력이 있다고도 믿는다. 하지만 민주주의 역시 다른 형태의 정치 체제와 마찬가지로 위험한 면이 있다. 민주주의를 흠 잡을 데 없는 제도라고 여기는 한, 그 위험들로부터 민주주의를 보호하는 일은 불가능하다.

(1933. 4. 26)

강한 것을 찬양하는 시대
The Admiration of Strength

나약한 시대를 알아볼 수 있는 가장 확실한 징후는 모든 강한 것들을 향한 찬양이다. 중세처럼 사람들이 기운이 넘쳤던 시대에는 부드러움이 찬양의 대상이었는데, 그 부드러움을 나약함이라고 말할 사람도 있을 것이다. 르네상스 이전 이탈리아 회화에 나타난 성인(聖人)들을 보라. 연약하고 초췌하며, 절대 활동적인 사람처럼 보이지는 않는다. 모든 사람의 마음을 사로잡았던 성 프란체스코는 현대 세계에선 은근히 무시당하고 있다. 그는 결코 완력에 호소할 사람이 아니라는 것이다.

현대인은 시몽 드 몽포르 Simon de Montfort[11]나 에드워드 1세 같은 사나운 영웅들만큼 정력적이지 못하다. 이렇듯 남성적인 힘이 쇠퇴하자 그에 대한 찬양이 늘어나고 있다. 남자들은 눈알만 뽑지 않는다면 얼마든지 신체에 상처를 입혀도 되는 자유형 레슬링을 보러 간다. 남자들이 그런 싸움에 직접 뛰어드는 일이 잦았던 시절에는 다른 남자들이 그러는 걸 보려고 굳이 돈을 내려 하지 않았다.

정치도 마찬가지다. 중세 사람들은 그 어떤 것보다도 법을 찬양했으며 법에 대한 복종을 가장 가치 있는 미덕으로 여겼다. 오늘날 우리는 주류 밀매업자부터 독일 수상까지 가리지 않고, 법을 어기는 자들을 찬양한다. 사람들은 두려움이 아닌 다른 이유가 있어 법에 복종할 거라고는 생각하지 않는다. 대개는 법을 어길 때보다 법을 지킬 때 더 강한 의지가 필요하지만 그 의지를 마음속에만 담아둔다면 세상을 놀라게 할 수 없다. 영화에 나오더라도 효과가 적다. 그래서 우리는 그것을 대수롭지 않게 여기게 된다.

같은 일이 소설 속에서도 벌어진다. 결국엔 부목사하고 결혼하기는 했지만, 나는 샬럿 브론테가 남성미 넘치는 주인공상을 창조했다고 생각한다. 브론테의 그 거만한 주인공은 그녀보다 떨어지는 여류 소설가들에게 끝도 없이 퍼져 나가고 있다. 이런 여류 소설가들의 전기를 읽지 않고 작품만 읽은 탓에 뭔가 오해하게 된 젊은 남자들은 안면 있는 아가씨들에게 소설에 나오는 방법을 시도해본다. 하지만 그 결과는 거의 대부분 실망스럽다. 책을 읽으면서는 무슨 생각을 하든 상관없이 젊은 아가씨들은 실제로는 다 알고 있기 때문이다. 그 남자가 정말 힘이 센지 아니면 그저 센 척하는지 말이다.

힘에 대한 찬양은, 그것이 진정이라면, 연약함의 표시이자 지배당하고 싶은 욕망의 표시이다. 스스로 생각하는 데 지쳐서 기꺼이 자기 의지를 버리고 타인에게 굴복하려는 사람들이 그런 생각을 갖게 된다.

힘을 찬양하는 사람들 중에는 또 다른 유형도 있다. 바로 칼라일과 니체 유형이다. 이런 유형은 자신의 심리 상태를 감추고 싶어하며, 자신이 느끼는 두려움을 숨기기 위해 세상을 도발하는 신경증 환자들이다. 내 생각에는 D. H. 로렌스도 이런 유형에 속한다. 그들은 남들이 자신의 용맹함에 감동받아 자신에 대한 공격을 삼가기를 바라는 것이다.

그들과 기질은 같지만 그들처럼 말솜씨가 능란하지 못한 다른 모든 사람들은 그들의 가르침을 받아들이고 그들이 쓰는 말을 반복한다. 그리고 반복이 거듭될수록 기운이 솟는 것을 느낀다. 이런 사람들의 거짓된 힘은 대중을 향한 두려움을 드러내며, 그 두려움은 진짜 힘을 가진 자들의 잔인함에서 비롯된다. 따라서 강한 남자를 숭배하는 연약한 추종자들은 스스로를 위험으로부터 지키고자 애쓰면서 오히려 진정 강한 자들의 야만성을 부추기고 있는 셈이다.

결론은 다음과 같다. 힘을 숭배하라고 설교하는 자들에게는 귀를 기울이지 마라. 만약 당신이 나약하다면 그들은 당신의 위선을 부추길 것이고, 만약 강하다면 잔인함을 부추길 것이다. 당신에게 힘이 있다면 그것으로 좋은 일이다. 그러나 진짜이든 사기이든 힘이란 남자들이 과시할 만한 자질은 아니다. (1933. 5. 3)

인종 혐오를 들여다보니
On Race Hatred

최근 독일에서 벌어진 사건들로 인해 기독교인들의 유대인 혐오가 전면에 대두됐다. 유대인 혐오는 중세에는 어디에나 존재했지만 영국과 미국에서는 그 악의가 거의 사라졌다. 영국인과 미국인들은 최고의 문명국으로 여긴 나라에서 아주 잔인하고 의미 없는 감정이 그토록 강력한 힘을 발휘할 수 있다는 데 놀라고 충격을 받았다.

그러나 다양한 인종이 섞여 사는 곳이라면 어디에서나 인종 혐오의 감정이 자라나는 경향이 있는 게 사실이다. 미국에서는 흑인과 몽골 인종이 그런 경향으로 고통받고 있다. 영국은 그렇지 않은데 인구가 단일 인종으로 구성돼 있기 때문이다. 하지만 영국인들도 남아프리카에 가면 즉시 그런 혐오감을 드러낸다. 야만인들도 그것을 느끼고는, 단지 이방인이라는 이유만으로 이방인들을 살해하고는 한다.

이런 감정은 어디까지가 본능적인 것이고 어디까지가 다른 원인을 갖고 있는 것일까? 조지프 콘래드가 쓴 『섬의 추방자 An Outcast of Island』라는 소설이 있다. 이 소설 속의 백인 남자는 원주민 소녀와 절박한 사랑에 빠지지만 잠깐 동안 그녀와 살아본 뒤에는 낯설다는 이유로 그녀를 증오하기에 이른다.

이런 상황을 보면 본능적인 요소가 있다는 걸 알 수 있다. 하지만 다른 많은 요인들이 인종 적대라는 중요한 정치적 형태의 원인이 된다는 점도 의심할 여지가 없다. 인종 적대가 힘을 발휘하는 곳이라면 어디서나 경제적인 동기들이 하나같이 중요한 역할을 한다. 유대인 혐오의 경우에도 이 점은 분명하며 공공연하다.

캘리포니아에서는 중국인과 일본인이 더 낮은 생활 수준을 기꺼이 받아들였다고 해서 혐오를 받았다. 흑인의 경우 엄밀한 의미에서 인종 혐오가 있다고 말하기는 어렵다. 흑인이라도 적절한 예속적 지위를 두말없이 받아들이기만 한다면 충분히 환영받는다. 백인들이 흑인을 적대하게 되는 것은 그들이 동등한 권리를 주장하려 들 때뿐이다. 지배욕은 인종 혐오와는 다른 정서다. 지배가 위태로워지면 곧바로 지배욕은 인종 혐오에 손쉽게 묻혀버리긴 하지만.

나는 인종 혐오에 담긴 본능적인 요소는 두려움이라고 생각한다. 그것은 어떤 낯선 것들에 대한 두려움, 이미 자리 잡은 생활 방식을 위협하는 어떤 것들에 대한 두려움이다. 두려움을 느끼는 상황이 없다면 인종 혐오는 일어나지 않는다. 나는 세상이 안정되고 누구에게나 경제적 지위가 보장된다면, 이 세상에서 서로 다른 인종끼리 증오하는 일은 결코 없을 것임을 단 한 순간도 의심하지 않는다.

지난 200년 동안 사람들은 경쟁과 경제적 불안이 산업과 노력의 원천이며, 그로부터 이익이 나온다고 습관처럼 말해 왔다. 하지만 경쟁과 경제적 불안에는 갈수록 중요해지는데도 제대로 주목받지 못했던 또 다른 효과가 있다. 그 효과는 두려움, 그리고 그 결과인 혐오와 연결되어 있다. 이런 상황은 인종 혐오의 문제에서 특히 더 심각하다. 세계가 점점 하나의 경제 단위로 되어가면서 인종 혐오의 기회가 점점 증가하고 있기 때문이다.

인종 혐오는 가장 잔인하고 미개한 정서다. 군중 속의 인간들은 이 정서에 물들기 쉽다. 이것을 약화시키기 위해 가능한 모든 수단을 동원하는 것이야말로 인류 진보를 위해 가장 중요한 일이다. 그런 수단들 중 가장 강력한 효력을 지닌 것은 의심할 여지 없이 경제적 안정일 것이다. 우리가 경제적 불안으로 갖가지 고통을 겪고 있는 이 순간에도 기술적으로 어렵지 않게 모두를 위해 안정을 다질 수 있다는 사실을 깨달아야 한다. 이 길에 놓인 어려움 중 하나는 경쟁을 좋은 것으로 바라보는 믿음이다. 그리고 또 다른 하나는 운이 좀 더 좋았을 뿐인 인종과 계급들이 그들 자신은 잃을 게 전혀 없는데도 다른 인종과 계급에게 평등을 허용하지 않으리라 마음먹고 있다는 것이다.

특히 인종 갈등 문제에서 친절과 관용은 미덕일 뿐만 아니라 우리 자신의 행복을 위해서도 필수적인 수단이다. 하지만 그 교훈을 깨닫기 전에 먼저 수많은 쓰디쓴 교훈들을 체험할 수밖에 없다는 사실이 나는 두렵다. (1933. 5. 24)

모험을 하고 싶다면 달에서
The Spirit of Adventure

대담한 사람들이 북극이나 남극을 횡단하거나 에베레스트 산을 비행해서 넘는 것과 같은 위업을 이루면, 꼭 이렇게 말하는 사람들이 있다. "그딴 거 뭐에 쓸 건데?" 이런 질문에 대답하기는 그리 쉽지 않다. 하지만 사람들은 대부분 그런 성취를 보며 즐거워하고, 거기에 공공 자금을 쓰더라도 투덜거리지 않는다. 자연이 인간에게 도전의 기회를 마련해줬다고, 그리고 인간이 그 도전을 성공적으로 이겨내면 우리는 모두 같은 인간으로서 그 영광의 일부를 공유하는 거라고 여기는 것 같다.

이런 태도는 상당히 현대적인 것이다. 대모험의 시대에는 경제적인 동기가 있었다. 콜럼버스를 비롯한 15세기의 위대한 해양 탐험가들은 모두 동양으로 가는 무역 항로를 개척하는 일에 관계했다. 북서 항로와 북동 항로를 탐색하다가 목숨을 잃은 사람들 역시 중요 지점으로 가는 단축 항로를 발견하리라 기대했다. 멕시코와 페루를 정복한 스페인인들은 진짜 단순하게 금을 찾아 나섰다.

가장 먼저 아마존을 탐험했던 사람들이 그 탐험을 했던 건, 병에 걸려 걸을 수 없을 만큼 약해지자 보트를 만들어 옆에 있는 작은 개울에 띄우는 것이 최선의 계획이라고 생각했기 때문이었다. 그 개울이 4,000마일을 흘러 그들을 대서양까지 데려다 주자 그들은 깜짝 놀랐다.

알렉산드로스 대왕은 여러 가지 면에서 역사상 가장 뛰어난 모험가로 알려져 있다. 내 생각에 그에게는 두 가지 동기가 있었던 것 같다. 하나는 명예를 얻는 것이었고, 다른 하나는 그의 스승 아리스토텔레스가 지리에 대해선 아는 것이 별로 없다는 사실을 증명하는 것이었다.

지나간 시대의 모험 정신은 결코 순수하지 않았다. 다른 의도가 섞이지 않은 순수한 모험 정신은 고급 문명과 끊임없이 계속된 시도들의 산물이다. 자연의 난관을 극복하는 차원에 머무는 한 모험 정신은 존중할 만하지만, 그것은 금세기에 세계를 지배하고 있는 어떤 경솔한 행위와 아주 비슷하다. 사람들은 자극적인 일들이 계속 벌어지는 동안에는 그것이 무엇인지 그리 개의치 않는다. 물론 이 정신은 십중팔구 전쟁과 혁명을 일으키기 마련이다.

나는 평화의 벗들이라면 달나라를 여행하는 문제에 관심

을 돌리는 게 마땅하다고 생각한다. 여기에는 성공한 조종사에게 요구되는 것과 똑같은 자질이 필요하고, 비용은 거의 이류 전쟁만큼 비싸게 먹힐 수도 있다. 생활에 지친 사람들은 명예롭게 죽을 수 있는 기회를 얻게 될 수도 있다.

    달을 향해 출발하는 탐험대마다 조각상들을 싣고 가서 눈에 띄는 장소에 기념으로 세워두어야 한다는 합의가 이루어져야 한다. 아마 몇 세기 뒤에는 누군가가 살아서 달에 도착할지도 모른다. 그리고 또 그 몇 세기 뒤에는 누군가가 달에 도착할 뿐만 아니라 귀환하는 데도 성공할지도 모른다.[12] 달을 정복한 다음에는 금성과 화성에 달려들 수도 있다.

    이런 방법을 통해 모험을 즐기는 이들이 자기 자신 말고는 그 누구도 파괴하지 못하도록 할 수 있다. 초기 모험가들을 움직였던 경제적인 동기를 빼먹을 필요도 없다. 달나라 여행을 다룬 영화의 판권은 그 액수가 상당할 게 틀림없다. 이런 어려운 시기에도 달에서 돌아온 사람은 아마 상당한 강의료를 챙길 수 있을 것이다. 물론 그런 다음에는 책을 쓸 수도 있다. 만약 그가 은행에 돈을 넣었다가 다 잃어버린다면 국가에서 미망인에게 연금을 줄 것이다.

    문제의 핵심은 이것이다. 모험에는 극복해야 할 장애물이 필요하다. 그리고 그 장애물은 사람들로 이루어지는 경우보다 인간이 아닌 경우가 세상을 위해 더 낫다.   (1933. 5. 31)

호감 가는 사람이 되는 법
What Makes People Likeable

어떤 사람들은 호감을 사는데 어떤 사람들은 반감을 사는 이유는 무엇일까? 왜 그러는지 이해하고 싶다면 사람들이 동물을 좋아하는 이유에 관한 보다 단순한 질문으로 시작하는 게 좋을 것이다. 어떤 사람들은 고양이를 좋아하는데 어떤 사람들은 개를 좋아하는 이유는 뭘까? 어떤 사람들은 동물이라면 가리지 않고 좋아하는데 어떤 사람들은 좋아하는 동물이 거의 없는 이유는 뭘까?

 내가 이 질문들에 대한 답을 안다고 단언하지는 않겠다. 하지만 인간이 동물에게 애정을 느끼는 데는 두 가지 요소가 있다고 생각한다. 어떤 동물들은 미적으로 기쁨을 주고 어떤 동물들은 다양한 방식으로 우리의 자부심을 높여준다. 미적인 기쁨에서 우러나오는 애정은 더 이상 분석할 필요가 없다. 그러나 고양된 자부심에서 우러나오는 애정은 좀 더 미묘하다.

동물원에서 하마를 책임지는 사육사는 결코 아름답다고는 할 수 없는데도 불구하고 하마에게 정성을 쏟는다. 내가 보기에 사육사는 하마가 그를 좋아하기 때문에, 그리고 몸집이 엄청나게 큰데도 그에게 복종하기 때문에 하마를 좋아하는 것 같다. 하마에게 사랑을 받으면 우쭐해진다. 하마를 복종하게 만들면 자기가 진짜 나폴레옹이라도 되는 것처럼 느껴진다. 이런 두 가지 이유 때문에 사육사는 볼품없는 괴물과 함께하면서 행복을 느낀다. 또한 그는 하마의 존재만으로도 행복을 느끼면서 그 이유를 명확히 자각하지도 못한 채 하마를 좋아한다.

똑같은 일들이 우리 인간 사이의 관계에서도 일어난다. 미모로 사랑받는 이들이 많다. 하지만 전혀 예쁘지 않은데도 사랑받는 이들도 많은데 이는 남자들에겐 다행스러운 일이다. 눈에 보이게 아부하는 것 말고도 상대의 자부심을 높여줄 수 있는 방법은 여러 가지가 있다. 가장 확실한 방법은 상대를 좋아해주는 것이다. 따라서 많은 사람들을 좋아하는 사람은 거의 언제나 많은 사람들의 애정을 받는다.

하지만 어떤 사람 때문에 자신이 똑똑하다고 느끼게 된다는 이유만으로 누군가를 좋아할 수도 있다. 그러니까 당신이 그 사람보다 골프나 카드 실력이 약간 좋다면, 그를 이겼을 때 기분이 좋아지는 것이다. 당신 실력이 월등히 더 낫다면 물론 그를 이겼다고 해서 만족스럽지는 않다. 승패를 알 수 없는 경기에서의 승리만이 자부심을 높여주는 것이다.

위트 있는 이야기꾼 둘은 결코 서로를 좋아할 수 없다. 제각기 자신의 위트를 돋보이게 하는 사람들과 대화하고 싶어 하기 때문이다. 남자들은 여자들에게 뭔가를 설명하기를 좋아한다. 그러면 아는 것이 많은 듯한 느낌이 들기 때문이다. 여자들은 설명 듣기를 좋아한다. 듣는 척하고 있으면 남자들이 즐거워한다는 사실을 알기 때문이다.

우리는 상대가 내게 쓸모 있는 사람이라고 해서 의식적으로 그를 좋아하지는 않는다. 집에서 기르는 동물은 자기에게 먹이를 주는 사람을 좋아하게 되지만 동물의 감정 속에 실용성을 따지는 의도 따위는 없는 게 확실하다. 자발적이고 충동적인 친절로는 사랑받을 수 있지만, 이기적이지는 않아도 약간이라도 의도적인 친절이라면 사랑받지 못한다. 누군가가 우리에게 은혜를 베풀었을 때 그것이 애정에서 우러나왔다는 생각이 들면 우리는 고마워한다. 하지만 도덕적 신조에서 비롯한 것이라는 생각이 들면 고마워하지 않는다. 후자가 아닌 전자의 경우에만 우리의 자존심이 고양될 수 있기 때문이다.

자선 사업가들은 도움을 받는 이들이 고마워할 줄 모른다고 종종 불평하지만 그 이유는 명확하다. 도움이 필요하다는 건 그 자체로 일종의 수치심을 동반하며, 누군가를 모욕하지 않으면서 돕는 유일한 방법은 애정으로 돕는 것이다. 그러나 누군가 모든 이에게 똑같이 애정을 느끼는 박애주의의 이상에 도달할 수 있다면, 그 애정은 더 이상 찬사를 받지 못하고 상대에게 기쁨을 주지도 못할 것이다. 또한 박애주의의 신조는 따르지만 애정이 우러나오지 않는 박애주의자는 자비를 베푸는 대상의 자존심을 깎아내릴 수밖에 없다.

특별히 예쁘거나 뛰어나지 않더라도 사랑받는 방법은 만나는 이들로 하여금 자신이 괜찮다는 생각이 들도록 해주는 것이다. 의식적인 아부는 이 목적을 달성할 수 있는 최선의 방법이 아니다. 최선의 방법은 그들과 어울리는 순간을 즐기고, 무엇보다 그들이 과시하는 능력을 즐기는 것이다. 물론 당신이 그들을 이해한다고 느끼게 하는 것도 칭찬할 만한 방법이다. 그러나 이것은 그들을 진정으로 이해하는 것과는 다르며, 아부와 거의 구별되지 않는 경우가 많다. (1933. 6. 7)

아이들에게 용돈을 줄 때는
Emotions About Spending Money

놀랍게도 수입과 지출을 맞추는 합리적인 능력을 가진 사람은 얼마 없다. 미코버 씨는 단호하게 전체 계획을 세우지만, 우리가 알고 있듯이 실천은 그에 미치지 못한다.[13]

대부분 사람들은 돈이 많다는 느낌과 망했다는 느낌 사이에서 오락가락한다. 부유하다고 느끼면 새 차를 살 거고 가난하다고 느끼면 계속 먹던 한 끼 식사조차 삼갈 것이다.

젊은이들은 처음 용돈을 받으면 언제나 빚을 지게 된다. 내 생각에는 주로 계산 능력이 부족해서 그렇게 되는 것 같다. 각각의 독립된 항목은 작아 보이고 누가 계산해주기 전에는 총액을 계산해보지도 않는다. 물론 궁극적인 책임감 역시 느끼지 않는다. 빚이 얼마가 됐건 부모가 지불해줄 거라고 생각하기 때문이다. 어떤 젊은이들은 이런 원리를 한층 밀고 나간다. 내가 아는 젊은이 하나는 비행기를 한 대 산 다음 청구서를 아버지에게 보냈다.

　돈 문제에 있어서 청소년들을 관리하는 건 부모들로선 대체로 쉬운 문제가 아니다. 아이들이 충분히 책임 있게 행동하지 못하면, 아주 심한 곤경에 빠뜨리지 않으면서도 책임감을 가르칠 필요가 있다.

　내 생각에 아이들은 열 살 무렵부터는 스스로 자신의 개인적 지출 중 일정 부분을 조절해야 한다. 먼저 생활필수품이 아닌 것들, 그러니까 즐기기 위한 음식, 장난감, 친구들에게 한턱내기 같은 것들만이라도 절제해야 한다. 그리고 차츰 그 범위를 넓혀가야 한다. 자녀들이 부모의 재산은 끝이 없다고 생각하는 것은 좋지 않고 금전 문제에 너무 사로잡히는 것도 좋지 않다. 현명한 부모라면 이 두 가지 상반된 위험 사이에서 적절한 길로 방향을 잡아주어야 한다. 분명 최선의 경우는 처음에는 낭비의 결과가 약간 불쾌하기는 해도 재앙이라 할 정도는 되지 않아야 한다는 것이다.

　사람들이 합리적 소비를 할 수 없는 까닭은 돈에 관한 과도한 감정 때문이다. 많은 사람들이 절망적으로 낭비를 한다. 신중해야 할 거라고 생각하기만 해도 빈곤에 대한 두려움이 떠오르기 때문이다. 반대로 어떤 사람들은 돈이 많을 때도 그것을 쓰지 못한다. 역시 빈곤에 대한 두려움 때문이다.

　돈에 관한 합리성을 갖추는 최선의 방법은 어렸을 때부

터 불필요한 것들에 대한 소비를 통제해가는 것이다. 그러면 골치를 썩이지 않고도 정말 중요한 데 지출을 해야 하는 경우 필요한 숫자 감각을 키울 수 있다.

나는 음식, 의복, 교육 등을 근본적으로 보장하는 경제 체제를 지지하는 가장 강력한 근거는 여러 면에서 다음과 같다고 생각한다. 그런 경제 체제는 우리의 현 체제에 필요한 그 밖의 다른 것들에 대한 걱정과 불안을 없애주리라는 것이다. 충동에 너그럽고 무책임하게 상상만 하는 태도는 끊임없는 경제적 불안으로 저지를 당하기 마련이다. 즉 가난하면 극빈을 두려워하고 부유하면 결핍을 두려워한다. 이 모두는 심리적으로 나쁜 영향을 미치지만 체제가 유지되는 한 부모는 자녀를 다룰 때 그런 것들을 계산에 넣어야 한다.

중요한 일은 돈을 버는 측면뿐만 아니라 돈을 쓰는 측면에서도 아이들의 감각을 키워주는 것이다. 그에 따라 아이들은 자신을 압박하는 걱정에서 벗어날 수 있게 될 것이다. 이 일은 책임감이 점점 커지면서 제대로 이루어질 수 있다. 그 책임감에는 엄격함과 관대함의 현명한 조합이 필요하다. 허용된 수입에는 관대하게, 그 수입 안에서 살아가는 데는 엄격하게.

(1933. 6. 21)

나는 진보로부터 달아난다
I Escape from Progress

나는 지금 이 순간 시에라네바다의 비탈 지대에 살고 있다. 캘리포니아가 아니라 안달루시아[스페인 남쪽 끝에 있는 지역]에 있는 원래의 시에라네바다 산맥이다. 신문은 내게 세계 곳곳에서의 파산 사태, 가장 발전된 나라들의 기아 행렬, 가장 문명화된 나라의 집단 학살, 가장 과학적인 나라의 농업 실패에 관해 들려준다. 내가 살고 있으며 도시 지역은 완전히 현대적인 스페인에도 총파업, 군주제 지지자들의 음모, 온건한 공화 정부에 대항하는 공산주의자와 무정부주의자의 연합 등이 존재한다. 전 세계에 걸쳐 현대적 진보의 손길이 스쳐간 모든 남녀들이 불행하고 가난하다. 그리고 그들 대부분은 약간 제정신이 아니다.

이곳 산속 마을에 진보란 존재하지 않았으니 붕괴도 없다. 오래전 무어인들[8세기부터 이베리아 반도를 정복했던 아랍계 이슬람교

되이 지배하던 시절에는 한때 과학이 종교에 관여한 적이 있었다. 사막 태생인 무어인들에게는 물이 금보다 소중했다. 그들은 거의 애정이 어리다시피 한 기술을 동원해 눈 녹은 물이 흐르는 강물을 수천 개의 작은 수로로 끌어들여 들판과 계단식 밭에 물을 댔다. 하지만 16세기의 편협한 신앙 탓에 무어인들은 쫓겨났고 카스티야인들이 그 자리를 차지했으며 그날 이후 과학은 성공적으로 차단당했다.

마을 사람들은 거의 모두가 자기 땅을 갖고 있다. 그들은 아주 작은 계단식 밭에서 곡식, 올리브, 포도, 무화과, 그리고 온갖 종류의 채소들을 기른다. 마을 사람들은 노새와 염소를 치고, 소수의 귀족들은 소를 키운다. 고기를 먹기 위해 염소를 잡을 때에는 마을 사람들에게 누가 어느 부위를 가져갈지 묻고, 수요가 충분하지 않으면 염소를 잡지 않고 살려준다.

우리는 달걀을 한 번에 하나씩 산다. 달걀은 이웃집에 놓여 있고, 마을 사람들이 암탉이 알을 낳는지 지켜보고 앉았기 때문에 우리는 낳은 지 한 시간도 되지 않은 달걀을 먹는다. 빵은 아주 맛이 좋고 영양이 대단히 풍부한데, 우리 이웃이 기른 곡물을 마을에 있는 신기하고 원시적인 물레방아로 빻아서 만든다. 거의 모든 생필품이 바로 그 자리에서 생산된다.

시절이 좋을 때나 나쁠 때나 염소들은 젖을 내고, 까락이 있는 옛날 품종의 밀은 알곡을 맺는다. 겉모습으로만 판단한다면 사람들은 영양 상태가 좋아 보인다. 확실히 그들이 먹는 음식은 신선하고 건강에 좋고 다양하다. 일하는 시간이 긴 것은 사실이어서 해가 비치는 한에는 일손을 놓지 않는다. 하지만 그 일은 스스로 하는 것이지 작업 감독의 지시를 받아 하는 것이 아니므로 자기만의 속도로 자기 소유의 땅에서 일한다. 그들의 삶은 평온하고 상냥하고 리드미컬하다. 변화를 바라지도 않고 재난을 두려워하지도 않는다.

의심할 여지 없이 세상이 그런 원시적인 경제 형태로 되돌아가는 것은 불가능하다. 하지만 현대적인 방식들만이 개선이라고 너무 확신하지는 말자. 물론 많은 것들이 기후 사정에 달려 있다. 겨울이 추운 곳에선 견딜 만한 정도의 안락함을 유지하려면 더 많은 장비가 필요하다. 하지만 현대인들을 손아귀에 움켜쥔 금융이라는 새로운 세계적 힘의 작동 원리를 지금보다 더 잘 이해할 수 있을 때까지는, 과학 발명품을 이용해 노동하는 사람들이 스페인 외진 산골의 농부보다 평균적으로 행복할지, 내겐 매우 의심스러운 일이다.[14] (1933. 7. 12)

전문적인 전문가가 필요한 이유
Experts and Oligarchs

엘리자베스 1세는 왕족들만 외교 정책을 이해할 수 있었으면 좋겠다고 말하고는 했다. 빅토리아 여왕도 감히 표현은 못했지만 속으로는 같은 견해를 품지 않았나 의심스럽다. 확실히 그녀는 유럽 사정을 조율하는 일을 무척 간단한 문제로 여겼다. 여왕이 보기에 그것은 가문의 재산을 분배하는 문제에 불과했기 때문이다.

만약 모모 삼촌이 무언가를 원하고 아무개 조카는 다른 걸 원한다면, 각료들은 전례에 호소하거나 과장된 구절을 인용할 필요도 없었다. 요령을 조금 부리고 전반적인 호감을 활용해서 깨끗하게 정리할 수 있었고, 설사 그게 불가능하다고 밝혀지더라도 명예로운 방법으로 끝까지 싸울 수 있었다.

그래서 빅토리아 여왕은 여성다운 기지와 가문에 대한 충절로 충만하며 밑줄과 눈물 자국 가득한 장문의 편지를 썼다.

편지에서 그녀는 어떤 조카에게는 굳건하게 견디라고 충고했고 다른 조카에게는 분별 있게 행동하라고 애원했다.

각료들은 그런 행위를 못마땅하게 여겼고, 마침내는 그러지 못하게 했다. 그러나 자기 마음대로 할 수 있었다고 하더라도 그 착한 귀부인께서 각료들이 생각했던 것만큼 많은 해악을 끼쳤을지는 의심스럽다. 무관심한 정치인들로 구성된 위원회가 요즘 자주 그러는 것보다 더 많은 해를 끼칠 수는 없었으리라는 건 확실하다.

사실 당시의 외교 문제는 현대적인 문제들과 비교하면 매우 단순했다. 넬슨은 그의 장교 후보생들에게 "진실을 말하고, 똑바로 사격하고, 프랑스 놈들을 악마처럼 증오하라."고 가르쳤다. 수세기 동안 영국의 외교 정책에 필요했던 것은 마지막 세 번째 충고가 전부였다. 그건 평범한 지식인들도 충분히 이해할 만한 내용이었다. 그러나 요즘 우리가 안고 있는 가장 중요한 문제들은 금융이나 통화와 관련이 있다. 우리가 사는 세계의 제왕은 여러 선진국의 중앙은행 총재들이다. 민주주의 국가에서는 투표를 할 수는 있겠지만, 이 사람들이 우리의 운명을 결정한다.

그러나 빅토리아 여왕이 분명 외교 문제를 이해했던 것과는 달리 중앙은행 총재들은 금융을 이해하지 못한다. 그것이 바로 세상이 이토록 난장판이 된 까닭이다. 물론 그들이 사적인 비즈니스로서 금융 업무에 무지하다는 뜻은 아니다. 내 말은 물가의 인상 및 인하, 산업의 호황 및 불황에 따라 금융이 공동체 생활에 미치는 영향에 대해 이해하지 못한다는 뜻이다. (몇몇) 경제학자들은 일반 대중에게 지극히 중요한 문제인 금융의 이런 광범위한 측면에 대해 이해하고 있지만 그들에게는 정부의 금융 정책에 영향을 미칠 수단이 없다. 이 점이 우리 시대 크나큰 불행 중의 하나다.

민주주의는 하나의 원리로서는 존중할 만하다. 하지만 아주 복잡한 전문적인 문제들을 대중의 투표로 결정할 수는 없다는 점도 분명하다. 그런 문제들은 과두 정치로, 즉 소수의 통치로 결정해야 한다. 민주주의가 불가능한 곳에서 중요한 점은 소수의 통치자들이 반드시 전문가들이어야 한다는 점이다. 이따금 그런 경우가 있긴 하다. 예를 들면, 선임 장교들의 목이 모두 잘려 나갔던 프랑스 혁명 이후 시기에, 살아남은 사람들이 전쟁을 이해하고 있었기에 프랑스는 가는 곳마다 승리를 거둘 수 있었다. 반면에 그리 철저하지 못한 체제에서는 장군들이 시대에 50년씩이나 뒤처져 있는 게 확실했다.

불행하게도 금융과 관련된 측면에서는 전문적인 경제 지식의 중요성을 아직 깨닫지 못하고 있다. 그 이유는 대체로 우리가 금융을 사적인 비즈니스로만 생각하지 정부의 한 부분—아니, 나는 금융이 정부 전체라고 말하고 싶다—으로는 거의 생각하지 못하고 있기 때문이다.

    중국의 황제들은 예수회 천문학자들을 존경했다. 그들이 일식을 예언하면 실제로 그런 현상이 일어났기 때문이다. 나는 거대한 중앙은행을 이끌고 있는 지도자들이 새해 첫날마다 그 해의 물가 및 무역의 향방을 의무적으로 예측하도록 정하자고 제안한다. 그 예측이 틀린 것으로 판명되면 스스로 목을 자르거나, 혹은 이쪽이 더 마음에 든다면, 어느 대학의 학부생이 되어 이론을 중시하는 현학자들을 스승으로 섬겨야 한다. 우리는 우리의 전문가들이 정말 전문가인지 아닌지 알아야만 하며, 그때 이 제안은 그 어느 것 못지않게 훌륭한 방안이 될 것이다. (1933. 7. 19)

정통이라는 것은
On Orthodoxies

생각을 하는 것은 어렵지만 경구를 되풀이하는 것은 쉽다. 인류 중에서 어떤 인기 없는 집단을 향한 가시 돋친 경멸의 경구를 지어내는 자들은 그러면 추종자 무리가 따를 것이라고 확신한다. 증오와 지혜는 헷갈리기 쉽다. 히틀러주의자는 유대인을 증오하고, 공산주의자는 부자를 증오하고, 프로이트주의자는 부모를 증오한다.

    그들은 자신을 지배하는 격정의 필터를 통해 세상이 하나의 색깔과 무늬로 되어 있다고 본다. 그들의 혐오라는 탐조등으로 밝힌 풍경에서 그런 부분만 주목한다. 반면에 나머지 부분들은 모두 어둠 속에 숨겨져 있다. 이런 방식으로 그들의 우주는 지적으로 편안한 통일성과 질서를, 또 기질적으로 만족감을 주는 균일한 정서적 색조를 띠게 된다.

    가장 과학적인 것에서부터 가장 미신적인 것에 이르기까

지 모든 우주론은 이중의 목적을 가지고 있다. 지적으로는 충격을 예방해서 우리가 세상 어디에 있더라도 집에 있는 것처럼 느끼도록 하는 것이고, 정서적으로는 우리의 지배적인 심리 상태가 창조의 목적으로 향하는 열쇠라고 설득하는 것이다. 이런 풍조가 바로 모든 정통의 특징이다.

하지만 정통을 좇는 작은 파벌에 들어가는 데는 또 다른 동기가 개입한다. 당신이 머글턴파[15]라면, 그 빛을 본 사람이 얼마 없다는 생각에 위안을 느낄 것이다. 어떤 사람은 재물을, 어떤 사람은 재치를, 어떤 사람은 명성을 가지고 있겠지만 머글턴의 위대함은 알지 못하며, 언젠가 그들의 실수를 깨닫게 될 것이기 때문이다. 이런 생각은 당신의 일시적인 고난에 위안을 준다.

당신이 프로이트주의자라면, 아버지와 아주 잘 지내는 것처럼 보이는 사람도 실은 깊이 자리 잡은 무의식적 증오를 은폐하고 있을 따름이라는 사실을 알 것이다. 당신이 의식하는 증오는 정말로 아버지를 '좋아한다'고 생각하는 사람들의 증오만큼 나쁘지는 않다. 자기 안의 나쁜 격정에 더 많이 주목할수록 당신은 더 만족할 것이다. 누구나 나쁜 격정을 가지고 있고, 최악을 자각하는 것은 좋은 일이라고 확신하기 때문이다.

당신은 대가의 작품을 읽지 않는다. 그래서 대화 도중 대가의 견해를 알게 되면 자연히 그것을 과장하게 된다. 프로이트 자신이 쓴 책을 직접 읽고서 나는 그의 글들이 매우 합리적이며, 사이비 지식인들 사이에서 프로이트 이론으로 통하는 것들보다 훨씬 온건하다는 사실을 깨닫고는 몹시 놀랐다.

정통이 변하기 쉽기는 하지만 최신의 것들이 지나치게 맹위를 떨치고 있다. 많은 사람들이 시대에 뒤떨어졌다는 비난을 받을까 덜덜 떤다. 그들은 옷을 갈아입듯이 자신의 의견을 바꾼다. 그리고 요즘 유행하는 옷을 입듯이 요즘 통용되는 생각대로 생각한다. 기호의 문제에서 특히 그렇다. 그들은 최근의 화가, 최근의 작곡가, 최근의 시인을 찬양한다. 최근의 것이 아니면 모든 장점조차 깡그리 무시하면서 말이다.

깊이 생각해보면, 지금 선언한 의견들이 내년에는 시대에 뒤처진 것이 되어 그때 그 사실을 떠올리면 얼굴이 붉어지리라는 걸 알아야 한다. 그러나 그들은 자신의 과거 의견을 상기시킬 정도로 불친절한 사람은 없으리라는 행운에 기댄 채 사실상 무엇이 '옳은' 견해인지 결정짓는 심판자처럼 행세한다.

사실 단지 자신의 의견을 취한다고 해서 지식인이 될 수 있는 건 아니다. 지식인이란 이러저러한 견해를 가지고 있는 사람이 아니라, 자신이 믿고 있는 것에 대한 타당한 논거를 갖고 있더라도 그것을 교조적으로 믿지는 않는 사람이다. 타당한 논거에서 나온 의견은 정서적으로 교조주의자들의 의견보다는 통일성이 부족하다. 논거란 비당파적이어서 지금은 이

쪽을 편들다가 다음은 저쪽을 편들 수도 있기 때문이다.

그래서 사람들은 논거를 그리 유쾌하게 여기지 않는다. 학교에서는 학생들이 날마다 하나의 유쾌하지 않은 의견을 받아들이도록 해야 하며, 자기만의 일관성으로 견해를 구축한 자는 누구도 가르치지 못하게 해야 한다. 아마 그러면 정통이 가지는 적의가 줄어들지도 모른다. (1933. 8. 23)

수단보다는 목적
Means to Ends

문명인과 야만인의 중요한 차이점 하나가 있다. 문명인은 일을 많이 하는데, 일 자체를 즐기는 게 아니라 미래의 즐거움을 확보하거나 미래의 고통을 피하기 위해 그런다는 것이다. 이런 습성은 인간이 겨울철에 굶주리지 않기 위해 농사를 지으면서부터 시작됐다. 그전에는 배고플 때만 식량을 구했다. 그 수단은 사냥이었는데 그 자체로 즐거운 일이었다. 최종적인 이익을 위해 유쾌하지 않은 일을 하는 습성은 인간이 원시 상태로부터 멀리 떠나올수록 점점 자랐다.

지금 대다수 사람들은 본능적으로 하루 일과가 끝나기 전까지는 즐기는 일을 하지 않는다. 신중한 성향의 사람들은 심지어 일과가 끝난 다음에도 즐길 수 있는 것보다 훨씬 조금 즐긴다. 저축하는 게 현명하다고 생각하기 때문이다.

그들은 아껴둔 돈을 은행에 빌려주고, 은행은 그 돈을 기업가에게 빌려준다. 모두들 너무 검소해서 그의 생산품을 사지 않으므로 기업가는 파산한다. 그러면 은행도 파산하고, 따라서 절약했던 사람은 저축한 돈을 모두 잃게 된다. 이제 그는 자신의 손실을 보충하기 위해 전보다 더 많이 절약한다. 그리고 이 모든 과정이 반복된다.

이 사례가 보여주듯이 도가 지나치게 목적보다 수단을 추구하는 경우가 있을 수 있다. 각자 길은 다르지만, 구두쇠와 염려가 지나친 사람은 모두 이런 실수의 희생자들이다. 예술적, 문학적 취향을 갖고 있으면서도 사업을 하다가 적당히 재산을 벌면 은퇴한 다음 비상업적 문화 활동에 헌신하리라고 결심한 젊은이들을 종종 만날 수 있다. 때로는 이 계획이 성공하기도 하지만 그런 경우는 아주 드물다. 아주 흔한 경우로 젊은이들은 약간의 재산을 확보하는 과정에서 돈 버는 게임에 흥미를 느껴 아예 정말로 부자가 되겠다고 결심하곤 한다. 마침내 은퇴했을 때가 예순 살이라고 치면, 그의 예술적 취향은 이미 죽어버린 다음이다.

같은 종류의 일이 국가에서도 벌어진다. 프랑스 혁명군은 외적에 대항해 자유를 수호하는 수단으로 만들어진 군대다. 그러나 그 군대는 결국 자유에 등을 돌렸고 프랑스는 나폴레옹에게 희생당했다. 이런 실수의 좀 더 현대적인 형태가 러시아에서 있었다. 러시아는 5개년 계획에 따라 중공업을 위해 모든 것을 희생했는데, 그 결과 종국에는 멋진 기계들은 있었지만 먹을 건 거의 없게 되었다.

너무 지나친 신중함에 반대하는 이유가 두 가지 있다. 하나는 일반적으로 미래가 불확실하다는 점이고 또 다른 하나는 우리의 취향과 욕망이 변하기 쉽다는 점이다. 첫 번째는 너무 명확해서 설명할 필요도 없고 두 번째는 보통 깨닫기 힘들다.

사람들은 대부분 중년이 될 때까지는 완전하게 습관의 지배를 받는다. 무슨 일을 하건 그들은 그 일을 계속하려고 한다. 시옹 Chillon[주로 종교 지도자와 정치범들이 수용됐던 스위스 제네바 부근의 고성]의 죄수들마저도 '한숨을 내쉬며'[16] 감옥을 떠났다. 습관의 힘이 가져오는 결과는 다른 무언가를 위해 일을 시작하더라도 결국엔 그 일 자체를 위해 일을 계속하게 되는 것이다.

목적 대신 수단을 위한 삶이 너무 지나치면 자연스럽게 우러나는 즐거움은 죽어버리고, 그럼으로써 미적 감각은 파괴된다. 지나치게 신중한 국민은 도시를 흉물스럽게 짓는다. 그들이 즐기는 것이라고는 장부 정리를 하거나 술에 취하거나 둘 중 하나이기 마련이다. 신중함을 지나치게 추구해서는 문명을 즐길 수 없고, 문명을 즐기지 못하면 사람은 난폭해지기 쉽다.

독일인들은 전쟁이 일어나기 전 몇 년 동안 위대한 국가라는 목표를 위해 살았다. 그들은 여기에 너무 집중한 나머지 일종의 히스테리를 일으키기에 이르렀고, 결국 그것이 그들의 목적을 무산시키는 행동으로 이어졌다. 편협한 목적은 정신적 균형에 치명적이다. 때로는 즉흥적이고 충동적으로도 살아야지, 안 그러면 제정신을 유지할 수 없다. (1933. 8. 30)

모두를 위한 윤리
Individualist Ethics

지난 400년 동안 서구의 역사는 끊임없는 반란의 역사였다. 16세기에는 루터와 종교 개혁이 있었다. 17세기에는 청교도들이 있어 주교제를 폐지하고 왕의 머리를 잘랐다. 18세기에는 미국과 프랑스에서 혁명이 일어났던데다가 종교계에서는 웨슬리의 봉기도 있었다. 19세기에는 세계 곳곳에서 혁명이 일어났다. 낭만주의 운동도 그때 일어났는데, 이 운동은 해적, 기물 범법자, 그리고 찢어진 가슴 때문에 범죄로 내몰린 사내들을 사랑했다. 20세기에 들어서는 아직까지 긴 동요만이 지속되고 있을 뿐이다.

   이 모든 운동의 영향은 정치적인 만큼이나 종교적인 것으로 개인과 그의 권리를 지나치게 강조해왔다. 어느 정도까지는 좋은 일이다. 예전에 공공의 의무란 왕과 성직자에게 복종하는 것이었지만 왕은 억압적이었고 성직자들은 편협했다.

그런 상황에서는 개인이 자신을 주장하는 권리를 행사할 수 없었다.

선박세 납부를 거부했던 햄던[17]과 보스턴 항에 차를 던져 버린 사람들[1773년 영국 정부에 불만을 품은 보스턴 시민들이 항구에 정박 중이던 동인도 회사 소속 선박을 습격해 화물로 실려 있던 차를 바다에 던진 사건을 말한다. 이 '보스턴 차 사건'은 미국 독립 혁명의 발단이 되었다]은 일시적인 무정부 상태를 연출했다. 그것은 통치 형태를 개선하는 데 필수적이었고, 따라서 장기적인 관점에서 이기적이지 않았다는 이유로 정당화될 수 있었다.

하지만 청교도주의의 다음 국면에서, 그리고 민주화 봉기의 다음 국면에서 공공의 이익을 근거로 정당화될 수 있는 범위를 넘어서 자기주장을 내세우는 경향이 나타났다. 그리스도는 두 가지 계명이 있다고 가르쳤다. 하느님을 사랑하라, 그리고 네 이웃을 사랑하라.[18] 하지만 두 번째 계명은 자주 잊게 된다. 아내와 자녀들에게 다정하게 굴고 정직하게 사업을 하는 것보다는 안식일을 지키고 불경스러운 말을 삼가는 게 더 중요하다고 생각하는 것이다.

존 D. 록펠러 시니어의 경우를 살펴보자. 나는 그가 오랜 세월을 살면서도 소년 시절 다니던 침례교 주일 학교에서 금지한 일들을 하나도 범하지 않았으리라 믿는다. 록펠러는 어린 시절 배운 기준대로 언제나 도덕적으로 엄격했다. 어렸을 때 배운 선을 넘지 않았다.

경쟁자들에게 저지른 무자비한 방법들을 보고 미국인 거의 전부가 분노했을 때 록펠러가 진정 그토록 놀란 것도 바로 그 때문이었다. 그가 배운 기독교인의 의무에는 불공정한 수단으로 경쟁자를 파멸시키는 행위나 정치적 부패를 삼가야 한다는 내용이 들어 있지 않았다. 의무란, 록펠러가 품었던 생각처럼, 단지 그와 하느님 간의 사안일 뿐이었지 그와 공동체 간의 사안은 아니었다.

민주주의와 낭만주의 운동은 고유한 차이에도 불구하고 다음 단계에서 유사한 결함을 드러냈다. 반항적인 많은 젊은 이들은 자유롭게 살면 충분하지 쓸모 있게 살 필요까지는 없다고 느꼈다. 국수주의의 충동 아래에서, 크건 작건 모든 국가들은 다른 나라에 대해 지켜야 할 의무가 없다고 느끼게 됐다. 똑같은 정신이 국가에서 개인에게로 쉽게 퍼져 나갔다. 이로부터 우리의 행동이 공동체에 미칠 영향에는 거의 관심을 두지 않으면서 개인의 마음 상태에는 지나친 관심을 기울이는 하나의 윤리가 생겨났다.

낭만주의 운동의 절정기에 벤담주의자들[19]은 최대 다수의 최대 행복이 행동의 목적이 되어야 한다고 가르쳤다. 벤담주의자들을 아는 사람들은 그들을 바보 취급했고, 대부분은 그들을 전혀 알지도 못했다. 그러나 이 문제에 관한 한 나는 벤담주의자들이 옳았다고 생각한다. 그리고 그들의 관점에서 중요한 점들을 회복해야만 세상이 제정신을 차릴 수 있다고 생각한다. (1933. 9. 6)

의미 있는 반항
The Cult of the Individual

1776년부터 제1차 세계 대전에 이르는 기나긴 인류 역사는 개인주의적 반란의 시대로 묘사할 수도 있다. 세계는 수많은 낡고 나쁜 관례들을 물려받았기에 그것들을 근대정신에 좀 더 알맞게 바꾸는 일이 가장 중요했다.

왕의 권력, 귀족과 성직자의 권력, 노예 소유주의 권력, 아버지의 권력, 남편의 권력이 있었다. 이 모든 권력은 여러 가지 방법으로 그 집단의 꼭대기에 있지 않았던 개인들의 발전을 방해했다. 따라서 탄압받던 사람들은 인권과 여성의 권리를 주장했다. 이 운동은 부분적으로는 평등을 지향했고 부분적으로는 자유를 지향했다. 프랑스 혁명에서 세 번째 원칙, 즉 박애가 더해진 것은 사실이지만 그것은 공포 정치 시대에 끝나고 말았다. 반면 자유와 평등은 나폴레옹의 집권에도 불구하고 더 강인하게 살아남아 19세기의 발전을 지배했다.

정치적 권리에서의 평등은 단계별로 이루어졌다. 제1차 세계 대전의 종결과 함께 여성에게도 참정권이 주어지면서 미국과 영국에서는 모든 성인들에게 참정권이 보장됐다. 경제적 평등은 그때까지는 러시아에서만 시도됐을 뿐 세계 다른 곳에서는 금방 실현될 것 같지 않았다.

자유는 더 파란만장한 이력을 쌓아왔다. 개인적 자유의 적절한 한계가 어디까지인지 말할 수 있는 사람은 없었다. 우리 모두는 서로를 살해할 자유가 없어야 한다는 데 동의하고 궁핍하지 않은 사람들이 늘 남의 실수를 가로챌 생각만 해왔다는 데도 동의한다. 하지만 이 선을 넘으면 모든 것이 불확실해진다.

우리에게 히틀러 암살을 옹호할 권리가 있는가? 대부분 '아니다'라고 말할 것이다. 제정신이 아닌 사람 앞에서 히틀러를 비난하여 그를 암살하게 만들 수도 있는 권리가 우리에게 있는가? 히틀러는 여전히 '아니다'라고 말하겠지만 많은 사람들이 '그렇다'라고 말할 것이다. '아니다'라고 말한 이들은 자신이 정부에 대항하는 행위를 모두 사악하다고 보는 입장이라는 사실을 깨닫게 될 것이다. '그렇다'라고 말한 이들은 어려운 시기에 자신의 원칙이 정부를 위험에 빠뜨릴 수 있다는 점을 깨닫게 될 것이다. 확실하고 명백한 해답이 없는 문제가 뒤따른다.

자유의 원칙이 가지는 문제점 중의 하나는 대개는 권위에 대한 반항에 고무돼 자유를 옹호한다는 점이다. 반항을 야기한 권위가 철저하게 나쁜 권위일 수도 있다. 그러나 반항아들은 일단 자기주장을 펼치기 시작하면, 자기주장이 이치에 맞지 않는 다른 여러 방향에서도 계속 그렇게 하기 마련이다.

이를테면 부모들이 담배를 금지하면 아이들은 흡연을 한다. 권위를 지녔다는 점에서 정서적으로 부모나 마찬가지인 의사들이 예방 접종을 권하므로 예방 접종은 분명 잘못된 것이다. 이것이 반항하는 아이들의 자연스런 추론이어서 아이들은 사회적으로 수용되는 모든 것을 거부하게 된다. 그 모든 것에는 진짜 나쁜 것들과 함께 과학, 예술적 전통, 언어적 전통이 포함된다. 예컨대 제임스 조이스라면 문법적 관례가 자신의 자유를 방해하지 못하도록 기묘한 언어를 창안해야 한다.

이런 식의 결과를 논리적 결론으로 밀어붙이면 누구라도 인정하는 광기가 될 것이다. 평범한 남녀들이 제때 알아챌 수 있는 중요한 근거가 없다면, 사회적 관습에 복종해야만 미친놈 취급을 받지 않을 수 있기 때문이다. 갈릴레오는 동시대의 관례에 동의하지 않았지만 인류를 바꿔놓았던 논쟁을 통해 반대자들을 패배시켰다. 오늘날 지구가 평평하다고 믿는 자가 있다 해도 그가 양식 있는 사람들을 설득해서 동의를 얻어낼 수 있는 기회는 없다. 그것은 그냥 자신이 바보가 될 권리를 주장하는 것일 뿐이다.

　권위에 맞선 반란은 그 권위가 나쁠 경우에는 필요했고, 또 지금도 여러 면에서 여전히 필요하다. 하지만 반란을 일으키는 것만으로 지혜가 보장되는 것은 아니다. 예전의 나쁜 권위를 대신하여 지금은 과학의 권위가 점점 성장하고 있다. 과학에 맞선 반란에서 과학적 기반을 갖추지 않는다면 어리석은 짓일 뿐이다. 게다가 문법 같은 문제에서 반란을 일으키는 것은 가치 없는 일이다. 문법에서는 관례의 유지가 중요하고, 관례의 내용이 뭔지는 문제가 안 되기 때문이다.

　따라서 단지 반항하는 기분에서 일으킨 반란이라면 인류에게 유익하기 어렵다. 반란은 확실하게 교정할 수 있는 해악에 대한 저항일 때만 유익하다. 개인의 권리에 관해서 어떤 말을 해도 좋지만, 개인의 권리도 공동체의 안녕을 위해 늘 제약을 받고 있다. 　　　　　　　　　　　　(1933. 9. 13)

논쟁을 좋아하게 되면
On Being Argumentative

논쟁의 기술은 고대 그리스인과 중세 스콜라 철학자들이 실천하고 찬양하던 기술이지만 우리 시대에는 불운한 신세가 됐다. 모든 사람은 자기 의견을 말할 권리를 가진다고 여겨지며 동시에 상대방 면전에서 반대 의견을 말하는 것은 좋지 않은 태도로 취급된다. 이성적인 공동 법정이 있어서 모든 사람이 그 법정에 호소해야 하고 모든 사람이 그 법정의 결정을 받아들여야 한다고 가정하는 사람은 아무도 없다. 어떤 사람의 생각은 그 사람 사정이므로 그와 논쟁하는 것은 주제넘은 일이라고들 한다.

종교적인 관용에서 나온 이런 태도에는 긍정적인 측면들이 있다. 자신의 의견 때문에 박해받고 싶지 않다면, 또 모두가 동등한 권리를 누리고 싶다면, 서로 의견이 달라도 원만한 사회적 관계를 유지하는 방법을 찾을 필요가 있다. 편견이 강한 곳에서는 껄끄러운 화제를 피하는 일도 여기에 포함된다.

애국적인 프랑스인과 애국적인 독일인이 함께 무인도에 조난을 당했다면, 각자 자기 나라의 상대적 가치에 관한 토론은 적절히 피해 갈 것이다. 그 문제에 관한 한 그들의 의견은 격렬하고 불합리할 것이며, 아무리 논쟁을 하더라도 합의점에는 한 발자국도 가까이 가지 못할 것이기 때문이다.

하지만 이는 부분적으로는 논쟁의 쇠퇴가 가져온 불행한 결과이기도 하다. 반대 의견에 대해 침묵을 요구하는 대신 예절을 갖춰 철학적 냉정을 요구한다면, 우리 모두는 지금보다 성숙한 관용을 얻게 될 것이다. 그 철학적 냉정은 우리의 사회적 행동뿐만 아니라 우리의 사고에까지 미치기 때문이다. 더욱 중요한 점은, 자기 것이라고 해서 무조건 끌어안지만 말고 자신의 견해가 객관적인 논쟁을 통해 방어할 수 있는 성질의 것인지 파악하는 법을 배워야 한다는 것이다.

이 결론은 소크라테스가 목표로 삼았던 것이다. 그는 이제까지 존재했던 도시 중 가장 논쟁적인 도시에서조차도 지나치게 성가신 존재가 되는 바람에 처형당했다. 아마 우리 시대에도 그 비슷한 사람은 처형당하거나 아니면 적어도 정신병원에 갇힐 것이다. 그러나 소크라테스의 위대함은 인정받고 있으며, 세상은 이전 그 어느 때보다 더 그의 혜안을 필요로 하고 있다.

성인들이 심각한 주제에 관한 논쟁을 관대하게 받아들이려면 학교에서부터 관용을 배우는 과정을 시작해야 한다. 누군가 악역을 맡아 일주일에 한 번 전교생 앞에서 매우 인기 없는 명제, 말하자면 '축구는 비열한 스포츠다' 같은 명제를 주장해야 한다. 가능하다면 그를 반박하는 게 학교의 주요 관심사가 되어야 한다. 만약 반박할 수 없다면 그동안에는 그 의견을 수용해야 한다. 이내 그 학생은 정치적인 주제나 경제적인 주제로 나아가야 한다. 이를테면 '제1차 세계 대전에서 독일의 패배는 유감스러운 일이었다'거나 '유색 인종에 대한 착취는 마땅히 중단되어야 한다' 같은 주제들로 말이다.

그런 의견들을 참을성 있게 들으며, 비난 대신에 토론으로 그것들을 대해야 했던 젊은이들은 세상 누구의 견해를 듣더라도 냉정을 잃을 염려 없이 세상에 포문을 열 수 있을 것이다. 그런 교육을 받은 다음에는 늘 이성을 앞세워 살아갈 것이며 더 이상 자신의 편견을 도덕적 원칙으로 격상시키지 않을 것이다. 현재 정치적으로 중요한 대다수 신조들이 그들에게는 먹히지 않을 텐데, 그런 신조들이 사라짐으로써 현대 세계의 거의 모든 거대 악들도 자연히 사라질 것이다.

(1933. 9. 20)

중세로 돌아가고 싶은 이들에게
On Mediaevalism

    기계가 등장한 다음부터 기계를 싫어하거나 기계와 연관된 생활 방식을 싫어하는 사람들은 더 원시적인 사회를 동경하면서 이런저런 방법으로 과거를 되살리려고 애써왔다. 수공예품과 농민 예술을 좋아하는 사람들이 있고 기사도 시대를 이상화하면서 현대전이 갑옷 입은 기사들의 방식으로 돌아가기를 바라는 사람들도 있다. 신비스런 미덕은 흙과 접촉하는 생활에서 나온다고 여기면서 최고의 탁월함을 농부들에게서 찾을 수 있으리라 상상하는 사람들도 있다.

    이런 믿음에는 모두 중요한 진실의 요소가 담겨 있다. 나는 지금 아일랜드 서쪽 해안의 코네마라에서 서유럽의 가장 원시적인 사람들과 함께 머물고 있다. 이곳 남자들은 용모와 태도와 말투가 대도시 주민들보다 훨씬 훌륭하다. 대부분 왕자처럼 생겼고, 자기 과시나 비굴함으로부터 완전히 초연한,

몸에 배인 공손한 태도로 행동한다. 여자들은 여전히 전통적인 농부 차림을 해서 붉은 치마를 입고 매우 아름다운 두터운 숄을 걸친다.

언어는 아직도 아일랜드어를 쓴다. 믿을 만한 정보에 따르면, 아일랜드어는 내용이 매우 풍부한 시적인 언어라고 한다. 비록 그들에게 영어는 외국어지만 그들이 쓰는 영어는, 최고의 교육을 받은 사람들을 제외하면, 영국인이나 미국인이 쓰는 영어보다 어휘가 훨씬 다양하다. 그들의 생활은 역사의 여명기 이전부터 인간을 지배해왔던 옛 정서들, 즉 굶주림과 사랑, 아이들에 대한 염려, 초자연적인 것에 대한 두려움 같은 것들로 가득 차 있다. 바다와 하늘과 바람과 바위와 얼마 안 되는 목초지가 그들의 세계를 이루고 있다.

거의 모든 현대인이 이런 생활 방식에 매력을 느끼며 아쉬워한다. 그럼에도 나는 옛것을 보존하는 데서 세상의 미래를 찾을 수 있다거나 찾아야 한다고는 믿지 않는다. 무엇보다 그것은 관광객에게 기쁨을 주는 그 원시적인 사람들의 바람과 어긋난다.

코네마라의 농부 아낙들은 평일에는 전통적 방식대로 아름답게 차려입지만 일요일에는 값싸고 맵시 없는 공산품을 입는다. 원래 살던 주민들의 다수는 미국으로 이민 갔다. 애초에는 기아에서 탈출하려 한 것이었지만, 미국에 도착하자 미국 생활을 더 좋아하게 됐다. 고향 늪지대의 단조롭고 배고픈 생활보다 나았던 것이다.

관광객과 영화 제작자들의 행렬이 끊임없이 늘어서자 주민들은 오래지 않아 자기네 풍습의 가치를 자각했음에 틀림없다. 코네마라의 이야기는 원시성이 살아 있는 다른 지역들에도 적용될 수 있다.

산업화 이전의 생산 방식을 반대하는 또 다른 이유는 주민의 상당수가 사망하는 정기적 기근으로 대미를 장식하는 극심한 빈곤이 동반되기 때문이다. 현재 아일랜드 인구는 90년 전 인구의 절반을 넘지 않는다. 엄청나게 많은 사람들이 1846~1847년의 기근으로 사망했지만 그 이후로는 이민으로 기아를 면할 수 있었다. 세계의 나머지 지역들조차 아일랜드처럼 낙후되어 있었다면 이민을 갈 곳이 어디에도 없었을 것이다.

원시적인 생활 방식을 반대하는 가장 강력한 이유는 그 생활이 여성에게 고통스럽기 때문이다. 여자들은 요리를 하고 빵을 굽고 옷을 지어야 한다. 농사일에서도 많은 몫을 해내야 한다. 이 모든 일들이 계속되는데도 그들 대다수는 대가족을 이루고 산다. 그러다 보니 여자들은 나이 서른에 늙어버린다. 남자들은 폭군처럼 군림하고 물건 살 돈이라고는 남지 않는 농가 살림에서 이것은 피할 수 없는 운명이다. 현대적인 생산

방식의 이점을 빠짐없이 이용할 때에야, 그리고 분배 원칙을 개혁할 때에야 비로소 여성은 남성과 본질적으로 평등해지리라는 희망을 품을 수 있다. (1933. 9. 27)

지루함에 대한 찬양
In Praise of Dullness

지난 100년 동안 전 세계를 휩쓴 가장 큰 변화의 하나는 계층을 가릴 것 없이 오락을 자주 즐기게 됐다는 것이다. 이는 전적으로 기계를 발명한 덕분이다. 처음엔 철도였다. 덕분에 군중이 축구 경기나 그와 비슷한 행사에 모일 수 있었고 이따금 도시에서 한가한 저녁을 보내는 것도 가능해졌다. 하지만 철도가 발명된 이후로도 오랫동안 생활이 더 즐거워지지는 않았다. 갑자기 새로운 가능성들이 눈사태처럼 모든 사람을 덮치기 전까지는 그랬다. 자동차, 축음기, 영화, 라디오 등이 전원생활을 완전히 바꾸어놓은 것이다.

여기에는 부인할 수 없는 장점들이 있다. 나는 이전에 비해 시골 주민 중에서 제정신이 아닌 사람의 수가 줄고, 어쩌면 살인자도 줄었으리라는 사실을 의심하지 않는다. 누군가에게 근심이 있다면 단조로움을 견디기가 매우 힘들다. 자기 잘못을 곱씹는 것 말고는 할 일이 아무것도 남아 있지 않다. 이 때 오락은 자신을 잊게 한다. 거기까지는 도움이 된다.

하지만 그 문제에는 다른 측면도 있는데, 우리 시대에는 그것을 너무 자주 간과하고 있다. 문학과 예술의 측면에서 보면 가장 중요한 감정의 방식들은 거의 모두 한결같은 환경에서 오랜 세월을 거쳐 나온 것들이다. 뒤를 돌아볼 여유가 없는 이들은 절대로 가질 수 없는 지혜가 있으며 친숙한 풍경에서 작은 차이에 주목하는 법을 배운 이들만이 갖출 수 있는 섬세한 지각도 있다.

지금까지 위대한 책들은 거의 모두, 적어도 젊은 시절에는 오락도 변화도 거의 없이 지냈던 사람들이 썼다. 더구나 최고의 작가들은 자기 책에 지루한 구절들이 있어도 염려하지 않는다. 저급한 정신을 드러내는 가장 확실한 징표의 하나는 지루해지는 것에 대한 용기가 부족하다는 것이다. 대중이 지루해지는 걸 꺼려하게 되면서 이 역시 일반적인 현상이 되어가고 있다. 따라서 위대한 문학의 시대가 끝나지 않았는지 우려하지 않을 수 없다.

근대성에 대한 이런 비판에 전혀 새로울 것이 없다는 점을 인정해야만 한다. 기원전 6세기에 중국의 현인 노자도 당시 중국 문명에 대해 똑같은 말을 했다. 노자는 길과 배와 다리로 인해 이동이 아주 쉬워지는 바람에 예전과 같은 인간과 야생 동물의 친밀한 관계가 사라져버렸고, 옛 진인(眞人)들처럼 머리로 숨을 쉬지도 않게 됐다고 불평했다. 전설에 따르면 이런 생각 끝에 마음이 움직여 그는 지나치게 복잡한 자기 나라를 버리고 서역의 야만인들과 함께 여생을 보냈다고 한다.

어쩌면 노자가 옳았을 수도 있다. 그러나 길과 배와 다리는 없어지지 않았고, 3세기 뒤에 노자의 제자인 장자도 마찬가지로 불평했다. "저들은 예악을 숭상한다며 요란을 떨더니 결국 황제의 나라가 서로 싸워 쪼개지고 말았구나."

마찬가지로 우리 시대의 발명품들도 우리가 그것에 대해 어떻게 생각하든 살아남을 것이다. 어쩌면 문학과 예술의 쇠퇴는 광기와 우울증의 감소에 대한 대가로 지불하기에 그리 비싼 값이 아닐지도 모른다. 어쩌면 적나라한 삶은 무난히 넘기기에는 너무 끔찍한지도 모른다. 어쩌면 우리는 먹고 마시고 즐기는 편이 좋을지도 모른다. 이는 현자들의 가르침에는 위배되지만, 아득한 옛날에 살았던 사람들의 말씀 때문에 우리가 골치를 썩여야 할 이유는 없지 않은가? (1933. 10. 4)

잔인함과의 전쟁
Combating Cruelty

역사상 모든 시기에서 잔인한 충동은 인간에게 고통을 가하는 원인으로 중요한 작용을 해왔다. 대부분의 현대인들은 그 실상이 어느 정도였는지 실감하지 못한다. 그들은 로마인들이 검투사 쇼를 즐겼다는 사실을 알고 있지만 그것은 예외적인 악행에 속했을 뿐이라고 생각한다. 나는 그렇게 생각하지는 않지만 문명이 잔인성에 탐닉하는 기회를 어느 정도는 줄여왔다는 사실과 함께 습관적으로 잔인한 행동을 할수록 잔인성도 커진다는 사실은 인정한다.

사춘기 시절 함께 어울릴 수밖에 없었던 내 또래의 사내아이들이 있었다. 녀석들은 자루에 쥐를 가득 담아 와서는 사방이 막힌 공간에 테리어 한 마리와 함께 던져넣곤 했다. 그러고는 쥐를 한 마리씩 풀어 개에게 잡혀 갈기갈기 찢기는 모습을 즐겼다. 별다른 기술도 필요 없었고 스포츠라고 할 만한 것도 아니었다. 단지 쥐들이 고통받는 것을 보며 방탕한 쾌락을 즐기는 것뿐이었다.

현대 세계에서 잔인성이 발현되는 양상의 중요한 특징은 그것이 노골적으로 드러나는 경우가 드물다는 점이다. 그러나 심리학적으로는 그리 다르지 않다. 나치는 자고 있는 남자를 체포해 죽을 때까지 두들겨 패면서 스스로에게나 다른 이들에게나 공적인 의무를 수행하는 척할 수도 있다. 하지만 상대에게 어떤 고통도 주지 못하는 의무 행동에 그런 열정을 보이지는 않을 것이다.

러시아에서, 인도에서, 아프리카에서, 그리고 소수파가 권력을 잡은 곳에서는 어디서든 정치적 구실을 만들어내 잔인한 짓들을 저지르고 있다. 하지만 그 구실은 근거가 빈약해서 고문 행위를 강하게 편드는 사람들이나 설득할 수 있을 뿐이다.

이런 무서운 격정의 힘을 줄일 수 있는 방법이 있을까? 나는 지금 잔인성에 탐닉하기 어렵게 만들 법적 수단이나 정치적 수단을 생각하고 있는 게 아니다. 내가 생각하고 있는 것은 사람들이 남에게 고통을 가하고 싶지 않게 만드는 심리적 수단이다. 다양한 방법들이 제시되어 왔는데, 현재 실험 단계에 있는 심리학에서는 분명히 모두 시도해볼 만한 가치가 있는 것들이다.

그러나 내 생각에 많은 사람들이 지지하는 건 아니지만

다른 어떤 방법보다 훨씬 효과적인 방법이 한 가지 있다. 내가 마음속에 품고 있는 그 방법은 지성과 사심 없는 호기심을 배양하는 것이다. 생각하고 관찰하느라 바쁜 사람은 깨어 있지 않은 지성에게는 지루한 상황에서도 흥밋거리를 찾아낸다. 그리고 일단 흥미를 느끼면 지루함에서 벗어나기 위해 잔인해질 필요가 없어진다.

개인적인 경험이 기준이 될 수 있다면, 나는 활동적인 잔인성이 어느 정도 지성을 지닌 사람들보다는 어리석은 사람들에게서 더 흔하게 나타난다고 말할 수밖에 없다. 어떤 종류의 일에든 관심 있는 사람은 당연히 그 일과 관련된 기술적인 문제들을 생각하는 데 수많은 시간을 쏟게 된다. 자신의 힘을 인간이나 동물에 대한 직접적인 지배보다는 다른 방향으로 향하게 하는 것이다.

우리의 관심이 호의적인 것인지 확신할 수 없는데도 타인에게 관심을 가져야 한다고 강요히는 것은 질못된 도덕률이다. 그리고 누군가 호의적인 관심을 가지고 있다 하더라도, 특정인과는 관련 없는 문제, 즉 수학이나 기계나 시와 같은 문제들에 몰두하는 사람들만큼 인류에게 유익한 경우는 거의 없다.

잔인성은 힘을 향한 사랑과 관계가 있다. 또한 잔인성은 마음 수련이 덜 된 이들에게 열려 있는 힘의 주된 형태다. 물질을 지배하는 힘, 관념을 지배하는 힘, 언어를 지배하는 힘은 힘없는 이들에게 고통을 가하는 단순한 힘보다 더 미묘하고 지속적인 만족감을 가져다준다. 하지만 그걸 누리고자 하는 사람에게는 정신적인 고양이 필요하다.

이것이 아마 정신적인 기쁨을 누릴 수 있게 하는 교육을 모두에게 보급하자는 데 찬성하는 가장 중요한 논거가 될 수 있을 것이다. (1933. 10. 18)

삼엽충이 남긴 교훈
Can We Think Quickly Enough?

수백만 년 동안 지구에는 생명체가 없었다. 마침내 생명이 시작되었을 때도 그것은 한가로운 사건이었다. 몇백만 년 정도는 삼엽충이 바다를 지배했지만 변화하는 세월에 적응할 수 없었기에 결국 멸종했고, 뒤이어 나타난 동물들은 지배한 기간이 더 짧았다.

최근에야 나타난 인간은 처음에는 결코 만물의 영장이 아니었다. 지금 토끼들이 인간을 보고 달아나듯이 인간은 매머드나 검치호랑이를 만나면 있는 힘껏 달아났다. 하지만 인간은 불과 무기를 사용하고 농사를 지음으로써 점차 자연의 적들을 제압해갔으며 어느 정도 기를 펴게 됐다. 마침내, 말하자면 바로 어제쯤 되는 시기에, 인간은 쓰는 법을 고안해서 자신의 역사를 기록하기 시작했다.

그 순간 이후로는 속도가 계속 빨라지고 있다. 이집트 초기의 속도는 현대의 기준으로 보자면 여전히 느려서 4,000년간 일어난 변화가 최근 10년간 일어난 변화와 같은 정도였다. 16세기를 맞기 전까지는 당시의 100년이 대략 지금 10년과 맞먹었다. 변화는 그렇게 계속되어왔고 속도가 느려질 기미는 전혀 보이지 않는다. 미국은 최근 6개월간 놀랄 정도로 변화했다. 러시아는 혁명 기간에 그보다 더 변화했고 독일은 1918년 이후로 몇 번이나 변화했다. 15세기부터 1914년까지는 세계 정치를 같은 공식으로 판단할 수 있었지만 이제는 해가 바뀔 때마다 새로운 공식이 필요하다.

 인류는 그토록 빠른 변화에 적응할 수 있을까? 이는 궁극적으로 생리학과 관련된 질문이다. 우리 몸의 조직이 충분히 빠른 속도로 새로운 요령들을 익힐 수 있을까? 불행하게도 인간의 몸 자체는 주위 환경의 변화에 맞춰 변화하지 않는다. 현대인과 고대 로마인 사이에 두드러진 육체적 차이는 거의 없다.

 그리고 그에 덧붙여, 변화가 정말 빨라지기 시작한 바로 그 순간, 출생과 사망 모두 엄청나게 감소했다. 그 결과 인구가 해마다 고령화하고 있다. 이후 50년간 변화를 맞아야 할 세상은 주로 늙은 남자와 늙은 여자들로 구성될 것이다. 그들이 이 변화를 당해낼 수 있을까? 그저 피로해서 변화를 빨리 마무리 짓고 그때까지 있던 세상이 어떤 종류의 것이든 그대로 고정해놓자고 결정하지 않을까?

이를 피하려면 정신적으로 젊음을 유지하는 기술을 받아들일 필요가 있다. 육체적으로 젊음을 유지하고 싶어 하는 이들은 근육이 굳어지는 것을 막고 여전히 젊은 시절처럼 몸을 갖은 형태로 비틀 수 있도록 온갖 운동을 한다. 비슷한 성격의 정신 운동이 있는데, 그것은 습관적인 의견들과는 다른 의견을 반기는 것이다.

늙은 정신의 편견은 늙은 몸의 굳은 근육과 같다. 시험을 통과함으로써 자신이 정신적으로 유연하다는 것을 보여주지 못하는 사람은 어떤 요직도 차지하지 못하게 해야 한다. 그 시험을 통과하려면 애완동물에 열광하는 자신에게 반대하는 주장에 대해 화내지 않고 참으면서 이성적인 태도로 대답해야 한다. 만약 야구를 찬미하는 사람이라면 모든 운동을 바보짓이라고 생각하는 연약한 젊은 예술 애호가와 논쟁할 수 있어야 한다. 금융 채무는 제때 갚아야 한다고 믿는 사람에게는 시저와 샤를 5세Charles V[1377~1380년, 프랑스 국왕]가 막대한 빚 덕분에 성공했다는 사실을 지적해주어야 한다. 기타 등등.

그러나 세상은 노인들이 지배하고 있고 그들은 자발적으로 그런 고문을 받으려 하지 않을 것이다. 그래서 내 추측으로는 인간은 삼엽충의 길을 걷게 될 듯싶다. 그것은 쥐들에게는 대단한 일이 될 터인데, 녀석들이 만물의 영장 자리를 물려받을 것이기 때문이다. (1933. 10. 25)

규율에 관하여
On Discipline

인생에서 그리고 젊은이들의 단련에서 규율은 어떤 역할을 할까? 이 질문처럼 폭넓게 의견이 갈리는 주제도 거의 없다. 지난날에는 교육의 가장 중요한 부분으로서 복종을 위한 엄한 규율이 필요하다는 데 아무도 의문을 달지 않았다. 그리고 성인 사회에는 위계질서가 있어 상급자에 대한 하급자의 절대적인 복종이 필요하다고 생각했다. 복종은 수도회에 들어갈 때 받아들이는 세 가지 서약 중 하나였다. 한편 수도원 바깥 세상에선 난폭한 국민에게 왕에 대한 복종을 점진적으로 강요해왔다.

지난 400년 동안에는 그 반대의 운동이 성장해왔다. 종교 개혁을 시작으로 복음주의자들을 거쳐 루소와 낭만주의자들에 이르기까지 내부 목소리에 대한 복종이 외부 권위에 대한 복종을 대체해왔다. 개인적 생활의 강도와 자유가 사회적 화합보다 훨씬 중요한 것처럼 보였다. 그것은 사회적 화합이 이미 보장된 것 같았기 때문이거나 진실이라고 여기던 것들이 법으로 금지되었기 때문이었다. 여기서 가치의 진정한 충돌이 일어나는데, 이 점에 대해선 그 어떤 대답도 절대적일 수 없다. 개인과 공동체는 각각 타당한 요구 사항들을 가지고 있다. 그리고 그 어느 쪽도 다른 쪽을 완벽하게 희생시킴으로써 득을 보지는 못할 것이다.

이와 관련한 어려움은 에드먼드 고스Edmund Gosse(1849~1928년, 영국의 비평가 겸 문학사가)의 『아버지와 아들Father and Son』에 나오는 이야기로 간략하게 설명할 수 있다. 고스의 아버지는 신앙이 깊은 침례교도였다. 그는 무슨 일이든 양심을 길잡이로 삼아야 한다고 믿었고 그의 양심은 프로테스탄트 금욕주의라는 가장 엄격한 교리와 늘 일치했다. 하지만 에드먼드 경은 어린아이일 때도 기질이 달랐다. 아이들 파티에 초대받은 그는 거기 가고 싶었다. 하지민 그의 아버지는 그린 연회를 세속적인 것으로 생각했고 아버지로서 거부권을 행사하고 싶었다. 그러다가 결국 아버지는 소년이 그 문제에 대해 하느님의 인도를 구해야 한다는 데 동의했다. 소년은 그렇게 했고 자기 안의 목소리가 파티는 아무런 해도 없다고 말한다고 밝혔다. 신실했던 아버지는 허락을 하면서도 도덕적으로 당혹감을 느꼈다. 이 순간 이후로 소년은 아버지의 권위가 양심의 패권과는 공존할 수 없음을 깨달았다.

어떤 공동체도 규율 없이 존재할 수 없다는 것은 평범한 진리다. 하지만 각 개인의 내적 규율이 강한 곳에서는 개인의 정신 상태가 무질서한 곳에서만큼 외적 규율이 필요하지 않다. 따라서 이런 일이 벌어진다. 오래전에 확립된 규율이 깨지더라도 첫 세대는 그것 없이 매우 잘 해나갈 수 있다. 낡은 규율이 더는 의견을 지배하지 못하더라도 습관을 통제하는 식으로는 살아남아 있을 것이기 때문이다. 하지만 두 번째 세대는 엄격한 옛 습관을 익히지 못한 탓에 조각나버리기 쉽다. 그런 일이 발생한다면 외적 규율만이 필요한 사회적 화합을 복원할 수 있다.

규율이 어느 정도 필요한 건 분명하지만 거기에는 커다란 위험이 있다. 규율은 주로 비합리적인 힘이기 때문이다. 군국주의자들은 규율을 사랑한다. 규율 덕분에 복종해야 하는 합리적 근거도 제시하지 않은 채 주민을 통제할 수 있기 때문이다.

이성은 양심처럼 정치인이나 군대 지휘자들에게 쉽게 조종당하지 않는 무정부적인 힘이다. 논쟁의 결과로 의견을 형성하는 데 익숙한 공동체에서는 만장일치가 자주 나오지 않을 것이다. 만장일치는 무의식적인 힘이 작용한 결과로 최면술과도 비슷한데 이 점에서 우리는 다른 종의 동물들과 별반 다르지 않다.

아마 이성이 합리적인 사람들의 공동체에서 동의를 형성할 수 있는 명료함과 설득력을 성취하는 날이 올 것이다. 그 전까지는 틀림없이 비이성이 공동체의 집단적인 결정에서 자기 역할을 할 것이며, 비이성의 빼놓을 수 없는 형태 중 하나도 외부 권위를 빌려 계속 존중받을 것이다. 하지만 그 같은 존중은 이성에 해로운 것이며, 이성이 점점 강해지는 데 비례해 약해질 거라는 점을 잊지 말아야 한다. 좋은 세상에서는 더 이상 어떤 복종도 필요치 않을 것이다. (1933. 10. 30)

천년 왕국을 기다리는 사람들
Expecting the Millennium

현대의 특징 중 하나는 동적 개념이 정적 개념을 대체한 것이다. 그것은 평형 법칙에 반대되는 운동 법칙을 최초로 연구한 갈릴레오의 천재성에서 주로 기인한다. 변화를 연구하고 예측하는 일은 낙하 물체나 행성 궤도 같은 단순한 문제에서 시작해 점차 더 복잡한 문제로 확산되고 있다.

라플라스Pierre Laplace[1749~1827년, 프랑스 천문학자 겸 수학자]는 태양계가 점진적으로 진화하고 있다는 가설을 내놓았고, 라마르크와 그 뒤를 이은 다윈은 지구의 생명체에도 같은 일이 일어난다는 가설을 내놓았다. 현대 과학자들의 관점에서는 안정된 것도 없고 영원한 것도 없다. 원자조차도 성장하고 폭발하고 우주선[宇宙線, 우주에서 지구로 쏟아지는 높은 에너지의 미립자와 방사선 등을 말한다]으로 분해되어 사라진다.

사회과학에는 이런 관점이 다른 분야에 비해, 특히 대중의 기대에 비해 서서히 스며들었다. 고대인들은 과거에 황금 시대가 있었으며 아마도 먼 훗날 새로운 황금시대가 오리라고 상상했다. 두 황금시대 모두 행동을 자극하는 해악을 포함하지 않았기 때문에 정적이라고 할 수 있다.

이교도의 시대를 겪으면서도 과거와 미래에 대한 이런 견해는 본질적으로 바뀌지 않았다. 초기 기독교도들은 살아생전에 천년 왕국이 도래하기를 소망했다. 나중에 그들은 천년 왕국이 서기 1000년부터 시작되리라고 기대했다. 그날이 지나자 천년 왕국은 기약 없는 미래로 멀어졌지만 사람들의 마음속에는 먼 희망으로 남았다.

개혁론자들은 변함없이 대대로 인정받아온 공식은 거부하면서도 변하지 않는 완벽한 나라가 출현하리라는 희망을 버리지 않았다. 유토피아 건설자들은 행복한 사회를 그려내고는 그곳에선 진보를 장려할 필요가 없다고 주장했다. 유토피아주의자들을 비웃었던 마르크스는 그럼에도 모든 사회적 변화는 계급 갈등에서 비롯되며, 따라서 혁명이 계급 없는 사회를 창조하자마자 변화는 멈출 것이라고 가르쳤다. 그 순간부터 모든 악은 사라지고, 진보는 멈추고, 인류는 넉넉한 여가시간을 마르크스를 숭배하며 보내게 될 것이라고 추측하는 사람도 있다.

이런 전망들은 모두 천년 왕국에 대한 기대에 여전히 사로잡혀 있다. 이는 현대 과학의 정신을 흡수해온 이들이 보기에는 불가능한 전망이다. 현대 과학의 정신은 우리를 완벽이 아니라 오랜 시기에 걸친 꾸준한 개선을 추구하도록 이끌기 때문이다.

천문학자들은 인류가 10억 년 정도는 지속할 수 있으며 종국에는 태양이 폭발하리라는 견해로 기울고 있다. 문명은 약 6,000년간 존속해왔다. 그 기간은 말하자면 인류가 존속할 수 있는 기간의 100만 분의 1에 불과하다. (말하자면) 다음 1,000년 안에 문명이 진보의 가능성을 소진하여 이후 10억 년간 지루한 정체 상태가 이어질 것으론 좀처럼 보이지 않는다.

그러므로 우리는 미래에 대한 희망을 상상 속의 완벽한 나라 위에 세울 게 아니라 점진적인 진전, 현재의 우리 지식으로는 한계를 설정할 수 없는 진전에 대한 기대 위에 세워야 한다. 인간은 자신의 환경을 더 잘 통제하고, 지성을 더 높이고, 자신의 열정을 유용한 방향으로 유도하는 힘을 더 많이 얻게 될 것이다. 이런 기대는 불합리한 게 아니다. 이 진전을 통해 수명은 획기적으로 늘어나고, 질병은 줄어들고, 만년은 연장될 것이다. 이 모든 것들은, 특히 지성의 성장은 진보의 한계를 설정할 수 없게 만든다.

물론 인간은 이미 정점에 도달했고 앞으로는 많은 곤충들처럼 수백만 년간 오랜 정체 상태에 머물 것이라는 예상도 가능하다. 그러나 아직 그럴 만한 징후는 없으며 가능성도 거의 없어 보인다. 문명의 과거와 미래를 비교해보면 우리에게는 시간이 충분하다. 그리고 1, 2세기의 혼란이 우리의 궁극적인 낙관주의를 방해하지는 못할 것이다.　　　　　(1933. 11. 10)

교회와 전쟁
The Churches and War

최근 몇 년간 다른 나라보다는 특히 미국에서 종교계 성직자들이 반전 정서를 표명해왔다. 1931년 5월에 성직자 5만 3,000명에게 전쟁에 대한 태도를 확인하는 설문을 보내 1만 9,372명이 응답했는데, 그중에서 1만 427명이 '미래의 어떤 전쟁에도 찬성하지 않으며 무장 전투원으로 참가하지 않겠다는 현재의 의향'을 밝혔다. 어떤 사람들은 이런 사실에서 다음에 전쟁이 일어나면 성직자들은 평화 세력이 될 거라는 결론을 이끌어냈다. 그리고 많은 성직자들 스스로도 그렇게 믿는다.

펜실베이니아 대학 사회학과의 레이 H. 에이브람스 박사는 생각이 다르다. 유감스럽게도 나는 비관적인 의견을 제시하는 그의 논리가 매우 설득력 있다고 생각한다. 에이브람스는 최근 저작인 『목사들 무기를 들다 *Preachers Present Arms*』에 제1차 세계 대전 기간에 작성된 교회 기록들을 발표했는데,

고통스러워서 읽기가 힘들 정도다. 특히 당시 열기에 휩싸였다가 이후 줄곧 후회하고 있는 사람들은 더욱 그럴 것이다.

사람들은 그 광란의 시기에 공공연하게 주장했고 거의 온 세상이 믿었던 일들을 지금까지 잊어와다. 예를 들면, 전쟁 설교자로 매우 인기 높았던 브루클린 조합교회 목사인 힐리스 박사는 독일 병사들은 누구나 카이저Kaiser[제1차 세계 대전 당시 독일 황제였던 빌헬름 2세의 별칭]에게서 다음과 같은 글이 새겨진 징표를 받는다고 역설하곤 했다.

나 독일의 카이저는 전능하신 하느님께서 내게 위임하신 권위를 근거로 다음과 같이 천명하노니, 이 징표를 지닌 자는 원한다면 어떤 범죄를 저질러도 허용되며, 그에 따라 나 독일의 카이저는 그 범죄에 대해 스스로 책임을 짊어지고 하느님께 그 죄를 사릴 것이다.[20]

그런 다음 힐리스는 독일의 잔학 행위로 추정되는 사례들을 늘어놓기 시작했다. 그는 보통 설교단에서는 적절치 않다고 여겨지는 주제들을 (애국적 의무로) 언급하면서 청중 사이에서 점차 피에 굶주린 광기 어린 상황을 불러일으켰다. 그런 행동은 칭찬받을 만하며, 복음 전도사에게 걸맞은 행동으로 여겨졌다. 그의 가장 잔혹한 이야기들에 대해서조차 이의를 제기하는 이들은 누구나 친독일파로 간주돼 이웃이나 당국의 의심의 눈초리를 받았다. 힐리스 박사는 예수가 지금 이 땅에 오신다면 군복을 입을 첫 번째 인물이 될 거라고 주장한 수천 명의 성직자들 중 한 명일 뿐이었다.

모든 호전적인 국가들이 벌인 증오의 잔치의 결과는 베르사유 조약[제1차 세계 대전 이후 1919년에 연합국과 독일이 맺은 강화 조약]이었다. 이후 이어진 세계의 모든 불행은 그 조약에서 비롯했다. 현재의 독일 통치 상황도 거기에 포함된다. 성직자들은 독일이 처벌을 받아야 한다고 촉구했고 독일은 처벌을 받았다. 그 결과 지금의 독일은 모든 면에서 카이저 치하에서보다 상황이 나빠졌다. 그사이 회개하면서 세월을 보낸 많은 성직자들이 지금은 다시 전시의 태도를 보이기 시작하고 있다. 처벌이 독일 상황을 악화시켰는데도 그들은 독일이 다시 처벌을 받아야 한다고 주장한다. 몇몇 사건들로 처벌이 국가 개조를 보장하는 최선의 방법이 아니라는 사실을 알게 됐지만 이 훌륭하신 양반들께는 그 같은 생각이 떠오르지 않는 듯싶다.

종교계 성직자들도 다른 사람들과 마찬가지로 집단 흥분 상태에 빠지기 쉽다. 그리고 중요한 부자 집단의 이익이 늘어날 것 같으면 언제든지 정치적으로 무지한 사람들을 집단 흥분 상태에 빠뜨릴 수 있다. 보통 사람들을 교육함으로써 전쟁을 확실히 방지할 수 있으려면 그들의 도덕성보다는 지성에 호소해야 한다. 도덕성에 호소해봤자 때가 되면 국가라는 총체적인 권력과 연대한 교회에게 패배하고 말 것이다.

평범한 남녀들은 전쟁은 사악한 짓이 아니라 멍청한 짓이라는 이야기를 새겨들어야 한다. 또한 남녀 모두 다음 이야기를 새겨야 한다.

"전쟁이 터지면 당신이 전투원이든 아니든 고통스런 죽음을 맞기 쉽다. 당신은 고귀한 목적을 위해 죽는다는 이야기에 설득당해 아무도 모르는 채 죽게 될 것이다. 하지만 실제로는 몇몇 부유하고 힘 있는 자들을 더 부유하고 힘 있게 만들어주기 위해서 죽는 것이다. 당신은 한 번 당해봤잖은가. 다시는 당하지 마라."

내가 알기로는 이런 일련의 주장들이 영국에서는 광범위하게 효력을 발휘해왔다. 나는 미국에서도 그렇게 되기를 바라고 있다. 그러나 그때가 왔을 때 조직화된 종교가 이전 전쟁 때보다는 평화로운 태도를 취할 기라고 기대할 민한 근거는 없다. (1933. 11. 24)

나의 사랑하는 이웃들
On Loving Our Neighbours

우리는 모두 이웃을 사랑해야 한다. 그렇게 하는 것이 우리의 의무라고 종교가 가르치기 때문이다. 하지만 의무감으로 사랑하기는 어렵다.

한번은 「늙은 선원의 노래 Ancient Mariner」에서 늙은 선원이 끈적끈적한 것들을 얼마나 사랑하는지[21] 읽은 다음, 집게벌레를 관찰하며 그것을 사랑해보려고 상당한 시간을 바친 적이 있다. 나는 혼자 중얼거렸다.

'저게 감정을 갖고 있는 게 틀림없어. 집을 좋아하고 낯선 사람을 무서워하잖아. 몸 비틀기를 좋아하는군.'

나는 녀석은 집게벌레가 될 완벽한 권리를 가지고 있다, 그러니 인간이 못 되었다고 해서 탓할 수는 없다는 사실을 계속 상기했다.

'내가 저놈을 거절할 이유가 뭐든 상관없이 저놈이 나를

거절할 이유가 훨씬 더 많겠군.'

하지만 이 모든 게 아무 소용이 없었다. 나는 집게벌레를 계속 미워했으니까. 그 미움의 강도는 내가 이런 도덕적 훈련을 시도하기 전보다 조금도 줄어들지 않았다.

내 이웃과 집게벌레를 비교할 마음은 조금도 없다. 그러나 나는 내 이웃들이 사랑을 주문 생산하지는 못한다는 사실에서 그들이 나와 많이 닮았다는 걸 깨닫는다. 확실히 그들은 어떤 의미에서는 서로 사랑한다. 그들 중 한 명이 한밤중에 집을 홀랑 태워먹었다면 다른 이가 임시 거처를 제공할 것이다. 길에서 다리가 부러졌다면 도우러 달려올 것이다.

그러나 모두가 함께 공평하게 번성하는 동안에는 서로에게 적대적인 태도를 취한다. 소문을 보면 알 수 있다. 이웃 중에서 한 명이 뭔가 비난받을 만한 일을 하면 나머지 사람들은 그가 네로와 똑같은 놈이라고 생각될 때까지 그 일을 부풀려 얘기한다. 선행이 이처럼 뜬소문으로 부풀려지는 경우는 결코 찾아볼 수 없다.

우리는 모두 우리 이웃이 범죄나 사악한 짓이나 그저 어리석은 일을 저질렀다는 사실을 알게 될 때 기쁨의 전율을 느낀다. 하지만 이웃이 특별히 감탄할 만한 일을 해냈다는 걸 알게 되면, 그 일이 운동 경기의 기록을 깨는 것처럼 이웃 전체의 자랑거리가 되는 일이 아닌 한, 그렇게 즐거워하지는 않는다.

이런 감정의 근원은 우리의 사회적 본능 속으로 깊이 파고 들어가 멀리 인류의 역사로까지 거슬러 올라간다. 어떤 야만족의 족장은 다른 이들보다 아내도 많고 옥수수도 많다. 그런데도 만족하지 못하면 족장은 처형당하고 보다 능숙한 '교제가mixer'가 그를 대신한다. 누가 됐든 다른 부족민의 신망을 떨어뜨리는 일이 일어나면, 그 일이 무엇이든 누군가 다른 사람이 다음 족장이 될 기회가 많아진다. 그러므로 다른 사람의 실수는 진짜든 추측이든 대단히 기뻐할 만한 합리적 근거가 되는 것이다.

부족적인 사회 조직은 왕이나 철도로 인해 붕괴되었는데도 우리의 본능은 여전히 그것을 갈망하고 있다. 학교에 다니는 사내아이들이나 길거리 개구쟁이들은 무리를 이룰 때 대장을 둔다. 여성들의 모임에는 회장이 있고 정당에는 당수가 있다. 이 모든 지위들에는 명성이 뒤따르고 어떤 경우에는 눈에 보이는 이득을 주기도 한다.

자신이 속한 집단에서 사회적인 명성을 확보할 수 있는 방법에는 두 가지가 있다. 첫 번째는 자신의 가치를 높이는 것이고 두 번째는 나머지 모두의 가치를 떨어뜨리는 것이다. 한 이웃의, 특히 저명한 이웃의 신용을 떨어뜨리면 자신의 기회는 증가한다. 아무리 신앙이나 박애를 내세운 문구로 덮을 수 있다고 하더라도 이 모두는 분명한 본능이다.

민주주의는 이런 보편적인 질투를 사회적 평등이라는 수단으로 다루려는 시도의 하나다. 그러나 정치 체제가 어떠하든 사람들이 사회적 평등을 누리지는 못할 것이다. 사람들은 작은 집단을 결성하고 그 안에 속할 텐데, 각각의 집단은 모두 족장이 있는 야만족들의 조직을 본뜬 것이기 때문이다.

유동적인 사회에서는 누구든 자신의 가치에 따라 지위가 높아질 수 있는데 그곳에서는 질투를 피할 방법이 없다. 유일한 방법은 집단을 무수히 만들어서 모든 남자와 여자가 그것들 가운데 하나의 우두머리가 되는 것이다. 어떤 이는 상등품 돼지 사육 모임을 이끌 수 있고, 또 어떤 이는 골동품 발굴 모임을 이끌 수 있다. 또 다른 이는 수달 사냥 모임을 이끌 수도 있다. 자신의 돼지가 이등급 판정을 받은 사람은 체스 챔피언이 되어 위안을 받을 수도 있겠다.

어쨌든 우리는 모두 왕이 되기를 바란다. 그러니 하나의 공화국에는 시민의 숫자만큼 많은 왕국이 필요하다.

(1933. 12. 14)

아직도 자제력이 필요한 이유
On Self-Control

충동은 언제나 충족돼야 한다고 주장하는 현대의 아마추어 심리학파가 있다. 그들은 반사회적인 인물들일지도 모른다. 이 이론을 어른들에게 온전히 적용하는 사람은 거의 없겠지만 아이들에게는 많은 이들이 적용하고 있다. 어느 정도까지는, 그리고 일종의 반작용으로서, 그들의 주장은 확실히 옳다.

구시대의 아이들은 어른들 앞에서는 완벽하게 꾸며낸 행동을 하라고 배웠다. 보이기만 하지 들리지는 않는 것처럼 굴고, 말을 걸 때만 말을 하고, 말대꾸는 하지 말고, 그런 것들을 배웠다. 당연하게도 부모와 자녀 사이에는 교류가 존재할 수 없었고 아이들은 어른이 없을 때만 행복했다.

하지만 예전의 엄격함에 대한 반작용에 기초하여 충동에 완전히 굴복해야 한다는 학설을 가르치면서 이 새로운 가르침의 결과에 대해선 고려하지 않았던 게 분명하다.

잠시 다음 세대 부모들에 대해 생각해보자. 그 부모들이 마치 아이처럼 순간순간 짜증이 날 때마다 내키는 대로 때리고 물고 차고, 또 화가 나면 소리를 지르고 호통을 친다고 생각해보자. 그런 식으로 훈련을 받은 부모나 훈련이 부족한 부모들이 과연 현대의 교육 이론이 권하는 헌신적인 역할을 성공적으로 수행할 수 있을까? 그럴 수 있으리라는 생각은 좀처럼 들지 않는다.

어떤 면에서는 분명 과거에 비해 나은 점도 있을 것이다. 예전 부모들은 아이들에게 회초리를 들 때면 '노여워하기보다는 슬퍼하면서' 때렸다. 또한 때리면서 "얘야, 너보다 내가 더 아프단다."라고 말하고는 했다. 어린 시절 절제력을 소중히 여기지 않는 교육을 받은 부모라면 화가 나서 얼굴을 붉힌 채 회초리로 때리면서 말할 것이다. "이런 청개구리 같은 녀석, 조용히 있고 싶으면 시끄럽게 하라고 가르쳐야겠구나." 이것이 예전의 교육 세계보다 낫긴 하다. 그렇지만 이상적인 교육과는 거리가 한참 멀다.

자제력이 없으면 점잖게 행동하고 싶어도 그럴 수 없다는 건 쉽게 알 수 있는 사실이다. 자제력이란 배울 수만 있다면 어렸을 때 배워야 한다는 사실도 마찬가지다. 물론 선한 충동만 있어서 선한 일만 할 수 있다면 좋은 일이다. 현대 심리학이 그저 외적인 선한 행동에 맞서는 개념으로 선한 충동의 가치를 강조하는 것은 의미가 있다. 선한 충동을 이끌어내서 성취할 수 있는 것이라면 무엇이든, 언제나 자제력에만 의존하는 것보다는 철저하게 성취할 수 있다. 바로 이 점이 '현대적' 학설에서 진리의 중요한 요소를 이루고 있다. 하지만 지난 시절의 실수에 대한 반작용이 모두 그렇듯이 이 학설도 도를 넘기 쉽다. 이 학설이 무시하는 진리는 잊히기 때문이다.

날마다 일어나는 몇 가지 상황을 생각해보자. 많은 이들이 소망하는 수준으로 덕망 높은 사람이 아니라면 전적으로 충동에만 의지하는 것은 바람직하지 않다. 하루를 시작하면서 제시간에 일어날 사람이 누구겠는가? 어른들은 너무 늦게 일어날 거고 아이들은 너무 일찍 일어날 거다. 아침 식사를 할 때 대부분의 사람들은 자기에게 박애의 정신이 다소 부족하다는 사실을 느끼면서 그날 하루 동안 자기 말을 듣는 이들의 마음을 제대로 괴롭힐 만한 말을 해주고 싶어 한다. 당신에게는 중요하지 않지만 다른 일행에게는 중요한 약속이 있을 때 제시간에 도착하는가? 만약 그렇다면, 당신은 어린 시절 자제력을 배운 게 확실하다.

떼까마귀나 개미들의 사회적 협력은 본능에 따른 것이므로 충동을 통제할 필요가 없다. 그러나 가장 원시적인 형태를 제외한 인간의 사회적 협력은 그렇지가 못하다. 충동을 통제하지 않고도 인간의 사회적 협력이 가능해지려면 특정한 때에 특정한 일을 해야만 한다. 아무리 내키지 않아도 그 일들을 해야만 할 수도 있다. 집배원은 편지를 모아야 하고 기관사는 기차를 출발시켜야 한다. 그런 사안에서 신뢰도는 내적이든 외적이든 규율에 의존하고 있다. 그런 통제가 부족한 곳이라면 경찰력이 그 자리를 차지할 게 틀림없다. (1933. 12. 21)

IV

1934~1935년

앤드류 카네기는 극빈층 가정에서 자수성가한 인물로 가혹하고 무자비한 고용주였다. 카네기는 자신이 가장 불리한 여건에서도 자신의 길을 개척했으므로 자신이 고용한 사람들도 똑같이 여건이 불리해야 한다고 결정했다.

안락사가 필요할 때
On Euthanasia

아무런 범죄도 저지르지 않은 사람을 죽음으로 모는 권한이 어떤 상황에서 정당화될 수 있을까? 전통적인 관점으로는 그런 상황은 없지만 이 견해도 점점 도전을 받고 있어서 절대적인 원칙으로 옹호하기가 힘들게 됐다.

아주 드물기 때문에 그리 중요하지는 않지만 심정적으로는 반쯤 인정을 받은 예외가 하나 있다. 광견병에 걸려 고통스러워하는 환자에게는 다량의 모르핀을 투여해 고통을 덜어 주는데, 그로 인해 환자는 오래지 않아 죽게 된다. 이 경우에는 환자의 상태가 매우 위태롭다는 사실에서 정당성을 찾을 수도 있겠지만, 나로선 그런 정당성을 찾을 필요가 없다고 생각한다.

질병을 치유할 수 없고 고통스러운데다가 그 질병 때문에 환자가 정상적인 활동을 할 수 없다면, 생명을 연장하는 것이야말로 잔인한 짓이다. 적어도 환자 스스로 몹시 죽고 싶어 하거나 제정신을 잃어버릴 정도라면 그렇다. 생명을 연장한다고 해서 그가 행복해질 수 있는 것도 아니요, 사회에 이득이 되는 것도 아니다. 따라서 그런 상황에서의 생명 연장은 개인의 관점에서나 사회의 관점에서나 정당화될 수 없다.

물론 이전에는 치료할 수 없다고 생각했던 많은 질병들을 이제는 성공적으로 치료할 수 있게 됐다는 반론을 펼 수도 있다. 또한 환자들이 안락사하면 그 치료법을 절대로 개발할 수 없을 거라는 반론을 펼 수도 있다. 하지만 새로운 치료법은 사람에게 시도하기 전에 오랜 실험 단계를 거치기 마련이며, 게다가 이 단계가 끝날 때까지 실험 재료로서 환자의 생명을 유지시켜야 할 이유도 없다.

평판이 좋은 어떤 의사가 치료법을 알고 있다고 확신한다면, 안락사에 기대기 전에 의사가 그 치료법을 시도할 수 있도록 허용해야 한다. 그러나 제시된 치료법이 실험 단계에조차 도달하지 않은 상태에서 고통을 연장하는 행위는 합리화되거나 정당화될 수 없는 일이다.

확신은 없지만 나는 같은 논리를 선천성 백치에게까지 확장해보면 어떨까 하는 생각이 든다. 선천성 백치는 사회에 도움이 될 수 없고 그다지 행복을 누리는 것 같지도 않다. 하지만 지적 장애인에 대해서도 똑같은 말을 할 수는 없다. 그들 대부분은 단순한 종류의 쓸모 있는 일을 배울 수 있고, 적절한 환경에서라면 불행해지지 않을 수도 있다. 더구나 한 사람이 정신적으로 불완전하다는 게 어느 정도까지를 말하는 것인지도 늘 확실하지 않다. 그것은 정도의 문제이므로 의심스러운 경계에 걸쳐 있는 경우가 존재할 수밖에 없는 것이다.

장기형을 선고받은 범죄자들에게는 마땅히 안락사를 선택할 권한을 주어야 한다. 아마도 안락사를 선택할 자는 거의 없을 것이다. 하지만 장기간 감옥에서 지낸 다음의 앞날을 생각해보면, 가난과 불명예 속에서 노년을 보내게 될 터인데, 어떤 사람에게는 그것이 죽음보다 못한 경우가 틀림없이 있을 것이다.

범죄가 발생하지 않았는데도 죽음의 형벌을 내리는 행위를 정당화하는 상황이 존재할까? 일반적인 관습에 따르면, 전쟁 중의 적군은 예외로 치고 그 대답은 '아니오'일 것이다. 나는 그렇게 할 만한 이유가 압도적으로 타당하지 않다면 어떤 사람이 자신의 의지에 반해 죽임을 당해서는 안 된다는 견해를 견지하는 게 사실상 옳다고 생각한다.

이를테면 어떤 사람이 페스트에 걸렸을 때 질병의 확산을 막기 위해 그를 죽이는 행위가 정당화될 수 있을 법한 상황을 상상할 수도 있다. 그러나 사람은 오류를 범하기 쉽다는 점을 고려할 때 그런 원칙을 적용하려는 어떠한 시도도 아주 엄격하고 면밀하게 검토를 해야 한다.

인간의 본성에는 잔인성이 깃들어 있지만 운이 좋은 상황에서는 그것이 보이지 않을 수도 있다. 하지만 합법적인 출구라도 찾게 되면 잔인성은 점점 증가해 야만스러운 행위를 정당화하는 데 힘을 발휘하려고 할 것이다. 공공선을 위해 개인에게 심각한 상해를 입히도록 허용하는 게 현명한 처사라면 실질적으로 이 정도가 그 한계라 할 수 있다. (1934. 1. 1)

경제적 민주주의를 향하여
On Equality

독립 국가로서의 역사가 시작될 때부터 미국 국민은 평등을 하나의 이상으로 지지해왔다. 제퍼슨Thomas Jefferson[1743~1826년, 독립 선언문을 기초한 미국 정치가이자 미국 제3대 대통령]과 잭슨Andrew Jackson[1767~1845년, 영미전쟁 영웅이자 미국 제7대 대통령]의 목표는 소규모 토지 소유자들로 구성된 거대한 대륙이었다. 그곳에서는 은행가처럼 자연스레 금권 정치가가 될 사람들을 정기적으로 거부히여 억눌리야 했다. 하지만 이 이상은 실현 불가능한 것으로 드러났다.

몇몇 사람들은 제조업, 도시 토지, 철도, 광산, 석유 등으로 엄청나게 부유해져 국정에 영향을 미치게 됐다. 그 영향력은 가난한 시민 전체의 영향력에 필적할 정도였다. 현재는 새로운 시도가 진행 중이다. 초기 민주당의 시도와 비슷하지만 더 과학적이고, 더 나은 경제 지식을 갖추었으므로 불평등을 지지하는 세력들에게 패배하지는 않을 듯싶다.

평등은 독립을 선언하는 순간부터 하나의 원칙으로 공포되었지만 정치적으로 편리한 방향으로만 적용되었다. 오랫동안 누구도 평등이 흑인과 여성을 포함하는 개념이라고는 생각하지 않았다. 지금도 여성은 남성과 같은 정치적 평등을 누리고는 있지만 여러 면에서 더욱 중요한 경제적 평등은 대체로 누리지 못하고 있다.

부자들 사이에서는 아내가 자기 소유의 재산을 갖는 게 정상이지만 다른 계층에서는 아내가 남편의 수입에 의존하고 있다. 법적으로 아내는 남편의 수입을 나눠 가질 권리가 있고, 아내가 남편에게 싫증나거나 남편이 아내에게 싫증나면 별거 또는 이혼 수당을 받을 권리도 있다. 그렇더라도 법이 아내에게 경제력을 가져다주지는 못한다. 경제력은 돈을 버는 사람에게 있는 것이다.

외국인들이 보기에 미국 부유층에서는 겉으로는 여성이 남성보다 힘이 많은 것 같을 때가 자주 있다. 하지만 실제로는 대부분 남성들이 부차적으로 여기는 일부 생활에서만 그럴 뿐이다. 사업가들은 사무실과 일에서 권력 의지를 분출시키므로 집에서는 기꺼이 그 권력을 포기한다. 사실상 그들이 홀로 간직하고 있는 영역은 국민 생활의 한 요소로서, 그가 아내에게 남겨준 영역보다 중요하다.

그러나 그의 아내는 이런 사실을 알고 싶어 하지 않는다. 그리고는 문화나 자선 사업이나 다른 일시적 유행에 빠져, 사업은 세련되지도 섬세하지도 못한 남자들에게나 알맞은 것으로 치부하는 경향이 있다. 더 나아가 아주 당연하게도 아내들은 생활에서 경제적인 측면의 중요성을 과소평가하는 경향도 있다. 경제적 현실이 여성의 평등 또는 여성의 우월성이라는 사회적 허상과 상충되기 때문이다. 이런 허상을 받아들이면, 허상을 받아들일 경우 늘 그렇듯이 대부분의 여성 문화가 깊이 없고 하찮은 것으로 전락하게 되며, 게다가 여성의 심리에도 유감스러운 영향을 끼치게 된다.

계급 사이의 평등으로 받아들이건 남녀 사이의 평등으로 받아들이건 상관없이, 민주주의는 경제적 민주주의가 동반되지 않은 정치적 민주주의에 머무는 한 그다지 현실성이 없다. 어떤 정치 강령을 주장하는 자들이 당신을 굶어 죽게 만들 수 있는 힘을 지니고 있다면 그 강령에 반대투표를 할 수 있다는 것은 작은 위안에 지나지 않는다.

정치적 민주주의는 물론 나름대로 중요하다. 과도한 억압을 방지하며 경제력의 평등한 분배로 나아가는 데 반드시 필요한 단계이기 때문이다. 하지만 경제적 정의가 없는 정치적 정의는 불완전할 수밖에 없다. 미국 민주주의의 설립자들은 이 점을 어느 정도는 인식하고 있었다. 하지만 방대한 숫자의 독립된 경제 단위를 세운다는 그들의 방식은 산업화된 우리 시대에는 더 이상 유효하지 않다.

정치적 민주주의의 핵심은 시민 각자가 정치적으로 완전히 독립하는 것이 아니라 정치적 사안들을 통합적으로 관리하는 데 있다. 마찬가지로 경제적 민주주의의 핵심은 경제적 독립이 아니라 경제적 사안들을 집단적으로 통제하는 데 있다. 민주주의를 실현하기 위해서는 반드시 이런 식으로 정치에서 경제로의 확장이 이루어져야 한다.

우리의 수많은 사고방식은 아직도 산업화 전 단계에 머물러 있기 때문에 모두가 이 점을 뚜렷하게 인식하지는 못하고 있다. 그러나 경험이 쌓여가면서 사람들이 이 점을 빠르게 알아차리고 있다. 경제적 민주주의를 위한 전투는 인간사에서 그다음 정의를 위한 위대한 투쟁이 될 것이다.　　(1934. 1. 8)

가족이 서로를 정말 사랑하는 방법
The Father of the Family

전통적인 가정에서 아버지는 그 이상 과장할 수도 없을 만큼 중요한 존재였다. 한때 아버지에게는 자식들을 살리거나 죽일 수도 있는 힘이 있었다. 자식들이 원하는 결혼을 못하게 할 수 있었을 뿐 아니라 자신이 원하는 대로 결혼하라고 명령할 수도 있었다. 자식들은 그의 뜻을 거스르면 양과 소 같은 예정된 상속 재산을 빼앗을 권리가 아버지에게 있는 동안에는, 아버지를 깊이 그리고 변함없이 존경할 수밖에 없었다. 이렇듯 전제 권력을 가지고 있었으므로 아버지는 자연스레 자비와 선의 상징이 되었다. 선의 상징이 되는 자들은 아부를 받게 마련이다.

이제 아버지들에게는 이 오랜 권력의 부스러기만 남아 있지만 그럼에도 아버지들은 여전히 민주적인 인간관계 개념이 보장하는 것보다 많은 권력을 지니고 있다. 대체로 보면 아버지는 돈을 벌고, 아내와 아이들은 법에 호소할 준비가 되어 있지 않은 한 그의 온정에 크게 의존하기 마련이다.

많은 아내들이 경제적인 동기에 떠밀려 남편들에게 실제로 느끼는 것보다 더 많은 애정을 고백한다. 의식적인 위선은 짜증나고 굴욕적이므로 아내들은 자신들이 느끼는 감정이 실제와는 다르다고 스스로를 설득한다. 그래서 결국은 어떠한 진심도 표현할 수 없게 되거나 사랑이 숙식을 해결하려는 욕구와는 다르다는 점을 깨닫지 못하게 된다. 이런 혼돈의 영향으로 비참해지기 쉽다.

자식들 또한 자기 의견을 가질 만한 나이가 되자마자 아버지의 경제력으로 인해 고통을 받는다. 이런 불운은 임금 노동자들에게 가장 적은 편이다. 그들은 다른 계층의 구성원들보다 경제적으로 일찍 독립하기 때문이다. 비슷한 이유로 그런 불운은 유럽보다는 미국에서 드물게 나타난다. 미국에서는 생계를 꾸려가기가 더 쉽기 때문이다. 하지만 이 장점도 인구가 증가하면서 점점 줄어들어 최근 몇 년 사이에는 거의 사라졌다. 부모가 고등 교육을 위한 학비를 대주기를 바라는 젊은 이들은 부모의 비위를 맞추며 살아야 한다.

아버지는 근본주의자인데 아들이 자신은 모더니스트라고 선언한다면, 말썽이 생기기 쉽다. 또는 아버지는 자립을 신봉하는 구세대인데 아들은 사회주의를 지지할 만한 상당한 이유가 있다고 주장하거나, 아버지는 정통 유대인인데 아들은 전통 의식에 무관심해도 말썽이 빚어지기 마련이다. 늙은이와 젊은이 사이에 일어나기 쉬운 수백 가지의 의견 충돌 중 어떤 것이라도 문제가 되기는 마찬가지다.

그런 경우에 아들은 아버지를 독재자라고 생각하고, 아버지가 자신의 자유로운 발전을 방해한다고 느낀다. 반면 아버지는 이렇게 말한다. "내가 이러려고 돈을 쏟아부었던가? 은혜도 모르는 파렴치한 놈을 위해 이 짓을 다하고 나면 저 녀석은 기를 쓰고 내가 존중하는 것들을 몽땅 부숴버릴 거야." 아버지의 경제력이 유지되는 한 양측 모두 경우의 수는 하나뿐이다.

이런 권력은 당연히 존재해서는 안 된다. 부모는 국가로부터 자녀 양육비를 받아야 하고 고등 교육이라 할지라도 교육은 무상으로 제공되어야 한다. 다만 하나의 전제는 가장 높은 수준의 교육은 그것이 이익이 된다는 사실을 보여주는 사람들만이 받아야 한다는 것이다. 모든 사람이 더 높은 수준의 교육을 받을 수 있는 비용을 어렵지 않게 감당할 수 있을 때까지는 이 전제를 지켜야 한다.

부모가 자식을 위해 희생하지 않는다면 그들을 억압할 권리가 있다고 생각하지는 않을 것이다. 또한 부모가 그렇게 생각하든 말든 자식들이 부모의 돈을 필요로 하지 않는다면 부모에게는 자식을 억압할 권리가 없을 것이다. 그럴 때 비로소 자유롭고 진실한 애정이 싹틀 것이다. (1934. 1. 15)

크리스마스가 생긴 진짜 이유
On the Origin of Common Customs

최근에 만난 인류학자가 미개인들의 풍습에 대한 이야기를 풀어놓기 시작했는데, 내게는 그들의 풍습이 아주 기이하게 느껴졌다. 잠시 뒤에 내가 그 풍습의 비합리성에 대해 언급하자 인류학자는 물었다. "당신은 숙녀를 만나면 왜 모자를 벗는 거요?" 그러는 이유에 대해 생각해보지 않았다고 고백할 수밖에 없었다. 그것은 대화하고 있는 상대의 위엄에 눌려 목숨을 길 각오가 되어 있음을 알리는 몸짓인 듯했다.

우리는 계속해서 다른 풍습에 관해 얘기했다. 사람들이 악수를 나누는 것은 손안에 감춰둔 무기가 없다는 표시다. 옛날 사람들은 누가 재채기를 하면 "복 받으시게나!" 하고 말하지만 왜 그러는지는 모른다. 그 이유는 재채기를 하면 영혼이 몸에서 빠져나와서 누군가가 재빨리 축복을 빌어주지 않으면 영혼이 다시 돌아오지 못하고 유령이 되기 때문이다.

유령에 대한 공포는 이제는 인류학자들 말고는 그 기원을 아는 사람이 전혀 없는 수많은 풍습에 영향을 미쳤다. 친척이 죽으면 사람들은 왜 상복을 입을까? 슬픔의 표시로 입는다고 대답할 것이다. 하지만 왜 평상시와는 다른 복장이 슬픔을 나타낸다는 것일까? 사실상 슬픔은 원래 그런 복장과는 아무 관계가 없다.

사람들은 유령이 나쁜 마음을 품고서 시신 주위를 떠돌다가 슬퍼하는 친척에게 피해를 입히려 한다고 믿었다. 다행히 유령은 나쁜 마음만 품고 있는 게 아니라 매우 멍청하기도 해서 사람을 알아보지 못하게 하기가 매우 쉬웠다. 얼굴에 독특한 색깔을 바르거나 고인에게 익숙하지 않은 옷을 입으면 유령이 알아보지 못해 해코지하지 않고 그냥 지나칠 것이었다. 어떤 이는 카인의 낙인을 그에게 내려진 징벌로 생각하지만 그것은 사실이 아니다. 카인은 아벨의 '피'를 두려워해서 낙인을 해달라고 부탁한다. 그 낙인 때문에 아벨의 유령이 그를 알아보지 못하게 하기 위해서다. 그것은 일종의 위장이다. 아벨에게는 카인을 괴롭힐 만한 합당한 이유가 있었지만 평범한 유령의 경우에는 그럴 이유가 없을 것이다.

원시적인 미개인들에게는 부모가 너무 늙어 일을 못하게 되면 곧바로 머리를 쳐서 죽이는 풍습이 있었던 것 같다. 오늘날에도 식인종들은 쓸모가 없어지는 즉시 노인들을 먹어치운다. 위선이 빅토리아 시대의 발명품이라고 생각해선 안 된다. 원시인의 자식들은 아버지를 실컷 먹은 다음, 유령이 자신들을 알아보지 못하도록 변장한 채 저녁 식사의 찌꺼기 주위에 둘러앉아 슬피 애도했다. 운이 나빠 유령이 자신들을 알아보더라도 그 유령은 자식들이 저렇게 슬퍼하고 있으니 다른 사람들이 자기를 잡아먹었다고 믿을 게 틀림없었다. 그 시절의 가족생활은 이러했다.

적절한 의식을 치르고 행하는 매장은 시신뿐만 아니라 유령까지도 처분한다. 우리는 시신이 집안에 있을 때는 유령을 집 안에 가둬두기 위해 커튼을 내린다. 의식을 모두 치르고 나면 다시 시신 안으로 들어가도록 유령을 유혹해 관에 가둘 수 있다. 관을 땅속에 묻고 나면 죽은 이의 복수를 두려워할 필요가 없어진다. 그러나 장례 의식을 절차대로 치르지 않으면 유령이 빠져나와 많은 해를 입힐 수도 있다. 이런 믿음들이 정말로 누군가 죽은 다음 우리가 취하는 행동들의 근원인지는 확신할 수 없지만, 우리가 하는 이상한 짓들이 그런 기원을 갖고 있다는 설은 적어도 그럴듯한 이론이기는 하다.

머나먼 과거에 기원을 둔 또 다른 풍습은 크리스마스다. 크리스마스는 기독교보다 역사가 훨씬 오래됐다. 원래 동지를 기념하는 축제였던 크리스마스는 태양이 저물지 않게 하는 것이 목적이었다. 축제는 언제나 성공적이어서 그 순간부터 햇살은 점점 강해졌고 해가 떠 있는 시간도 점점 늘어났다. 그렇게 쓸모 있는 풍습이 살아남은 건 그리 놀랄 일도 아니다. (1934. 1. 22)

런던통신 1931~1935

내가 가난했으니 너희도 가난해라
On Transferring One's Anger

공자에 대해 기록되어 있기를, 그는 "결코 화풀이를 하지 않았다."고 한다. 그렇다면 그는 확실히 현자라고 불릴 만하다. 화를 남에게 푸는 것은 사람이라면 누구나 갖고 있는 보편적인 특징이기 때문이다. 희극을 보면 왕이 신하를 꾸짖고, 그 신하는 알현실 시종의 실수를 트집 잡고, 알현실 시종은 하인에게 욕을 하고, 하인은 구두닦이 소년을 걷어차는 모습이 자주 등장한다.

예전보다 민주화된 우리 시대에도 형태는 바뀌었지만 그 과정은 계속되고 있다. 화를 남에게 푸는 가장 흔한 형태 중 하나는 부모와 자식의 관계에서 찾아볼 수 있다. 어린 시절 어른에게 학대를 받은 사람들은 기회가 오면 그 학대를 다음 세대에게 넘겨주려는 경향이 있다.

이런 충동은 더 인도적이어야 하는 초기 교육의 방식에

크나큰 장애물로 작용해왔다. 그런 교육 방식이 어느 정도 널리 퍼진 지금도 부모들이 이런 말을 할 때면 그들이 풀지 못한 화를 느낄 수 있다. "내가 네 나이에 그런 짓을 저질렀다면 귀가 따갑도록 야단맞았을 거다." 또는 "내가 부모님께 그렇게 버릇없이 굴었다면 반성하고 싹싹 빌 때까지 빵하고 물만 먹으면서 지내야 했을 거다." 같은 말들이 그런 것들이다. 어린 시절에 잦은 체벌로 고통받은 이들은 대부분 자기 차례가 오면 그것을 그대로 넘겨주고 싶어 한다.

똑같은 일을 산업계에서도 목격할 수 있다. 앤드류 카네기는 극빈층 가정에서 자수성가한 인물로 가혹하고 무자비한 고용주였다. 카네기는 자신이 가장 불리한 여건에서도 자신의 길을 개척했으므로 자신이 고용한 사람들도 똑같이 여건이 불리해야 한다고 결정했다. 어떤 이점도 없이 출발했지만 치열한 경쟁에서 성공할 수 있었던 사람은 19세기를 통틀어 극히 소수에 불과했으며, 이들은 대개 다른 사람들을 위해 투쟁의 강도를 누그러뜨리는 데 반대했다.

"그것이 지금의 나를 만들었다."

그들은 진심으로 그렇게 말했지만, 그 말이 자신을 인정머리 없는 사람으로 만든 체제에 대한 지지치고는 얼마나 빈약한 주장인지는 깨닫지 못했다.

같은 종류의 일이 국제 관계에서도 벌어진다. 독일인들은 베르사유 조약과 그에 따른 프랑스의 지배 아래에서 고통을 겪었다. 자신들의 분노를 프랑스인에게 터뜨릴 수 없자 일부 독일인은 나치가 되어 그 분노를 유대인, 평화주의자, 사회주의자, 공산주의자에게 터뜨렸다. 만약 연합국이 휴전 기간에 맺은, 윌슨의 평화 14개조에 구체화되어 있던 약속들을 지켰다면, 독일은 결코 지금처럼 포악해지지는 않았을 것이다. 일본이 중국에서 저지른 잔인한 짓들[22]은, 1853년 해외 통상을 위한 페리 제독의 강제 개국에서 시작해 서구 열강들이 줄줄이 가르쳐준 교훈의 결과물이다.

화풀이 덕분에 잔인성, 억압, 폭력, 증오 등이 권력의 중심으로부터 주변으로 원을 그리며 점점 더 널리 퍼져 나갔다. 역으로 권력을 가진 사람들이 권력을 인도적으로 사용하면, 비록 속도는 느릴지라도, 그보다 권력이 적은 이들 사이에서도 차츰 인간애가 자라나게 된다.

잔인성과 증오를 타고난 인간 본성으로 보는 것은 착각이다. 합리적으로 교육받고 자기 발전의 기회와 지적인 애정을 경험하고 동시에 타인의 권리를 존중하라고 배운 아이들은, 어린 시절을 불행하게 보낸 사람들에게 공통적으로 나타나는, 동물이나 자기보다 어린 아이들을 괴롭히려는 충동을 보이지 않는다.

그러나 경제적으로 혼란스러운 지금 세계에서는 어린 시

절에 배우지 못한 잔인성을 무자비한 직업 경쟁을 통해서 너무 자주 배우고 있다. 인간이 무분별한 포악함으로부터 자유로워진다면 틀림없이 행복해질 것이다. 억압뿐만 아니라 친절도 원을 그리며 점점 더 널리 퍼져나가는 것이다.　(1934. 2. 5)

어른들이 배우는 법
On Adult Education

복잡한 산업 민주주의 체제의 시민은 자신과 조국과 세계에 분명히 중요한 문제들로 둘러싸여 있다. 그가 이런 문제들에 대해 의견을 가질 수 있을 만큼 적절한 교육을 받은 경우는 거의 없다. 사실 그 문제들 대부분은 아주 새로운 것이어서 이제 그다지 젊지 않은 사람들이 학문을 가르치면서 다룰 수 없는 것들이었다.

우리가 변하는 것만큼 빠르게 변하고 있는 세상에서 한물간 지식으로 뒤처지지 않으려면 평생 동안 계속 교육을 받아야 한다. 따라서 성인 교육의 중요성이 점점 증가하고 있다. 세상이 더욱 복잡해지는 탓이기도 하고 점점 빠르게 변화하는 탓이기도 하다.

내 경우를 들어 설명해보겠다. 나는 정규 교육을 40년 전에 마쳤는데, 당시에는 그 시기의 경제 문제에 대해 지적인 의견을 세우기에 충분한 경제학 지식을 갖고 있었다. 그러나 지금은 뉴딜 정책을 평가하는 데 도움이 될 만한 것은 거의 아무것도 알지 못한다.

칭찬할 만한 책 『성인 교육과 사회적 환경 *Adult Education and the Social Scene*』에서 루스 코틴스키는 여가 시간을 때우는 식의 교육 개념을 아주 적절하게 논박한다. 코틴스키는 그 책(158쪽)에서 "뒷문으로 죽은 문화를 들여와 소개하고는 그것이 기계화 시대의 그을음으로 더러워진 거실에서 번성하는 것을 보려는 것은 무망한 일이다."라고 말하고 있다.

직접적으로나 간접적으로나 어떤 현실적인 결과를 얻으려 애쓰지 않는다면, 진리를 추구하는 것만으로는 교육의 목표로 충분치 않다. "진리를 추구하는 이들은 자신의 발견이 인간 세계에서 갖는 의의를 의식해야만 한다. 그렇지 않으면 인류의 운명에 나쁜 영향을 미치는 세력들과 유치한 게임이나 벌이는 놀이꾼으로 전락할 수도 있다."(165쪽) 이런 성찰은 특히 성인 교육과 관계가 있다. 성인 교육이란 강제로 이루어질 수 없으므로 바쁜 남녀들이 여가 시간을 가치 있게 쓸 수 있도록 제시되어야 한다.

성인 교육은 선전가 노릇을 해서는 안 된다고들 한다. 하지만 이것은 두 가지 의미로 해석할 수 있는데, 그중 하나만 진실이다. 대중의 의견이 둘로 나뉘는 주제를 다룰 때 교육자들이 한쪽의 의견만 소개하면 안 된다는 의미라면 그것은 진실하고 중요하다. 하지만 성인 교육이 논쟁의 여지가 있는 주제를 피해야 한다거나 그런 주제들에 대해 완강한 견해를 가지고 있는 이들에게 기회를 주지 말아야 한다는 의미라면, 그 결과는 그런 주제를 안내하는 역할을 지금처럼 웅변가와 선동가들에게 맡겨버리는 꼴이 될 것이다.

적절한 과정은, 경쟁하는 선전가들로 하여금 경쟁적인 주장을 진술하게 하고, 그런 다음 독서 과정을 추천하여 그것을 뒷받침하게 하는 것이다. 어떤 학술적인 강좌들은 양면을 모두 보여주는 공정함을 목표로 삼지만 그 결과는 무미건조하고 생기 없을 게 틀림없다. 실질적인 문제에서 사람들은 결론에 도달하고 싶어 하며, 따라서 어떤 결론에도 이르지 못한 이들은 그 어느 쪽도 설득력 있게 제시할 수 없을 것이다.

성인 교육은 자발적인 것이어서 학교 교육과는 또 다른 위험성이 있다. 한 여성 모임을 상상해보자. 그들은 아인슈타인이나 양자 이론에 대한 강좌를 듣기로 결정했다. 강사는 청중으로 앉아 있는 숙녀들에게 거짓으로 아첨하며 수년간 고된 노력을 기울여야만 이해할 수 있는 내용을 별다른 수고 없이도 이해할 수 있다고 설득함으로써 그녀들을 만족시킬 수 있을 뿐이다. 미국에는 민주적인 정서가 있어서 사람들은 그들 수준에 너무 어려운 생각을 참고 받아들이지 못한다. 이에 따라 대중 교육가들은 지나치게 단순해진다.

진지한 성인 교육을 위해서는 포괄적인 지성을 목표로 삼는 게 아니라 업무에서, 건강 관리에서, 육아에서, 정치 여론 형성에서, 또는 성인 스스로 정보가 불충분하다고 인식하는 여타 분야에서 실제로 활용할 수 있는 지식을 목표로 삼아야 한다고 나는 생각한다. 현재 이루어지고 있는 현학적인 교육은 너무 자주 지식에 대한 혐오감을 조장하고 있다.

아리스토텔레스는 인간은 당연히 배움을 사랑한다고 생각했다. 하지만 그는 의무 교육이 있기 이전의 시대에 살았다. 어린 시절의 교육을 즐겁게 만들어야만 비로소 성인 교육이 많은 이들에게 인기를 얻을 수 있을 것이다. (1934. 2. 12)

진보의 불확실성
Is Progress Assured?

지난 반세기 동안 모든 종류의 지식이 유례없는 속도로 증가해왔지만 초창기 인류보다 더 두드러진 진보를 이룬 방면은 별로 없다. 오늘날 역사를 공부하기 시작하는 아이들은 원시인류와 그들의 점진적인 발전에 대해 듣게 되는데, 대개는 지난날 역사 수업의 서두를 장식했던 그리스와 이탈리아 또는 영국의 종족 간 전쟁을 다룬 무미건조한 기록들보다도 이 부분에 훨씬 많은 흥미를 느낀다.

페이쿠퍼 콜Fay-Cooper Cole[1881~1961년, 미국의 인류학자로 시카고 대학의 인류학 교수를 지냈다]이 쓴 『야만에서 문명으로의 긴 여정The Long Road from Savagery to Civilization』이란 소책자(볼티모어, 윌리엄 앤 윌킨스 출판사, 1933년)에서는 이 이야기를 똘똘한 소년 소녀라면 누구나 관심을 가질 수 있도록 풀어나가고 있다.

인류학자와 고고학자들은 선사 시대 인류의 역사에 대해

불과 50년 전 사람들은 상상할 수도 없었을 만큼 많은 것들을 발견해왔다. 인류는 석기, 동물의 가축화, 농사, 청동, 철의 단계를 거치면서 조금씩 환경을 정복하는 법을 배웠고 마침내 야생 동물들이 생사를 좌우했던 희귀한 종(種)에서 벗어나 만물의 영장이자 대형 포유류 중에서 가장 흔한 종이 됐다.

역사를 이런 식으로 조감해보면 격려도 되고 유익하기도 하다. 이 관점은 인류를 민족적·인종적 편견이란 왜곡된 렌즈를 거치지 않고 하나의 전체로서 바라보게 한다. 그리고 진보가 퇴보를 누르고 득세하고, 새로운 기술이 문명 생활의 새로운 가능성을 제공하는 과정을 보여준다.

지금 우리가 살고 있는 이 침체되고 어려운 시대에는 이처럼 원대한 낙관주의가 어쩌면 옳을 수도 있고 정당한 위로를 줄 수도 있다. 앞서 언급한 소책자는 다음과 같은 말로 끝을 맺는다. "우리는 성취에서 오는 자신감으로 미래를 직시한다." 먼 미래에 관한 한 이러한 자신감은 정당할 것이다.

그러나 좀 더 가까운 미래 — 이를테면 향후 200년 — 에 관해서는 역사도 이런 자신감을 보장해주지 못한다. 만약 당신이 서기 400년의 로마 제국에 살았다면 그리고 미래를 예견하는 능력을 타고났다면. 당시 가장 고도로 발달했던 전 지역에서 문명이 쇠퇴할 것이며 200년 동안 퇴보를 겪은 다음 800년이 지나도록 완전히 회복하지 못하리라는 사실을 알았을 것이다.

　이는 독특한 현상이 아니었다. 미개한 침략자들에 의해 이집트와 바빌로니아 문명이 손상됐고 크레타 문명이 파괴됐다. 이슬람 문명은 찬란한 초창기를 보낸 다음 내부 불화로 쇠퇴했다. 중국과 일본은 내전으로 수세기 동안 쇠퇴하는 경우가 많았다. 근동 지역은 오늘날까지도 2,000년 전보다 문명이 뒤떨어진 상태다. 외부의 적들에게 파괴되지 않은 문명들은 내부에서 쇠퇴하기 일쑤였다.

　옛날에는 개화의 손길이 닿지 않은 문명이나 민족도 많았다. 지금은 세계가 하나의 단위가 되어 산업주의 체제하에 편입되고 있다. 약 150년 전 영국 북부 지역에서 시작된 이 체제는 이미 모든 강대국으로 확산되어 주요한 경제적 자원들을 통째로 주무르게 됐다. 만약 이 체제가 쇠퇴한다면 외부로부터 재생시키기란 불가능할 것이다. 만약 내부의 전쟁으로 스스로를 파괴한다면 그 폐허를 딛고 건설할 수 있는 새로운 종족조차 존재하지 않을 것이다. 이것이 바로 과거 역사에 입각한 추론을 다소 위험하게 만드는 우리 시대의 새로운 현실이다.

　진보를 계속 이어가기 위해서는 이전 시대의 진보보다 더욱 신중하게 계획하고, 사회과학에 더 많은 기초를 둬야 하는 이유도 바로 여기에 있다. 우리의 일상생활은 과학적 지식과 기술에 기초해 있다. 그 의존도가 너무나 높기 때문에 앞으로도 계속 같은 길을 갈 수밖에 없다. 우리가 사회생활을 원시적 야만주의의 처분에 맡긴다면 사회생활은 인류의 다른 부분들을 파괴하여 전 인류를 멸망으로 몰아갈 것이다.

우리 시대에는 야만적인 과거로부터 물려받은 비합리적 요소들을 찬양하는 경향이 있다. 그러나 이 요소들을 과학 기술과 결합하는 것은 불가능하다. 이런 요소들을 찬양하는 사람들은 산업주의를 포기해야 하고, 인구의 90퍼센트를 굶어 죽게 만든 다음 활과 화살의 시대로 되돌아갈 수밖에 없다. 그들이 이런 선택에 직면하지 않으려면 자연의 힘에 대한 지배에서뿐만 아니라 자신의 열정에서도 문명화되어야만 한다.

(1934. 2. 19)

이런 걸 믿다니
On Curious Beliefs

호모 사피엔스는 여러 면에서 놀라운 두 발 동물이다. 하지만 정말 놀라운 특징 중 하나는 서로 그다지 관계도 없는 사소한 것들에 관한 근거 없고 독단적인 믿음을 중요하게 여기는 습관이다.

베츠슬로베스트니 교도Bezslovestni들은 개종 이후에는 다시는 말을 해선 안 된다고 믿었나. 성부는 뜨거운 밀랍을 맨살에 붓고 발바닥을 깃털로 간질이면서 그들이 다시 말을 하도록 만들려고 애썼지만 소용없었다. 드라비크 교도들은 드라비크[23]를 믿었는데, 드라비크는 북쪽과 동쪽에서 위대한 군대가 나와 오스트리아를 무너뜨리기 위해 진격할 것이라고 알리는 하늘의 환영을 보았다. 에케티 교도Echetae들은 남녀 수도자들이 모세와 미리암의 예를 따르는 것이 종교적인 의무라고 생각해 춤을 추면서 기쁨이 넘치는 모습으로 예배를 거행했지만 나머지 다른 점들에서는 정통을 지켰다. 아고니클리테스 교도Agoniclites들은 기도할 때 무릎을 꿇는 것은 옳지 않다고 보았고 서기 726년 예루살렘 종교회의에서 이단 판결을 받는데도 그 주장을 굽히지 않았다.

어떤 이들은 일요일에는 먹지 말고 단식을 해야 한다고 생각하는가 하면, 또 어떤 이들은 금요일에는 단식을 하지 말고 먹어야 한다고 생각한다. 상상할 수 있는 모든 것이 누군가에겐 믿음이었다.

어떤 낙관론자들은 과거에는 이처럼 너무 쉽게 믿곤 했지만 우리 시대에는 그런 경향이 줄어들고 있다고 생각한다. 그러나 내가 보기에 그건 착각일 뿐이다. 현실은 근거 없는 믿음의 영역이 신학에서 정치학과 경제학에까지 이르렀다는 것이다. 40년 동안 내내 야당들을 서로 구분하지 못할 수 있는데도 사람들은 한쪽이 승리하고 다른 쪽이 패배해야 나라가 안정된다고 계속 생각할 것이다.

우리는 모두 돈을 많이 벌고 싶어 한다. 그리고 다른 사람들이 돈을 벌어서 가져가버리기 때문에 우리가 그 돈을 놓칠 때가 자주 있다고 알고 있다. 이 점을 보고 어떤 이들은 모두가 게으르면 모두가 부유해질 거라는 결론을 내린다. 다른 이들은 또 이렇게 말한다. 돈이란 인쇄된 종이 쪼가리일 뿐이고,

돈을 많이 가진 사람들은 부자니까, 종이를 많이 가져와서 달러 마크를 많이 찍으면 우리는 모두 부자가 될 것이다.

터키인들은 자신들이 가난한 것은 아르메니아인들 탓이라고 생각하고, 일본인들은 그 이유를 한국인들 탓으로 돌리고, 독일인들은 유대인들 탓으로 돌린다. 터키는 전쟁에서 패배해 고통을 겪을 때마다 아르메니아인들을 학살하곤 했다. 일본인들은 도쿄에 지진이 일어났을 때 한국인들을 대량 학살함으로써 위안을 받았다. 독일인들은 베르사유 조약에 대한 반감을 유대인들에게 풀고 있다. 세 나라 모두 자기 나라에서 가장 열심히 일하는 국민을 몰살하여 부자가 되려고 한다. 미국도 예외가 아니다. 이 나라의 희생양은 남부 지역의 흑인들과 (최근까지도) 북부 지역의 급진주의자들이다.

프랑스는 1713년, 1814년, 1871년에 극단적인 군국주의에 기인한 끔찍한 불행을 겪은 바 있는데, 그래도 안전한 길은 군대의 지배를 받는 것밖에 없다고 믿고 있다. 독일도 1918년에 겪은 비슷한 경험 때문에 같은 믿음을 가지고 있다. 항공 공격에 무방비 상태라는 것을 깨달았던 영국은 모든 나라에서 공군력을 증강함으로써 안전을 지키려 한다.

전 세계의 아주 많은 사람들이 건강을 유지하는 데 충분할 정도로 음식을 먹지 못한다는 사실이 밝혀지자 농부들에게 돈을 주어 먹을거리를 생산하지 말게 하자는 개선책이 제시된다. 인류가 불행을 겪는 근본 원인이 무지 때문인 것으로 드러나자 교육 예산은 삭감되고, 현존하는 가장 유능한 사람들은 일자리에서 쫓겨나고, 교사들은 사실보다는 주의 주장을 가르치라고 명령받는다.

광고 기술은 그동안 사람들로 하여금 허무맹랑한 것들을 믿게 만드는 방법을 보여주었다. 그리고 정부는 광고인들에게서 재빠르게 배우고 있다. 서로 경쟁하는 독재자, 신조, 군사력 가운데 누가 옳은지를 궁극적으로 가려주는 것은 그들이 보유한 전투기다. 이것이 현대 세계다.

아고니클리테스 교도들은 무릎을 꿇느니 춤을 추는 게 낫다고 생각했다. 오늘날 사람들은 과학적으로 사고하기보다는 애국심을 과시하는 편이 낫다고 생각한다. 참으로 주목해 마지않을 발전이다. (1934. 2. 26)

키 작은 소년들은 어디로 갔나
Competitive Ethics

안정적인 계급 체계가 사회 질서를 이루었던 시절에는 자랑하는 것을 예의 없는 짓으로 여겼다. 가난한 사람이라면 자랑은 건방진 짓이었고, 부자라면 사실로 보여주어야 했다. 경제적 평등이 결여된 민주주의의 시대가 되자 이 모든 것들이 바뀌었다.

부자가 되는 가장 쉬운 방법 중의 하나는 이미 부자인 척하는 것이었다. 다른 방법은 고결한 척하는 것이었다. 경쟁을 모든 사회 발전의 원동력으로 여겼으므로 젊은이들의 마음속에 경쟁심을 심어주었다. 한 세대에 걸쳐 미국의 초등학생들은 다음과 같은 글을 암송하도록 배웠다.

아니, 마을은 어디 있나, 모든 곳으로 떠나라,
여기엔 경쟁자가 없는 걸까?

아니, 소년은 어디 있나, 석 자밖에 안 되네,
누가 나보다 더 빨리 컸을까?
이런 생각에 어린 가슴 벅차오르네
세상에서 가장 위대한 사람 되자고.
위대하라, 피에 젖은 시저가 아니더라도,
오직 위대하라, 난 훌륭하니까.

이 시행들에 영감을 불어넣은 윤리는 확실히 19세기 후반의 미국 상황에 어울렸다. 당시 진짜 권력을 쥐고 있던 사람들 대부분은 어린 시절 '착한' 소년들이었으며 주일 학교의 귀염둥이이자 효도와 선행의 모범이었다.

그러나 이 사람들이 따랐던 윤리는 약간 이상했다. 우선 인용된 시행들은 분별없이 진실을 무시하라고 가르치는 셈이다. 이 시행들을 반복하도록 배운 소년들은 자기 마을이 세상에서 가장 훌륭하고, 자기가 다른 소년들보다 더 빨리 발전할 것이며, 그에 따라 당연히 자기가 '세상에서 가장 위대한 사람'이 될 것이라고 자랑하도록 가르침을 받았다. 이런 자랑은 나라 전체에서 마을 하나를 제외하고는, 또 전체 인구 중에서 소년 한 명을 제외하고는, 분명히 모두에게 진실이 아니다. 실용주의는 여기에서 나왔다. 진리를 주장하기 위해선 대가를 치러야 한다는 주의인 실용주의는 진리란 선전과 형법을 통해 만들어진다고 주장했다. 여기서 한 걸음만 더 가면 박해하는 독재 체제로 들어서는 것이다.

또 하나 이상한 점은—프로테스탄티즘만큼 오래된 것인데—미덕을 사회적인 문제가 아니라 개인적인 문제로 생각하는 것이었다. 교사의 눈으로 본 어린 학생의 미덕이란 다른 아이들보다 더 착실히 자신의 수업을 듣는 것이었다. 어떤 형태의 협력도 미덕은 아니었고 교실 안에서의 경쟁이 그다음 미덕의 열쇠, 즉 다른 사람을 앞지르는 열쇠로 간주됐다. '피에 젖은 시저처럼은 아니더라도' 그렇게 되어야 한다고 배운 것은 사실이다. 하지만 실제로는 그 아이들은 시저가 평생 동안 전쟁에서 죽인 것보다 더 많은 사람들을 성공으로 가는 길에서 죽였다.

막을 수 있었는데도 철도 노동자들에게 일어난 사고들을 예로 들어보자. 해마다 철도원 12명 중 1명이 부상당했고 310명 중 1명이 죽었다. 철도를 운영했던 위대하고 숭고하고 신심 깊은 자본가들은 부상자들 또는 사망자의 미망인과 아이들에게 보상을 해주지 않기 위해 자신의 힘을 이용해 온갖 짓을 다 했다. 동시에 그들은 자기 직원들의 업무상 위험을 줄이고자 내놓은 제안을 모두 막아버렸다. 엄청난 돈이 쌓이자 그들은 계속 이런 기분을 느꼈다. "소년은 어디 있나…… 누가 나보다 더 빨리 컸을까?" 하지만 '큰 것'은 그들의 재산이었을 뿐 인류의 행복은 아니었다.

　　하나의 이상으로서 경쟁은 산업화와 서부 농토의 개척 시기에는 제 역할을 했다. 하지만 그 시기는 지나갔고 이제는 새로운 유형의 인간이 필요하다. 보통 사람들의 물질적 안녕을 기술적으로 가능하게 할 만큼 충분한 양의 상품을 생산하는 문제는 경쟁 시대의 사람들이 해결했다. 남은 문제는 생산이 아니라 분배의 문제다. 분배 문제는 경제 전쟁으로 해결할 수 없고 오직 경제 정의로만 해결할 수 있다. 경쟁 시대의 사고방식은 이 문제를 해결하는 데 적합하지 않다. 분배 문제는 협력을 통해서만 해결할 수 있기 때문이다.　　(1934. 3. 19)

여기 정상인 사람 있습니까?
Is Anybody Normal?

여러 나라에서 '비정상'인 사람이 아이를 갖지 못하게 하는 법을 통과시키고 있는 요즘 같은 시절에는 이런 질문이 모든 이를 걱정스럽게 만든다. "나는 정상인 걸까?"

나는 어디에도 '정상'인 사람이 있다거나 있을 수 있다고 생각하지 않는다. 우리 모두에겐 기이한 점이 있다. 나는 모르는 이들에게서 편지를 받고는 하는데, 그 편지들은 기이해지는 방법에 대해 내가 이제까지 꿈꿔본 것보다 훨씬 더 많은 방법들을 알려준다.

어떤 이는 우주가 12면체라고 생각하고 어떤 이는 양전기와 음전기가 남성과 여성이라고 생각한다. 퇴역한 육군 소령들은 기자의 피라미드는 미래를 예언하고 고대 이집트의 지혜는 멕시코에 보존되어 있다는 사실을 입증하는 서류를 보낸다. 영국인이 이스라엘의 사라진 10지파라고 주장하는 사람들도 많다. 하지만 그들의 견해에 대해서는 영국인은 에브라임과 므나세 두 지파일 뿐이라고 주장하는 더 엄격한 교파가 격렬하게 싸움을 걸고 있다.

또한 내가 뭔가 해주기를 바라는 사람들도 있다. 전혀 모르는 사람이 이런 편지를 보내왔다. "친애하는 버트런드 씨, 우리 꼬마 토미는 열 달 된 아주 똘똘한 아이에요. 그런데 당신은 교육에 관심이 많으니까 당신이 녀석을 입양할 수 있도록 화요일 아침에 데리고 갈게요. 인류를 사랑하는 당신의 형제 제이콥." 어떤 사람은 내가 순회강연을 시작할 때쯤 이런 편지를 보낸다. "위대한 성령께서 제게 명령하시기를, 세상의 종말이 가까웠으니 강연에서 이 메시지만을 전달하는 것이 당신의 의무라는 사실을 알리라고 하셨습니다."

예방 접종 반대, 사형제 폐지, 채식주의, 나체주의 따위의 특별한 개혁안을 가진 사람들은 모두들 내가 마땅히 다른 모든 생각을 버리고 오직 그들의 특별한 묘책만을 설교해야 한다고 생각한다. 나는 거의 매일 이런 종류의 편지를 한두 통씩 받는다. 다행히도 그들은 대기압처럼 모든 방향에서 똑같은 압력을 가함으로써 서로의 힘을 상쇄한다. 이러한 상쇄 작용이 없었다면 그들은 제정신을 거의 유지할 수 없었을 것이다.

사실 정신 이상은 우리 자신에게 공공연하게 요구를 하는 과도한 자기중심주의일 뿐이다. 우리 모두 속으로는 그런 요구들이 우리의 의무라고 느끼고 있지만, 제정신인 사람들은 그와 맞먹으면서도 정반대인 주장을 내세우는 사람들을 의식하고는 그것을 억누른다. 제정신은 사회적 압력의 결과인 것이다. 은둔자나 전제 군주는 사회적 압력을 받지 않으므로 대개는 미쳐버린다. 스스로 미치도록 내버려두는 보통 사람이 있다면 그는 지각없는 사람이다. 자신이 프랑스의 왕이나 재림한 조로아스터라고 믿으면 즐거울 수도 있다. 하지만 사람은 그런 주장을 하면 다른 이들의 자기중심주의를 격발시켜 그들이 자신을 가둬버릴 거라는 사실을 알고 있다. 따라서 신중한 사람은 힘으로 자신의 주장을 뒷받침할 수 없을 때면 자기보다는 이웃을 더 생각하는 척한다.

알렉산드로스 대왕은 충분한 힘을 갖추자마자 자신이 제우스의 아들이라고 말했다. 로마 황제들은 자신들이 신이라고 말했다. 신의 계시를 받은 히틀러는 심지어 멘델의 유전 법칙 같은 가장 복잡한 주제에 관해서도 진실을 알고 있었디. 그러나 경찰을 자기편으로 만들지 못한 이들은 대개 그런 주장을 하는 모험을 무릅쓰지 않는다.

그러므로 제정신은 인간 정신의 자연스러운 상태가 아니라 사회생활의 산물이다. 그것은 예의범절의 한 형태이며, 우리가 전지전능한 존재가 아니라는 사실을 깨우쳐주는 다른 인물들의 압력에 의해 생성된다. 이것이 바로 독재 정부에 반대하는 가장 중요한 논거 중 하나다. 절대 권력은 제정신을 유지할 필요가 없게 만들기 때문이다. 통치자들은 신하들의 호의에 의지할 필요가 없게 되자마자 미쳐버린다. 이것은 과거에도 여러 번 증명되었고 지금도 새삼 다시 증명되고 있는 사실이다. (1934. 3. 26)

그건 달라
Egoism

100만 명을 고통 속에 죽어가게 함으로써 수입을 두 배로 늘릴 수 있다면 당신은 그렇게 하겠는가? 아니, 물론 아니라고, 당신은 화를 내며 대답할 것이다. 하지만 인간의 역사에 비추어 보건대, 그 대답이 진심이라면 당신은 이례적인 미덕을 갖춘 사람이다.

    객관적으로 생각할 때, 한 집단의 경제적 이기심과 다른 집단의 생존 사이에서 갈등하는 상황에 놓인 대부분의 사람들은 자기 집단이 지지받아야만 하는 가장 고귀한 근거들을 보여주는 신화와 도덕규범과 이상주의를 만들 것이다. 히틀러주의 문학은 의무, 자기희생, 물신 숭배 탈피 등에 관한 거창한 구절들로 가득 차 있다. 이 구절들을 계속 되풀이함으로써 잔인한 행동을 공익사업이라는 명목으로 수행할 수 있는 도취 상태를 조성하는 것이다.

시인이고 사회주의자이자 유대인인 에르네스트 톨러는 문학적·정치적·인종적 '위반' 때문에 자기가 태어난 나라에서 살 수 없었다. 『나는 독일인이었다 I Was a German』라는 책에서 그는 소년 시절 같은 마을에 살던 폴란드 친구와 나눈 대화를 언급하고 있다. 그가 폴란드 친구에게 물었다.

"그들은 왜 '이런, 더러운 유대인 놈!'이라고 소리를 지를까?"

"너도 우리 뒤에서 '멍청한 폴란드 놈'이라고 소리 지르잖아?"

"그건 달라."

이 두 마디의 말 "그건 달라."는 정의로운 지적 주장에 대한 본능적인 자아의 반응을 완벽하게 보여준다. 예를 들어 국가 안보에 대해 생각해보자. 모든 나라가 자국의 군사력은 순전히 방어를 위한 것이며 평화를 지키기 위해서는 어떤 가능한 공격도 격퇴할 수 있는 충분한 힘을 길러야 한다고 생각한다. 그 경우 다른 나라들을 성공적으로 공격하기에도 충분한 군사력을 기르는 셈이라고 지적하면, 대답은 "그건 달라."다.

1914년 이전에는 영국과 독일 모두 수입 식량에 의존했는데, 해군력에서 절대 우위에 있는 나라가 아니라면 그건 안전한 방법이 아니었다. 영국인들은 "그러니까 우리는 가장 강력한 해군을 보유해야 한다."라고 말했다. 독일인들은 "그러니 우리도 그래야만 한다."라고 말했다. 영국인들은 "그건 달라."라고 말한 다음, 뭐가 다른지를 실제로 보여주었다. 전쟁 기간에 독일인들이 굶주리도록 만든 것이다. 이런 이야기들 속에 세계 평화의 희망이란 존재할 수 없는 게 분명하다.

정치적인 관점에서 이기주의의 반대말은 사심 없음이 아니라 공정성이다. 인간은 신화를 만들어내고 자기기만을 일삼는 능력이 매우 뛰어나서 어느 한쪽이 권력을 손에 쥐고 있는 한 공정성이란 사실상 불가능하다. 얼마나 오랫동안 여성들은 남성들의 손아귀에서 불공정한 대접을 받아왔던가? 이런 불공정성을 끝장낼 수 있는 유일한 방법은 여성 후보에게 투표를 하는 것이었다.

지금 상황에서 백인과 흑인 사이에 공정한 거래가 가능하다고 생각하는 사람이 있는가? 콩고에서는 몇 년 동안 국왕 레오폴드 2세가 흑인들을 죽음으로 몰았는데, 그 수는 제1차 세계 대전 기간에 죽은 백인들의 수만큼이나 많았다. 레오폴드 2세가 그런 짓을 벌인 건 흑인들이 범죄를 저질러서가 아니라 단지 자기가 소유한 회사들의 배당금을 늘리기 위해서였다.[24] 프랑스인들은 감탄하면서 그 수법을 그대로 베꼈고 영국 외무성은 레오폴드 2세에 대한 반대 여론을 꺾기 위해 애썼다. 흑인들이 정치권력에서 소외되는 한 그들은 공정성을 기대할 수 없다.

이상적인 정책들은 대개는 사리사욕을 감추기 위한 것이라는 게 분명하다. 누군가가 고상한 원칙을 주장하고 나서는 소리가 들리면 이런 질문을 자신에게 던져보아야 한다. 이런 '이상주의'로 인해 누구의 수입이 늘어날까? 그러면 대개는 환상에서 깨어날 수 있다.

레오폴드 2세는 문명과 기독교를 암흑의 아프리카에 가져다주었다(그가 그렇게 말했다). 그 과정에서 그는 매년 자기 자본으로 100퍼센트가 넘는 이익을 얻었다. 히틀러의 통치는 독일 철강 트러스트와 화학 산업에 이익이 되고 있고, 그 반향으로 다른 나라들에서도 같은 산업들이 이익을 보고 있다. 그렇기에 이런 산업들과 관련된 업계에서는 민주주의를 불신하는 것이다.

공정성은 권력의 분배를 필요로 한다. 그렇지 못하다면 힘 있는 자들은 공정성을 요구하는 주장을 대할 때마다 간단한 반박 논리를 내세울 것이다. "그건 달라."   (1934. 4. 2)

어버이의 사랑은 끝이 없어라
Parental Affection

우리 할아버지들의 시대에는, 자연의 경이로움에 대해 감탄하며 즐길 때면 가장 사나운 야수인 암호랑이가 새끼 사랑은 끔찍하다면서 놀라움을 표하곤 했다. 모성애의 경이로움은 여전히 어떤 사람들에게는, 특히 가족 숫자 말고는 달리 내세울 게 없는 여성들 사이에서는 인기 있는 주제다.

나는 자주 감정이란 단순한 남성은 전혀 이해할 수 없는 것이리고 장담해왔다. 그러므로 나는 어머니의 가슴속에 있는 감정을 가늠하려 하지는 않을 것이다. 다만 국외자로서도 분명히 관찰할 수 있는 어떤 유형의 부모 행동을 언급하는 선에서 그치려 한다.

부모는 이타적이라고 말하는 것은 — 설사 가장 훌륭한 부모라 할지라도 — 자아라는 개념을 오해하고 있는 것이다. 부모는 자신의 자아가 자식들 안에서 재생산된다고 느끼며 후손을 통해 죽음으로부터 부분적으로나마 벗어날 수 있다고 생각한다. 지극히 본능적인 부모는 외부에서 오는 위험으로부터 아기를 보호하고, 아기가 자기방어를 할 수 있을 때까지 생명을 유지하도록 상당한 고통을 감수한다. 그러고는 나중에 수많은 손자들을 보고 기뻐한다.

이는 구시대 가족을 형성했던 기본 양식으로, 가족이 나머지 세상에 대항하는 공격과 방어의 동맹을 이루는 동안에는 잘 작동했다. 그러나 가장을 조금이라도 의심하게 되면 동맹은 깨졌다. 황후는 일반적으로 아들들을 살해했고 왕은 통치를 시작하기 전에 형제들을 처형했다. 하지만 그런 약간 불쾌한 현상과는 별개로 관습은 충분히 원활하게 작동했다.

우리 시대의 문제는 개인 사이의 싸움에 경찰이 개입하는 데서 비롯한다. 그 때문에 이웃을 살해하는 데서 출구를 찾을 수 없게 된 부모의 권력 충동이 이제는 자녀 '사랑'에서 그 출구를 찾고 있다. 말하자면, 자녀들에게 그들을 위해 자신이 얼마나 희생해왔는지를 알려주면서 상호 희생의 형태로 이자를 붙여 지불을 요구하는 것이다.

이때 가장 고통스러운 요구는 감상적인 요구다. 아들은 어머니가 싫어하는 여자와 결혼하면 배은망덕하다는 소리를 듣는다. 이런 논리를 내세우는 어머니들은 그리 드물지 않은데, 아들이 사랑하는 여자라면 누구든 질투하므로 애정 없는 결혼만을 묵인한다. 아들이 사랑하지 않는 아내는 또다시 그녀의 아들에게서 위안을 구할 것이다. 이런 식으로 악순환은 계속된다.

부모의 감정은 흔히 승화되기 마련인데, 인간의 최상과 최악의 행동 중 일부는 그런 감정이 보편화된 형태로부터 생겨난다. 인도주의와 자비심은 그중에서도 바람직한 형태에 속한다. 그러나 자식들에게는 부모가 기쁨을 느낄 수 있는 원천이 두 개 있다. 하나는 자식의 성장과 행복이고, 다른 하나는 자식이 무력해서 다시 독재를 행사할 수 있는 기회다. 따라서 혼란스런 부모의 감정은 다정하게 나타나기도 하지만 그만큼 포악해지기도 쉽다.

자신을 국민의 아버지로 여기는 통치자가 국민에게 많은 자유를 허용하기란 쉽지 않은 일이다. 유럽 여러 나라에 나타난 파시스트 독재자들이 모두 가족 예찬론자인 것도 당연하다. 그들이 자기 백성에게 느끼는 감정에는 부모의 횡포 중에서 가장 나쁜 요소들이 모두 담겨 있기 때문이다.

러시아에서 벌어지고 있는 독재는 심리적으로 차이가 있다. 그것은 기계화에서 권력 충동을 해소할 출구를 찾고 인간을 기계의 부속물로 여긴다. 그 두 종류의 독재 중에서 어떤 것이 희생자들에게 더 불쾌한 것인지는 잘 모르겠다.

(1934. 5. 7)

자비심에서 권력욕으로
Benevolence and Love of Power

 순수한 자비심, 즉 어떤 이기적인 동기도 없이 행복을 나눠주고 고통을 줄여주고 싶은 마음은 존재하지 않는다고 주장하는 사람들이 있다. 나는 이 의견에 동의하지 않는다. 동정은 어느 정도까지는 자연스러운 충동이며 적절한 상황에서는 적극적인 자비심으로 발전한다고 나는 생각한다. 이런 발전을 위해 필요한 것은 고통스러운 상황을 개선해주는 권력이 전부다.
 그러나 불행하게도 권력은 달콤한 것이다. 단지 자비심을 베풀기 위해 권력을 추구했던 사람이라도 오래지 않아 권력 그 자체를 사랑하게 되기 마련이다. 이런 현상은 아이들에 대한 부모 및 교사의 관계, 피통치자에 대한 정부의 관계, 수혜자에 대한 자선가의 관계 등에서 나타난다. 권력이 보호라는 기초 위에 세워진 곳에서는 어디에서나 그렇다. 소유욕은 적극적인 사랑의 피할 수 없는 부속물이다.

소유욕이 없는 사랑도 틀림없이 존재한다. 역사적인 영웅이나 호감 가는 소설 속의 인물이나 영화 스타처럼 공식적인 모습으로만 알고 있는 사람들에게 느끼는 사랑이 그렇다. 하지만 실제로 개인적 관계를 맺으면 도움을 주거나 받고 싶은, 아니 아마도 주고받고 다 하고 싶은 욕망이 곧바로 생겨날 것이다. 심지어 도움을 주고 싶은 욕망만 있을 때조차도 이 부분을 독점하고 싶은 질투심이 생겨난다. 같은 환자를 돌보는 사람들 사이에서 생기는 질투심은 종종 아주 강해서 격렬한 싸움으로 번지기도 한다. 그 이유는 환자는 무력한 상태이므로 그에게 권력을 행사하는 일이 유쾌하기 때문이다. 100년 전의 '가냘픈 여성'은 그녀의 남편에게 이런 충동을 불러일으켰다.

사람들은 자기 자식을 사랑하고 자기 개를 사랑한다. 넓게 봐서 그들이 자기에게 의존하고 있기 때문이다. 소유 상태가 위협을 받으면 그 즉시 자비심은 사라지고 사나운 투쟁 충동이 그 자리를 차지한다. 자비심이 지속되고 있다면 소유가 안전한 상태에 있는 게 틀림없다.

이것이 전부라면 여기서 얻을 수 있는 교훈은 단순할 것이다. 우리는 변하지 않는 중세 시대의 사회적 관계, 이를테면 갈라설 수 없는 결혼, 부모의 무한 권력, 세습적인 절대 군주제 등으로 되돌아가자고 주장해야 한다. 하지만 이 문제에는 또 다른 측면이 있다.

　권력은 마약이다. 습관적으로 그것을 즐기는 사람은 점점 다른 일을 돌보지 않게 된다. 그들도 처음에는 자비심에서 출발했을 테지만 거의 예외 없이 폭정을 향해 나아간다. 이런 타락을 막을 유일한 방법은 반란의 가능성으로 권력을 제한하는 것이다. 반란이 불가능한 곳에서는—예를 들어 동물이나 아이들의 경우처럼—필요하다면 중립적인 권위의 개입을 통해 권력을 제한해야 한다. 따라서 권력은 결코 절대적인 것이 되어서는 안 된다. 이것이 바로 민주주의의 기초이자, 정치적 변화를 가져오게 될 남편 및 부모의 권위에 대한 한계의 기초이다.

　권력의 심리학은 사회 이론 중에서 가장 중요한 동시에 가장 어려운 요소다. 그것이 중요한 이유는 현대의 기술로 인해 경제적 권력과 정치적 권력이 점점 비대해지고 있기 때문이다. 그것이 어려운 이유는 권력 유지의 보장을 찬성하거나 반대할 수 있는 서로 상반된 생각들 때문이다. 아직은 해결책을 찾지 못하고 있다. 하지만 고대나 현대의 민주주의의 적들이 주창했던 체제보다는 민주주의 체제에서 해결책을 찾을 확률이 훨씬 높은 건 확실하다.　　　　　(1934. 7. 13)

과학적인 시대의 미신
Irrational Opinions

세상에는 누구라도 옹호하기 힘든 의견이 많지만 그럼에도 실제로는 인류의 다수가 그런 생각을 받아들인다. 진지하게 논쟁을 해보면 13이 불길한 숫자라고 믿는 사람은 거의 없다. 하지만 호텔은 13이라는 번호가 붙은 객실이 없으면 도움이 된다는 사실을 안다. 금요일에 출항 준비를 마친 선박은 자정에서 1분이 지날 때까지 출발을 늦춘다. 토요일이라는 더 나은 행운을 잡기 위해서다. 유리를 통해 초승달을 쳐다보거나 사다리 아래로 지나가는 것을 무서워하는 사람도 많다.

    지금은 이런 종류의 미신을 반신반의하지만 한때는 구구단만큼이나 확실하다고 믿었다. 최근의 분석에 따르면 그런 일들을 너무 쉽게 믿는 경향이 쇠퇴한 것은 자연 법칙에 대한 과학적 방법과 믿음 덕분이다.

    도덕률은 금요일에는 평소보다 많은 사람이 죽는다는 것

을 증명하지 못한다. 특정한 요일에 항해하는 배들이 다른 날 출발한 배들보다 조난 사고를 더 많이 당한다는 통계도 없다. 하지만 그런 증거를 조사할 필요도 없이, 아주 약간의 과학 지식만 있다면 누구나 일주일 중의 어느 하루나 어떤 특정한 시기를 언급하는 자연 법칙은 있을 수 없다는 사실을 안다. 금요일을 불길하게 생각하는 것은 인류 역사와 관련이 있지만, 폭풍은 그런 것에 개의치 않는다. 이런 생각 때문에 배운 사람이라면 거의 모두 점성술을 믿지 않게 됐다.

일식이나 월식은 더 이상 미신적인 공포를 유발하지 않는다. 그것을 지배하는 법칙들을 이해하고 있기 때문이다. 하지만 자연 현상의 법칙들이 아직 알려지지 않은 곳에선 계속해서 비과학적 태도를 고집하는 경향이 있다. 간디는 최근 인도에서 발생한 지진들이 정통 힌두교도들의 사악한 행위에 대한 징벌이라고 주장했다.[25] 법률도 심리학이 정신 이상의 징후로 간주하는 많은 행동을 범죄로 취급해 여전히 처벌하고 있다.

대부분 사람들은 징벌에 대해 대체로 불합리한 태도를 보인다. 사람들은 분노를 느끼고 고통을 가하려는 생각에서 처벌을 하지만 이것은 과학 이전 단계의 관점이다. 바람직하지 않은 행동을 조용히 지켜본 입법자가 있다면 그는 거기에 두 가지 종류의 행동이 있다는 사실을 금방 알아차릴 것이다. 징벌로 방지할 수 있는 행동이 있고 방지할 수 없는 행동이 있다. 방지할 수 없는 종류의 행동은 처벌할 목적에서 정신병의 증거로 간주될 수도 있다. 그것은 종종 아주 해로울 수 있으므로 방지하긴 해야 하지만, 방지에 꼭 필요한 이상의 고통을 주어서는 안 된다. 그 경우 고통 자체로는 방지 효과가 없기 때문이다.

아직도 인간의 본성 대부분은 불합리한 것으로 여겨진다. 사람을 칭찬과 비난의 대상으로 보는 일은 즐겁기 때문이다. 칭찬과 비난에 정당한 영역이 있다는 사실을 부인할 생각은 없다. 특히 교육을 할 때는 그렇다. 하지만 이 영역은 일반적으로 추측하는 것보다 훨씬 작다.

도덕 교육에서 가장 중요한 요소는 접촉하는 사람에 대한 우호적인 태도가 서서히 스며들게 하는 일이다. 우호적이지 않은 표현을 썼을 때 벌을 준다고 해서 그런 태도가 형성되지는 않는다. 적개심을 버리라며 패전국에 벌을 준다고 해서 그 국민이 승전국을 사랑하게 만들 수는 없는 노릇이다. 그런 믿음의 근거는 금요일을 무서워하는 미신보다 나을 게 전혀 없다. (1934. 7. 20)

과학은 잘못이 없다
Science and Happiness

전반적으로 과학은 인간의 행복을 증진하는 걸까 아니면 감소시키는 걸까? 과학으로 인한 손익을 제시하는 대차 대조표의 항목을 열거하기란 어렵지 않지만 어느 쪽이 우세한지를 알 수 있을 정도로 정확하게 평가하는 일은 아직 불가능하다.

과학은 가난을 감소시켰고 정치인과 경제인들이 그럴 생각만 있었다면 가난을 완전히 없앨 수도 있었다. 과학은 질병을 현저하게 감소시켰고 건강한 사람들의 체력을 증진했다. 과학은 매우 다양한 오락거리를 제공해왔다. 과학은 교육을 개선하고 아이와 죄수에 대한 가혹 행위를 완화해왔다. 그 덕분에 인간의 존엄성이라는 새로운 개념이 생겨났다.

대변(貸邊)에는 이렇듯 많은 항목이 있다. 차변(借邊)에도 역시 굵직한 항목들이 포함된다.

과학은 조직화를 촉진함으로써 산업과 정치 모두에 권력

집중 현상을 가져왔다. 대부분의 사람들이 몇몇 대기업을 위해 일하고 있지만 경영 부문에서는 전혀 발언권이 없다. 예외적으로 독립적인 사고방식을 갖추지 못했다면 그들의 정치적 견해는 거대 선전 메커니즘에 의해 결정되기 마련이다. 그 선전 메커니즘은 강력한 힘을 가진 소수가 보통 시민을 더 잘 착취하고자 그들을 아무 생각 없는 상태로 유지시키는 수단이다.

우리의 경제 체제는 생필품을 생산하는 데는 오랜 노동시간이 필요하다는 가정을 바탕으로 세워졌다. 이 전제가 잘못됐다는 사실이 과학 기술에 의해 밝혀진 지금 이 체제는 더는 적절하게 작동하지 않고 있다. 그러나 우리는 과학 발전에 발맞춰 새로운 체제로 평화롭게 이행할 수 없다. 이익에 대한 기득권이 경제 상식의 확산을 가로막고 있기 때문이다.

상품이 부족하지 않을 때는 이윤 동기가 충분하지 않다. 따라서 미국에서는 식량을 생산하지 않는 대가로 돈을 받고, 작물을 파괴하는 모래 폭풍이 정부의 일을 돕고 있다. 하지만 그런 방법으로는 충분한 결핍을 만들어내지 못한다. 경제 민족주의도 어느 정도 도움이 되지만 정말 적절하게 결핍을 만들어낼 수 있는 유일한 원천은 전쟁이다. 그러므로 사적 이익이 산업의 동기로 남아 있는 한, 과학은 전쟁의 원인을 증가시키는 동시에 전쟁을 더욱 파괴적으로 만든다.

대차 대조표에서 어느 쪽이 우세한지 아직은 판단할 수

없다고 말했다. 그러나 이렇게 말할 수는 있다. 과학이 이로운 경우는 과학 자신의 본질을 따를 때다. 분명한 해악을 피할 수 있는 방법을 제시하기 때문이다. 하지만 과학이 해로운 경우에도 그것은 단지 우리의 경제와 정치 체제의 개선 가능한 결함들 때문이다. 이런 결함들을 개선한다면 과학의 효과는 전적으로 유익할 것이다.

따라서 필요한 것은 더 많은 과학이다. 과학은 무기물, 식물, 하급 동물뿐만 아니라 인간사에도 적용된다. 모든 일에 과학적으로 대처할 수 있다면 우리는 과거에는 꿈조차 꾸지 못했을 행복의 수준에 빠르게 도달할 수 있을 것이다.

(1934. 7. 27)

교육은 교사에게

Social Sciences in Schools

인류의 상호 의존도는 지난 150년에 걸쳐 급속도로 증가해왔다. 자신이 먹을 식량만 기르고 아주 간단한 도구만 사용했던 원시 시대의 농부들은 다른 사람이 하는 일에 거의 영향을 받지 않았다. 하지만 그들은 이런 자유를 누리는 대가로 빈곤과 주기적인 기근을 겪어야 했다.

현대의 기술 덕에 모든 계층이 풍족해졌지만 동시에 더 단순했던 시대에는 존재하지 않았던 협력이 필요해졌다. 따라서 사회과학이 예전보다 훨씬 중요해졌고 그에 따라 학교에서 사회과학의 중요성에 걸맞은 자리를 마련하는 일이 가장 시급한 교육 개혁 과제 중 하나가 됐다.

미국 역사협회가 지명한 한 위원회는 이 주제에 관한 조사를 실시해 결론과 권고 사항을 한 권의 책으로 펴냈다.[26] 널리 읽고 매우 진지하게 생각해볼 가치가 있는 책이다. 위원회는 다음과 같은 점을 지적하면서 책을 시작한다.

> 미국 문명은 서구 문명과 마찬가지로 역사상 매우 중요한 시대를 지나면서 경제적 개인주의에 대한 전통적인 믿음을 수정하고, 대중의 입장에서 대규모 협력이라고 부르는 사회 계획 및 통제에 관한 방대한 실험에 들어갔다.(1~2쪽)

보고서는 "다른 나라에서와 마찬가지로 미국에서도 경제와 정부 분야에서 개인주의와 자유방임주의의 시대가 막을 내리고…… 집단주의의 새로운 시대가 떠오르고 있다."고 말한다.

불가피한 대중 통제가 민주주의와 결합하되 여러 유럽 국가들처럼 독재의 형태와 결합하지 않게 하려면, 현대 세계 및 현대 세계가 원하는 바를 이해할 수 있도록 가르치는 교육이 필요하다. 위원회가 지적하고 있듯이, 그러려면 교사들의 처우 개선과 현학적이지 않은 교수법 훈련, 특정한 집단의 부정한 이해관계로부터 간섭받지 않는 상당한 정도의 독립성이 필요하다.

학생들은 교육적이지 못하다고 해서 은폐하는 일 없이 정부와 경제에 실제로 무슨 일이 일어나고 있는지를 배워야 한다. 정확한 계량이 불가능한 곳에서 계량의 정확성을 내세우는 '지능 테스트'와 기타 사이비 과학적인 방법들을 신뢰하지 말아야 한다. 대학에 새로운 활기를 불어넣어 시대의 요구에 더 많이 부응할 수 있게 만들어야 한다. 위원회가 주장했듯이, 대학은 또한 교사 양성을 위한 전문학교와 통합되어야 하고 그 전문학교에서는 가르치는 일에 관해 지금보다 많이 강조하되 가르치는 기술에 대한 관심은 훨씬 줄여야 한다.

내 생각에 이 모든 조처들은 미국뿐 아니라 모든 문명국에도 올바르고 중요하다. 국가 공무원인 교사들이 일시적으로 권력을 장악한 이들에게 복종하도록 요구받는 일이 너무나 자주 벌어지고 있다. 이런 일이 발생하면 교사들은 그들이 마땅히 지니고 있을 전문 역량을 발휘할 수 없거나 젊은이들이 현재 문제들에 대한 비판적인 판단력을 형성하도록 가르칠 수 없다. 이런 위험을 피하는 유일한 길은 교사들이 스스로를 방어할 수 있는 조직을 통해 지성의 독립성을 보호하고, 무지와 편견을 공격하는 의견을 부당하게 묵살하려는 모든 시도에 저항하는 것뿐이다.

이 불안정한 시대에 세계는 미국을 바라보고 있다. 그 위원회의 제안이 채택된다면 세계가 미국을 바라본 일이 헛되지는 않을 것이다. (1934. 8. 3)

강한 것과 옳은 것은 다르다
Race and Nationality

 모든 과학 이론은 사이비 과학이라는 안개에 둘러싸여 있다. 프로이트주의자들의 말을 듣고 나서 프로이트의 책을 읽은 사람이라면 누구나 그의 뛰어난 감각에 놀랄 것이다. 현대 다원주의자들의 이야기를 듣고 나서 다윈의 책을 읽은 사람이라면 누구나 다윈이 자신의 학설에 매달려 지탱해온 모든 정치 이론에 반대했다는 사실을 알고는 즐거워할 것이다.
 다윈은 동물들이 자연 변이와 생존 경쟁을 통해 환경에 적응하게 됐다고 가르쳤다. 환경에 적응하는 것은 바람직한 일이므로 생존 경쟁도 바람직하다고 추론했다. 이로부터 사업상 경쟁과 전쟁을 지지하는 주장이 나왔다. 나아가 다윈이 '적자' 생존에 대해 언급했기 때문에, 경쟁과 전쟁의 승리자는 더 강한 집단이라는 의미에서뿐만 아니라 일반적인 의미에서도 '적자'가 틀림없다고 생각했다. 이로부터 힘에 대한 숭배가 생겨났다. 우월한 힘은 우월한 적응력의 증거였다.

다음 단계는 이 모든 것을 민족과 결합하는 일이었다. 대략 2,000년이나 3,000년 전에 유럽이나 아시아에 그런대로 순수한 인종이 여럿 있었다는 주장이 나왔다. 그에 따르면 (스위스 같은 경우는 제외하고) 현대 민족들은 넓게 말하면 이런 고대 인종들의 현대적 표본이고, 모든 역사는 언제나 자기 종족이 최고였다는 사실을 보여준다.

생물학적 논증을 완성하기 위해서는 전쟁의 승리자가 피정복자들보다 후손을 많이 남긴다는 가정이 필요했다.

이런 모든 전제가 옳다면, 난투극을 벌여봤자 한쪽의 일방적인 승리와 인종 개량으로 끝날 게 분명하다. 따라서 전쟁은 빨리 할수록 좋다. 그러나 사실에 의거해 검증해보면 이 모든 주장은 허위다.

'적자'는 정복자가 되기 위해 필요한 장점 말고는 어떤 장점도 가질 필요가 없다. 타키투스Tacitus[제정 로마 시대의 역사가]의 말에 따르면 신들은 병력이 많은 편에 선다.[27] 제1차 세계대전에서 연합국이 승리한 것은 그들의 도덕적 우월성 때문이 아니라 많은 병력 덕분이었다. 사업에서 가장 약삭빠른 사기꾼이 언제나 가장 칭찬받을 만한 시민이라고 말할 수는 없다. 인종에 대해서 말하자면, 고대 인종들 중 어느 인종이 가장 훌륭했는지는 결정할 방법이 없다.

게다가 현대 민족들은 모두(스칸디나비아 반도는 예외라고 할 수 있다) 그 혈통이 아주 많이 섞여 있으므로 고대 종족에 관한 모든 이야기와 거의 관련이 없다. 영국인은 켈트족과 튜턴족이 섞여 있고, 프랑스인은 켈트족과 튜턴족과 지중해 민족이 섞여 있고, 독일인은 튜턴족과 슬라브족과 알프스 민족이 섞여 있다. 유럽 국가들 사이의 국민성 차이는 부분적으로는 종족의 기원이 달라서일 '지도' 모르지만 그렇게 생각할 이유가 없다. 역사와 지리로도 매우 적절한 설명을 할 수 있기 때문이다.

마지막으로, 문명화된 두 민족이 싸우면 패한 쪽이 승리자보다 아이를 더 많이 낳는 경향이 있다. 영국에 비해 인도와 아일랜드에서, 여타 프랑스 지역에 비해 브르타뉴에서, 여타 독일과 오스트리아 지역에 비해 독일과 오스트리아가 지배했던 폴란드에서 그런 일이 벌어졌다.

인구 통계학의 관점에서 보면 가장 바람직한 인종은 가난하고 무식하고 정치적으로 무력한 상태로 살아야만 한다. 나는 이 해법을 우리 시대의 우생학적 민족주의자들에게 추천하는 바이다. (1934. 8. 10)

여가를 보내는 여러 가지 방법
The Problem of Leisure

 효율적인 조직만 있다면 현대적인 생산 방식은 하루 2시간 정도 노동으로 전 세계가 편안하게 살도록 할 수 있다. 하지만 그럴 경우 나머지 22시간은 뭘 해야 할까? 여가 시간을 즐겁고 유익하게 보내는 요령을 아는 사람은 드물다. 게으른 부자들은 대부분 따분하고 불행하다. 하루 8시간 일하는 데 익숙한 사람들은 노동 시간이 7시간이나 심지어 6시간으로 줄어들면 두말할 나위 없이 더 행복히겠지만 2시간으로까지 줄어들면 남은 시간을 어떻게 써야 할지 어쩔 줄 몰라 할 것이다.
 이 문제는 다소 왜곡된 형태이기는 해도 이미 존재하고 있다. 오늘날 직업을 가진 사람들은 대개 매우 열심히 일해야 하지만 직업이 없는 사람들은 목적 없이 떠돌면서 점점 의기소침해진다.
 그러므로 실업자들을 위한 활동이 있어야 한다. 이 활동은 순전히 자원봉사 성격의 일이 아니라 건전한 시민 의식을 고취하기 위한 것이어야 한다. 확실한 해결책은 몇 가지 기술 교육이나 문화 교육의 형태를 띤다. 물질적 상품을 생산하는 데 투자하지도 않고 스스로 선택한 활동으로는 유익하게 보낼 수도 없는 시간은 기술을 익히고 정신세계를 확장하고 육체적 건강을 얻는 데 바쳐야 한다.

지식이 증가하면 교육으로 유익하게 보내는 시간이 점점 늘어난다. 위생과 식습관 문제를 예로 들어보자. 이 분야에 대해서는 무식이 상식일 정도다. 하지만 생리학의 기초에 덧붙여 약간의 지식만 있어도 가벼운 병 때문에 건강이 나빠지고 기분이 불쾌해지는 일을 상당 부분 예방할 수 있을 것이다.

또 경제학 같은 공부를 생각해보자. 분배와 교환의 기본 원리를 이해하지 못하는 탓에 여론은 정부에게 바보 같은 조치를 취하도록 압력을 가한다. 그것은 단지 그들이 개선하고자 하는 폐해를 증가시킬 뿐인데도 말이다. 더 많은 사람들이 호황과 불황의 원인을 이해한다면 불황에서 빠져나오는 일이 지금보다는 훨씬 어렵지 않을 것이다.

삶을 더욱 흥미롭게 만드는 데 많은 기여를 할 또 다른 교육 형태는 어떤 사람이 종사하는 생업의 전반적인 양상에 관한 교육이다. 그 일의 발명과 발견의 역사, 세계 경제에서 그 일이 가지는 중요성 등을 가르쳐야 한다. 도시에 사는 산업

종사자들에게는 몸을 움직이는 문화가 매우 바람직하다. 또한 즐길 수 있는 사람이라면 예술 교습으로 행복의 원천을 찾을 수도 있다.

이제는 실업을 가끔 일어나는 예외적인 불운으로 간주해서는 안 된다. (이를테면) 석탄 및 철강과 관련된 일을 하는 사람들을 완전 고용하는 것은 전쟁이나 전쟁 위협이라는 수단을 통해서만 가능할 뿐이다. 따라서 그것은 결코 바람직하지 않다.

일정한 시기에 자신의 생업으로 일자리를 얻지 못한 이들은 국가에서 지원을 해서 지적으로든 미적으로든 육체적으로든 넓은 의미에서 교육적인 방법을 통해 일을 시작할 수 있도록 해주어야 한다. 그 비용은 상당할 수도 있지만 유럽 정부 대부분이 병역 의무에 들이고 있는 비용보다 많지는 않을 것이다. 아주 대규모의 공공 지출만이 전반적인 호황으로 돌아갈 방법이라는 사실에 대한 인식이 점점 늘어나고 있다.

(1934. 8. 17)

무엇을 믿어야 할까
What to Believe

　어떤 주제에 관해 하나의 의견에 도달하는 데는 세 가지 방법이 있다. 첫째 방법은 다른 이들의 말을 믿는 것이다. 둘째는 그것을 믿지 않는 것이다. 셋째는 혼자 힘으로 그 문제를 검토하는 것이다. 인류의 압도적인 다수는 첫 번째 방법을 쓴다. 그 나머지 인류의 압도적인 다수는 두 번째 방법을 쓴다. 나머지 극소수만이 세 번째 방법을 쓴다.

　다른 이들의 말을 믿는 것은 대부분의 문제에서 대부분의 사람들에게 올바른 방법이다. 나는 블라디보스토크라는 장소가 있다고 믿는다. 지도책에 그렇게 나와 있기도 하거니와 그곳에 가봤다고 주장하는 정직해 보이는 사람들을 만난 적이 있기 때문이다. 하지만 내가 소련 정부의 의뢰를 받아 동부 시베리아를 조사하는 작업에 참여하고 있다면, 나 스스로 블라디보스토크의 실존 여부를 확인해봐야 할 것이다. 새뮤얼 베이커 경은 알베르 니안자 호수를 처음 봤을 때 원주민들이 말하는 호수의 크기를 그대로 믿었다. 그래서 그 후 30년 동안이나 지도에는 호수가 너무 크게 그려져 있었다.[28]

다른 이들의 말을 믿는 것은, 그 자신이 그 문제에 관한 직업적인 전문가가 아니라면 다수의 의견 일치가 있을 경우에는 언제든 적절한 방법이다. 아주 중요한 문제들에 대해선 범세계적으로 의견 일치를 볼 수 없는 지역적 의견들이 존재하는 경우가 많다. 미국인은 정부 형태로 공화정을 선호하지만 일본인은 군주제를 선호한다.[29] 대부분 미국인들은 군주제 지지자를 만나본 적이 없고 대부분 일본인들은 공화주의자를 만나본 적이 없다. 그런 경우에 범세계적인 만장일치가 없음을 알리는 일, 그리고 가능하다면, 옳다고 생각하는 의견에 대해서도 어느 정도 의심해보도록 하는 일이 교육의 주요 관심사가 되어야 한다.

다른 이들의 말을 믿지 않는 것은 반항의 한 수단인데, 일반적인 실행 방법으로는 추천할 만한 방법이 아니다. 2 곱하기 2는 4라는 사실, 또는 블라디보스토크 같은 장소가 있다는 사실을 믿지 않겠다고 하면 지혜를 얻을 수 없다.[30] 권위자들이 한목소리를 낼 때는 대개는 그들이 옳다. 그렇지 않을 때는 보통 사람으로선 판단을 유보하는 게 좋다. 지적인 반항의 일반적인 습성은 지적인 묵인의 일반적인 습성보다 바보스럽다. 그게 흔한 일이 된다면 문명은 가능해지지 않는다.

하지만 보편적으로 받아들여지는 의견에 대해서조차 상황에 따라 많든 적든 어느 정도 의심해보는 것은 현명한 태도다. 뉴턴의 중력 이론보다 더 확고하게 자리 잡은 이론도 거의 없는 듯하다. 하지만 그 이론도 수정할 필요가 있다는 사실이 밝혀졌다. 그런 경우에 합리적인 사람이라면 받아들여진 의견에 따라 행동하면서도 그 의견에 반대되는 중요한 논거를 제시하는 사람의 이야기에도 기꺼이 귀를 기울인다.

합리성은 우리가 믿는 방법에서와 마찬가지로 우리가 믿는 내용에서도 그렇게 많이 찾아볼 수 없다. 만약 당신이 어떤 사실을 증거에 따라 그리고 증거가 보장하는 만큼 확실하게 믿는다면, 나아가 그 믿음을 견지하면서도 오류를 발견하는 데 전혀 장애가 없도록 행동한다면, 당신은 합리적인 사람이다.

의견의 자유는 중요하다. 그것이 없으면 일반적으로 받아들여지는 오류를 결코 고칠 수 없기 때문이다. 그러므로 어떤 믿음도 그것을 너무 굳게 고수하는 바람에 그것을 거부하는 이들을 박해할 정도가 되면 안 된다. 하지만 의견의 자유가 안전하게 지켜지는 한, 널리 인정받는 의견을 거부하기보다는 받아들인다면, 직업적 전문가들을 제외한 모든 사람이 옳을 수 있는 더 좋은 기회를 갖게 될 것이다. (1934. 8. 24)

공포와 즐거움의 관계
Fear and Amusement

아이들을 웃게 만드는 것들은 이따금 어른들을 놀라게 한다. 무엇이 자신을 즐겁게 하는지 본능적으로 알고 있는 성인들도 그 이유를 설명하라면 어쩔 줄 몰라 하기 마련이다. 아이가 웃는 요인이야 상당히 많겠지만 가장 일반적인 요소 중 하나는 공포에 대한 승리다.

깜짝 놀래려고 튀어 오르는 기계 장치가 된 장난감을 보면 한 살 된 아이는 공포의 비명을 지른다. 그런데 그 아이가 한 살 더 먹으면 같은 장난감을 보고도 기쁨의 소리를 지른다. 기괴하게 찡그린 얼굴을 보면, 그 모습에 겁을 먹는 아주 어린 유아일 때를 제외하고는 거의 모든 아이들이 즐거워하기 마련이다.

원초적인 공포를 잊어버린 어른들은 찡그린 표정을 보면 대체로 그저 지겨워할 뿐이다. 하지만 중세 시대에는 무수히 많은 악마들에 대한 믿음 때문에 아이 같은 공포를 생생히 간직하고 있었기에, 험악해 보여도 실제로는 아무 해도 끼칠 수 없는 괴물 석상들을 좋아했다. 아이들은 무섭고 오싹한 이야기를 좋아하지만 그건 환하게 불을 밝힌 집 안에 있을 때뿐이다. 어두운 밤에 문밖으로 나가면 마음을 편안하게 해주는 이야기를 원한다. 즐거움이란 여전히 생생히 기억하되 더 이상 무섭지는 않은 공포를 상상 속에서 자극하는 데서 나온다.

어린아이는 어른들과 달리 자신의 기쁨을 대개 웃음으로 표현한다. 승리감에서 비롯하는 기쁨의 경우엔 특히 더 그렇다. 우리는 나이가 들어서도 어린 시절 우리를 놀라게 했을 환경에서 지금은 겁을 먹지 않는다는 느낌을 여전히 즐긴다. 하지만 대체로 우리가 느끼는 즐거움을 웃음으로 표현하지는 않는다.

자동차 운전자는 위험한 속도를 즐기고, 비행기 조종사는 곡예비행에 짜릿해하며, 등반가는 벼랑에서 기쁨을 맛본다. 이 즐거움은 아버지가 악마처럼 험상궂은 표정을 지어 보일 때 아이가 느끼는 즐거움과 본질적으로 같은 것이다.

원시인은 야생 동물, 홍수, 질병, 번개, 기근 등의 공포에 둘러싸여 살았다. 이 위험들이 완전히 지배하는 동안에는 신으로 의인화된 그 현상에 머리 숙여 경배했다. 약간 떨리기는 했지만 그 적대 세력들을 극복할 수 있다는 희망이 싹트기 시작하자 그들은 그것을 악의 힘으로 여겼다. 지금 우리 시대에는 그런 힘들에 대한 믿음이 거의 남아 있지 않다. 그리고 대개는 그런 믿음을 우습게 여긴다. 위험을 극복함으로써 얻었던 기묘한 승리감을 이제는 기계 장치의 발명을 통해서 맛보고 있다. 그 발명품이 전쟁에 쓰일 수 있다면 특히 더하다.

성인 중 많은 이들은, 아마도 대다수가 그러할 터인데, 위태로운 승리감 없이도 정말 행복하게 살고 있다. 안타까운 사실은 그 외 인물들, 행복한 생활을 위해서는 이런 즐거움이 있어야만 하는 인물들이 더욱 정력적이며, 따라서 자연스럽게 지도자로 떠오르는 이들은 모두 그런 사람들 속에서 나온다는 점이다.

평화를 사랑하는 이들은 그런 사람들에게 모험심을 배출할 수 있는 해롭지 않은 출구를 제공해야 한다. 모든 정치인이 주말마다 위험한 스포츠에 빠지도록 강제해야 한다. 그들이 일할 때는 안전을 바람직한 것으로 여기기를 기대하면서 말이다. 어쩌면 최상의 계획은 그들을 부추겨 서로 결투를 벌이도록 하는 일일지도 모른다.

모험을 즐기는 사람들은 서로서로 모험을 제공하도록 하자. 다만 조용한 생활을 더 좋아하는 이들에게 그 비용을 치르게 하지는 말자. (1934. 9. 20)

이름 없는 위인들
On Being Important

단테는 자신이 천사를 묘사하기 위해 얼마나 노력했는지 언급하면서 '어떤 중요한 사람들'의 간섭을 받았다고 말했다. 사람들은 그들이 누구였는지 궁금해한다. 아마 지방 귀족이나 도시 공무원이었을 것이다. 그들은 단테에게 중요한 인물로 보였겠지만 단테는 그들에게 중요하지 않은 인물로 보였을 게 분명하다.

우리에게는 그와 반대로 보인다. 하지만 단테가 살던 시대에는 그들이 자신의 의지를 관철할 수 있는 권력을 단테보다 많이 지니고 있었다고 추정할 수 있다. 이런 의미에서 그들은 더 중요했다.

단테가 살던 시대와 장소에서 중요한 인물이란 다른 이들이 존경으로 대하고 재빨리 복종하는 그런 사람이었다. 하지만 길게 보면 가장 중요한 인물이란 사태의 흐름에 가장 많은 영향을 미치는 사람이다. 따라서 지역적이고 일시적인 명성은 오래 지속되는 명성과는 아주 다르다. 어떤 아프리카 탐험가가 문명으로 돌아가면 사람들은 깊은 존경을 표하며 그의 말을 듣지만 탐험가가 어떤 식인종의 영향력 아래 있는 동안에는 부족의 추장이 그보다 중요한 사람이다.

비슷한 예로 17세기 초에는 종교 재판소가 갈릴레오보다 훨씬 중요했지만 우리 시대에는 그 위치가 역전되었다. 현대 세계에서는 종교 재판소의 말이나 행동에 따라 움직이기보다는 갈릴레오의 생각에 따라 움직일 때가 더 많다. 아라비아 숫자를 발명한 사람이 누구든 그는 고대 세계의 어떤 왕이나 정치가보다 더 많은 영향을 인류에게 미치고 있다.

조면기를 발명한 휘트니는 아마 그 시대에는 조지 워싱턴을 포함하더라도 가장 중요한 미국인이었을 것이다. 그는 면화 재배에서 남부의 우위를 보장함으로써 1776년에 많은 남부 사람들이 바랐던 노예제 폐지를 막았다. 결국 그 일이 남북전쟁을 야기했고, 영국에서 산업화의 성장을 재촉했으며, 그에 따라 전 세계에 걸쳐 급진주의의 성장을 고취했다. 이 일들 대부분은 예상하지 못했던 것이다.

가장 결정적인 힘을 가졌던 사람들은 살아생전에는 커다란 명망을 거의 얻지 못했다. 그들 중 몇몇은 사람들의 상상력이나 생활 철학에 미친 영향력 덕에 중요한 인물로 남았다.

이들 중에는 시인과 종교적 스승들이 있었고 다른 사람들은 갈릴레오나 휘트니처럼 발견이나 발명을 통해 영향을 미쳤다. 이런 사람들은 대개 의도하지는 않았지만 정치적·사회적 변화의 원인이 되었다는 사실을 알 수 있다. 그런데 그런 사람들 중 가장 위대한 많은 인물들이 세월의 뒤안길에서 잊혔다.

누군가 바퀴를 발명한 게 분명했지만, 바퀴는 콜럼버스 이전에는 미국 땅에 알려지지 않았다. 어느 이름 모를 반(半) 원시인이 청동을 만드는 법을 발견했고, 이후 기록되지 않은 어떤 기술자가 최초로 철을 녹였다. 훨씬 현대적인 발명가들은 여전히 익명으로 남아 있다. 화약과 항해 나침반에 관한 많은 전설들이 널리 믿어지고 있지만 그 물건들의 기원에 대해 아는 사람은 아무도 없다.

어떤 이는 권력을 좋아하고 어떤 이는 명성을 좋아한다. 위대한 명성은 적당히 일시적으로만 권력을 누린 자들의 몫이다. 하지만 최상의 권력은, 혁신을 이뤘지만 생전에는 거의 인정받지 못하고 오히려 세상을 불편하게 만드는 혁신이라는 이유로 흔히 박해를 받아온 이들의 몫이다.

아마 우리 동시대인 가운데 진정으로 가장 중요한 사람들은 우리가 전혀 들어보지 못한 인물들일 것이다. 그리고 이름이 신문에 대문짝만 하게 박혀 나오는 자들은 역사의 진행 과정에 지속적인 영향을 거의 미치지 못할 것이다.   (1934. 10. 4)

진보주의자의 검열
Censorship by Progressives

변화를 반대하는 사람들은 당연히 현 체제의 폐해에 대한 언급에도 모두 반대한다. 이 때문에 그들은 자신의 견해를 권하는 하나의 방법으로서 사실을 은폐하는 방향으로 들어설 수밖에 없다.

하지만 검열로 이끄는 정신 구조가 어떤 일련의 의견들로 국한되는 것은 아니다. 실제로 나는 그런 정신 구조를 인습에 사로잡힌 사람들뿐 아니라 스스로 진보의 전위에 서 있다고 믿는 사람들 가운데에서도 많이 발견한다. 자기 의견은 전적으로 진실하고 거짓이 없으므로 그 사실만으로도 다른 사람들에게 설득력을 가질 거라고 확신할 수 있는 사람은 거의 없다.

이런 태도는 특히 교육 부문에서 눈에 띈다. 구시대 사람들은 아이들은 섹스에 관해서는 아무것도 알아선 안 된다는 견해를 취했다. 그들은 무지가 미덕을 낳고 지식은 그것을 방해할 뿐이라고 생각했던 것이다.

　매우 비슷한 방식으로 현대의 많은 평화주의자들은 자기 아이들에게 전쟁에 대해 아무것도 가르치지 않는다. 그들은 역사의 골자는 빼버리고 역사를 신석기 시대 사람들 사이의 예술과 공예의 발전 같은 것으로 축소한다. 나중에 아이들이 전쟁에 대해 배우면 금단의 열매에 매력을 느끼기 쉽다. 그들은 실제 세계를 현실적으로 이해할 수 없으므로, 아무리 낙관적으로 보더라도, 그 매력에 이성적으로 맞설 수 있는 위치에 있지는 못할 것이다.

　종교 조직이 해온 역할을 예로 들어보자. 유럽의 역사는 콘스탄티누스Constantine 대제[재위 306~337년, 기독교를 인정한 로마 황제] 이래 거의 전적으로 가톨릭교회의 역사였다. 하지만 스스로 열린 마음을 가지고 있다고 생각하는 많은 부모들, 그리고 스스로 진보적이라고 생각하는 많은 학교들이 중대한 사건에서 교회가 해온 역할을 감추고 있다.

　얼마 전에 나는 열세 살 된 매우 지적인 아이를 만났다. '현대적인' 방침에 따라 매우 공들인 교육을 받은 아이였다. 아이는 교황에 대해 들어본 적이 거의 없어서 나라마다 교황이 따로 있다고 생각하고 있었으며 '추기경'이라는 단어조차도 몰랐다. 그렇게 교육을 받은 아이는 실제 세계를 이해할 수 없고, 따라서 미지의 세력에게 휘둘릴 것이다.

속물근성에 대한 반작용은 또 다른 종류의 왜곡을 불러온다. 과거에 문명은 특권을 가진 소수만의 관심사였다. 필연적으로 나머지 사람들은 일이 너무 고된 탓에 예술이나 과학에 능숙할 수 없었다. 사회적 불평등 없이는 지성이나 기술의 발전도 있을 수 없었다.
　불평등에 대한 필요는 이제는 과거의 일이 되었다. 기계 생산으로 모두가 일하는 시간을 줄일 수 있게 됐기 때문이다. 그렇더라도 그것이 역사를 왜곡하거나, 오늘날 임금 노동자들이 (말하자면) 과학자들보다 존경받아야 한다고 가장하는 이유가 될 수는 없다. 하지만 많은 급진주의자들이 이런 식으로 왜곡하고 가장하고 있다. 특히 아이들과 교류하면서 그렇다.
　사실 은폐라는 방법을 쓰는 모든 신조는 자기 신념이 타당한지 확신하지 못하고 심지가 굳건하지도 못하다는 사실을 보여준다. 사건들을 충분히 숙고하는 과정에서 진실한 것들이 진실로 떠오를 것이나.
　아이들을 예쁘게 꾸며진 환상의 세계에서 키우는 습성은 세상에서 책임 있는 역할을 맡기 위한 준비로서는 아주 형편없는 짓이다. 건전한 견해라고 여겨지는 것을 아이에게 심어주는 게 목적이라고 말한다면 이에 대한 적절한 변명이 될 수 없다. 지혜는 현실 세계를 우리가 바라는 대로가 아니라 있는 그대로 이해하는 데서 시작된다. 　　　　　(1934. 10. 11)

어린 시절의 상처
Protecting the Ego

우리는 미지의 힘에 휘둘리는 무력한 꼬마로 인생을 시작한다. 유일한 보호책이라고는 그에 맞서 시끄럽게 울며 불평하는 것뿐이다. 우리 존재의 나머지 부분을 이루는 것은 생애 첫 몇 달간의 공포와 부질없는 분노에서 벗어나려는 시도들이다.

이런 까닭에 우리는 두 종류의 대상을 사랑한다. 하나는 친숙한 것들이고 다른 하나는 우리가 제어할 수 있는 것들이다. 최상의 대상은 이 두 장점이 결합되어 있는 것들이다. 눈물을 흘리며 항복하는 우리 어머니가 그렇고, 이후 인생에서 만나게 되는 우리 집, 우리 차, 우리 고용인 등도 우리에게 순종하고 오랫동안 봉사해주기만 한다면 그렇다고 할 수 있다.

겁먹은 아이의 관점이 향후 인생에 미치는 엄청난 영향을 보면 놀라울 정도다. 심지어 가장 확신에 차 있는 것처럼 보이는 사람들조차도 그렇다. 나폴레옹은 아이에게 안전하다는 느낌을 주기에는 지나치게 무서웠던 어머니를 두었기에 프랑스의 품에서 피난처를 찾았다.

기계를 사랑하는 이들은 기계의 품으로 도피한다. 지능을 사용해 생명이 없는 것들을 자기에게 복종시킬 수 있기 때문이다. 최초의 기계론자들은 말이나 개들을 다루지 못해 사냥감을 쫓는 데는 무능했던 사람들이라고 추측해볼 수도 있다. 불카누스[로마 신화의 대장장이 신]는 절름발이였지 않은가.

자아를 드러내고자 하는 욕구는 어린애 같은 공포로부터 생겨난다. 형이상학자들은 이 일을 머릿속에서 한다. 칸트는 실제 삶에서는 태어난 도시 쾨니히스베르크에서 10마일 이상 밖으로 나가본 적이 없으면서도 공간이라는 개념은 자신의 상상 속에만 존재한다고 주장했다. 이 거창한 철학은 그에게 실재하는 소심함의 이면(裏面)일 뿐이다.

나폴레옹이나 칸트 같은 천재성이 없는 평범한 남녀들은 좀 더 평범한 방법으로 자신을 과장하려 한다. 좋은 옷, 좋은 집, 좋은 행실, 풍성한 접대 등이 안전을 확보하기 위한 모험적인 방법에 속한다. 감히 남을 뛰어넘지 못하는 이들은 다른 길을 택한다. 그들은 세상으로부터 자신을 고립시킨 채 은둔자나 구두쇠가 되어, 할 수 있는 한 모든 위험한 접촉을 피한다. 그런 사람들은 이따금 엄청난 권력욕을 동시에 지니고 있기도 하다.

수수께끼 같은 인물인 홀슈타인Baron Friedrich von Holstein[1837~1909년, 비스마르크의 뒤를 이어 빌헬름 2세를 위해 일했던 독일 외교관]은 20세기 초 몇 년 동안 독일의 외교 정책을 조종했는데, 초라한 임시 거처와 집무실, 한 조용한 식당만을 오가며 자기 시간을 보냈다.

그는 독일 황제가 만나자고 해도 거듭해서 거절했다. 궁정 예복이 없다는 게 그 이유였다. 그의 아버지는 양 떼에게 밟혀 죽었는데, 그 이후로 홀슈타인은 양만 보면 신경 쇠약에 걸렸다. 그러나 은퇴하고서도 각료들을 지배했으며, 그의 술책은 제1차 세계 대전을 일으키는 분위기를 조성하는 데 상당한 역할을 했다.

무의식으로부터 공포를 완전히 뿌리 뽑는 일은 의심할 여지 없이 거의 불가능하다. 그러나 유아가 얼마나 무력한지를 인정한다면 공포를 뿌리 뽑는 것은 중요한 일이다. 이것은 아주 어린아이들을 교육할 때 부드러운 방법을 써야 하는 가장 중요한 이유 중 하나며 폭력을 피해야 하는 근거이기도 하다.

대학살에서 부모가 살해당하는 모습을 보았던 아이의 정신 상태는 어떨까? 그는 혁명가, 나폴레옹 같은 모험가, 홀슈타인처럼 소심하면서도 악의에 찬 권력 애호가, 혹은 어쩌면 종교적인 무저항주의 성자로 자랄 수도 있다. 하지만 그는 행복한 정상인으로는 자랄 수 없을 것이다. 신경과민증에 걸린 국민이란 잔인성을 부추기는 정치 체제를 위해 치러야 하는 대가의 일부다. (1934. 10. 18)

더운 나라의 성자들
Climate and Saintliness

현대 세계에서는 추운 기후 지역에 사는 사람들이 과거 어느 때보다 많은 권력을 잡고 있다. 그렇다고는 해도 열대나 아열대 지역에서 기원한 인생관에는 여전히 여러 원리들이 존재한다. 그런 인생관은 다른 지역에서는 거의 유래할 수 없는 것이었다.

인도에서 성자들은 길가에 거의 벌거벗고 앉아 지나가는 사람들의 적선에 의지해 궁핍하게 살아간다. 그의 성자다운 자질은 부정(否定)을 통해 드러난다. 성자는 물질을 소유하는 데 전혀 관심이 없고, 애쓰거나 다투지 않으며, 정신을 위해 육체를 무시한다. 문명 생활의 모든 복잡한 장치들이 그에게는 불필요한 것들이다.

어쩌면 세속적인 격정은 그의 내부에 특정한 형태로 존재할지도 모른다. 예를 들어 자기보다 훨씬 적게 먹거나 더 많은 벌레들을 붙이고 사는 다른 고행자의 이야기를 듣는다면, 그의 덕행을 생각하면서 고결한 기쁨을 표하는 대신 시기 어린 반감을 드러낼 수도 있다. 하지만 그럴지라도 그는 보통 사람들이 지니고 있는 더 세속적인 욕망은 효과적으로 지워 버린 셈이다.

이런 형태의 수행은 추운 기후에서는 어렵기도 하거니와 공감을 얻지도 못할 것이다. 그런 곳에서는 고행자가 벌거벗고 있으면 금방 죽을 수도 있고, 부동자세를 취하면 피가 잘 흐르지 않아 팔다리가 얼어붙을 것이다. 그런 곳에서는 우리와 함께하는 옷과 온기와 거처는 사치품이 아니라 필수품이다. 신비주의는 육체 활동을 물질에 의한 속박으로 보지만 그것은 건강에 꼭 필요한 것이다.

극단적인 고행자들조차 어떤 면에서는 매력적인 덕행을 선택한다. 열대 지방에서는 조용히 앉아 있으면 성스러워질 수 있다고 생각하는 것이 유쾌하지만 북쪽 지방의 성자는 성스러움과 정력적인 활동은 함께 간다고 생각하는 편을 좋아한다.

남쪽에서부터 퍼져나간 교의는 명상하는 탁발 생활을 찬양할지도 모른다. 그러나 매서운 겨울과 미지근한 여름을 견뎌야 하는 주민의 자연스런 감정은 게으름에 반대하고, 명상의 미덕보다는 실질적인 것을 좋아한다. 게으름뱅이들은 집과

옷과 연료가 불필요한 사치품인 곳에서보다 삶을 유지하기 위해 더 많은 노동을 해야 하는 곳에서 훨씬 두드러지게 기생충 취급을 받는다.

명상은 이집트나 인도의 성자들이 시작한 것으로 지식을 사랑하는 것과는 공통점이 전혀 없다. 지식 추구는 북쪽 지방이 최고인데, 곧바로 활용할 수 있는 실용적인 목적이 없을 때조차도 일상적으로 실행된다. 이에 반해 고행자가 이해하는 의미에서의 명상은 관찰과 추론을 전혀 하지 않는 것과 모순되지 않는 가장된 지식만을 담고 있을 뿐이다.

활동적인 삶의 한복판에서 순수한 명상의 순간을 갖게 되면, 우리가 열정적으로 추구하는 많은 목표들이 부질없다는 사실을 깨달아 매우 소중한 목적을 이루는 데 도움이 된다는 점을 부인할 수는 없다. 하지만 우리 북쪽 사람들의 방식으로는 진정으로 뛰어난 모든 것들은 '단지' 분위기를 조성하는 게 아니라 어떤 행동으로 보여주어야 확실하게 느껴진다.

이런 점에서 우리의 윤리는 열대 문명의 윤리보다 나은 것일까? 나는 이 질문에 대답할 방법을 찾지 못했다. 확실해 보이는 것이 딱 하나 있다면, 우리의 도덕은 따뜻한 상태를 유지하기 어렵다는 점에서 많은 영향을 받고, 인도의 도덕은 시원한 상태를 유지하기 어렵다는 점에서 많은 영향을 받는다는 사실이다. 기원전 600년경에 노자가 말했듯이 "움직임은 차가움을 이기고, 고요함은 뜨거움을 이긴다."[31] 이것이 이 주제의 결론인 것 같다. (1934. 10. 26)

여행을 포기하다
Why Travel?

오늘 아침 화보 잡지를 훑어보는데 우연히 사진 한 장이 눈에 띄었다. 처음에는 런던의 마블 아치나 파리의 개선문을 찍은 사진이라고 생각했지만 다시 보니 카불에 있는 아프가니스탄 왕궁 입구의 사진이었다.

그 순간까지는 아프가니스탄에 가보고 싶은 마음이 있었다. 그러나 내가 거기서 보게 될 것과 구별할 수 없는 것들을 런던에서 볼 수 있다면, 그 여행은 낭비일 듯싶었다. 철저한 서양식 아치를 세운 그 왕은 이런 서양 숭배 성향 때문에 추방당했다. 이에 반해 런던에 마블 아치를 세운 사람은 간섭받지 않고 오래 살 수 있었다.

아마 이 정도까지는 동양의 더 먼 나라들은 아직까지 신선할 수 있겠지만 몇 년 안에는 서양에 완전히 정복당할 것이다. 스탠더드오일 사[록펠러가 설립한 석유 회사. 19세기 말과 20세기 초

미국 석유 산업을 독점했지만 1911년 반트러스트법 위반 혐의로 해체됐다]의 철학과 (소비에트 정부가 설교하는 것과 같은) 마르크스의 철학이 모든 아시아 국가에서의 지배권을 놓고 서로 다투고 있다. 부처와 공자, 시바와 조로아스터, 그리고 코란은 록펠러와 스탈린이라는 새로운 라이벌 태양들이 떠오르는 새벽을 맞아 빛을 잃고 있다.

세계가 점점 획일화되어가고 있다는 불평은 전혀 새로운 게 아니다. 셸리의 친구이자 조지 메러디스George Meredith [1828~1909년, 영국 소설가]의 장인이었던 토머스 러브 피콕은 100년 전의 지식인과 괴짜를 조롱하는 책들을 썼는데, 고전을 인용하고 현대를 비방하는 보수적인 성직자를 항상 자기 책에 등장시켰다.

그 인물 중 하나인 교구 목사 오피미언 박사는 다음과 같은 말로 과학에 대한 길고 통렬한 비난을 마무리한다. "과학이 인류에게 끼친 해악을 일일이 얼기하자면 날이 저물 것이다. 인류를 절멸시키는 것이 과학의 궁극적인 운명이라는 생각까지 들 정도다."

한 친구가 과학은 우리가 세상을 빨리 알 수 있게 해준다는 사실을 들어 과학을 옹호하자 오피미언 박사는 이렇게 되받아친다. "자네는 세상을 휘젓고 돌아다닐 수는 있겠지만 세상을 알 수는 없을 거네. 자네가 돌아다니는 대도시 이곳저곳의 예절과 풍습은 근본적으로 다르지 않거든. 게다가 이렇게 교류가 편리하다보니 점점 비슷해지고 있다고."

단 하나 모순되게도 이 염세주의 목사는, 곧 대서양 해저 케이블로 미국에 전보를 보낼 수 있게 되리라는 사실을 상기하고는 자신이 세상의 획일화에 한몫해왔다는 사실은 잊어버린 채 화를 터뜨린다. "나는 미국인과의 통신을 재촉하고 싶지는 않네. 그들에게서 더 이상 아무것도 듣지 못하도록 하는 데 전기의 반발력을 활용할 수만 있다면, 과학의 혜택을 한 번은 받았다고 생각할 텐데."[32]

80~90년 전에 미국을 혐오한 것은 놀라운 일이었다. 그 혐오는 상반된 두 가지 이유에 바탕을 둔 것이었다. 노예제에 대한 반감과 민주주의에 대한 반감이었다. 민주주의에 대한 반감이 더 진정이었고, 노예제에 대한 반감은 어느 정도는 존중할 구석이 없는 감정을 감추기 위한 도덕적 포장이었다.

오늘날에는 민주주의가 낡은 것이 되었다. 미국은 이 낡은 세계의 제도를 수호하는 우두머리로 추앙받아왔지만 그 시절 미국은 지금 우리가 러시아에 대해 품고 있는 것과 같은 종류의 적의를 불러일으켰다. 스탈린을 향한 적의에는 희망이 담겨 있다. 그가 역사적으로는 혁명가가 아니라 변화에 맞서 거대한 방벽을 세웠던 인물로 그려질지도 모른다는 것이다.

(1934. 11. 2)

아는 사람만 아는 명성
Obscure Fame

예전에는 정력적인 사람이라면 누구나 명성을 바랐다. 그러나 요즈음 명성은 돈이나 권력과 비교하면 매우 사소한 위치를 차지하고 있다. 그럼에도 여전히 명성을 추구하는 사람들이 있지만 그들 중에 무엇이 명성을 이루는지 정확하게 아는 사람은 거의 없다.

그의 이름이 대부분 사람들에게 알려져 있으면 가장 유명한 사람일까? 아니면 이름이 좋은 의미로만 알려져야 할까? 또는 사람들이 그의 이름 외에도 많은 것을 알고 있으면 명성이 더 높은 것일까?

이 질문들의 답을 알고 있는 척하려는 게 아니다. 특정한 종류의 명성, 즉 소수의 사람들에게 대단히 존경받는 그런 명성에 관한 이야기를 하려는 것이다.

예를 들어 루도빅 머글턴 씨를 한번 보자. 그는 17세기의 거의 전 시기를 살았던 사람으로 처음에는 양복장이로 생계를 꾸렸지만 이후 머글턴파라는 한 종파의 우두머리가 됐다. 몇 년 전까지만 해도 그 추종자들이 남아 있어서 그를 찬양하는 노래를 불렀다. 1697년 머글턴이 사망했을 때 그의 묘비에는 이렇게 적혔다.

그대의 이름을 기록하는 것만으로도 충분하구나.
뒤이어 올 시대들은 이름만 보고도 그대의 명성을 알리라.
그대의 업적, 그대의 행위가 세상에 널리 울려 퍼지리니
머글턴의 모습이 보이지 않는 땅은 세상 어디에도 없도다.

마지막 행은 회의론자들에게는 상당한 도전이 될 수 있다. 머글턴의 명성이 진정 세상 어디에서나, 아니 아제르바이잔이나 우루과이 같은 외국 땅에서도 희미하게나마 울려 퍼지고 있는지 의아하지 않을 수 없기 때문이다. 그럼에도 그가 양복장이로 남았을 경우 받았을 몫보다 더 많은 분향을 받았다는 사실을 부정할 수는 없다.

예를 하나 더 들어보자. 사려 깊은 제미마 윌킨슨 양은 뉴욕 주에 있는 세네카 호숫가에서 스물두 살 때부터 사망할 때까지 고결한 삶을 살았다. 그녀의 명성은 아마 그리 대단하지 않을 것이다. 윌킨슨이 예언자로서 활동한 곳에서 살고 있는

사람들조차 그녀에 대해 거의 들어보지 못했을 가능성이 크다.

하지만 윌킨슨은 『종파와 이단 사전 Dictionary of Sects and Heresies』에 영구히 이름을 남기는 데 성공했다. 우리는 그 사전을 통해, 그녀가 '뉴 예루살렘'을 세웠고, 자신과 제자들의 말에 따르면 죽음에서 부활했으며, 기적을 일으키고 미래를 예언할 수 있는 완전한 경지에 이르렀다는 사실을 배울 수 있다.

언젠가 윌킨슨은 추종자들에게 세네카 호수를 걸어서 건너겠다고 알렸다. 추종자들이 모두 모이자 그녀는 자신이 그럴 수 있으리라는 사실을 믿느냐고 물었다. 그들이 그렇다고 대답하자 그녀는 그렇다면 굳이 기적을 행할 필요가 없다고 설명했다. 분명히 모두를 완벽하게 만족시키는 설명이었다. 그런 깊은 존경심 덕분에 제자의 수가 적었음에도 그녀는 위로를 받았을 것이다.

우리 시대에는 이렇듯 좁은 범위로 제한된 명성을 얻는 일이 점점 더 어려워지고 있다. 신문이나 라디오를 통해 이름이 알려진 사람들이 대부분의 존경을 독차지하고 있는 것이다.

현대 세계에서 숨겨진 명성을 쌓는 가장 좋은 방법은, 동북아시아의 토속어나 그레이트솔트 호[미국 유타 주에 있는 호수로 모르몬교도들의 마을이 있다]에서 발견할 수 있는 생활상과 같은, 학문의 진기한 곁가지 분야에 통달하는 것이다. 아마 이런 문제마다 관련 단체가 있을 터이고, 그 단체의 회장이 되는 일도 어렵지 않을 것이다. 해가 없는 이런 분출구는 두드러지고자 하는 욕구를 해소하는 데 꽤 쓸모가 있다. 그렇지 않다면 파괴적인 행동에서 위안을 찾을 수도 있는 기질을 어느 정도 만족하게 해주기 때문이다.

정부나 기업의 규모가 커질수록 정치나 돈벌이로 독자적 주도권이나 지도력을 차지할 기회는 점점 줄어든다. 인간의 본성이 갈망하는 작은 사회 단위들을 정부나 기업 이외의 분야에 살려두어야 하는데, 폐해가 가장 적은 것 중 하나가 바로 진기한 유행과 취미에 관한 사회 단위들이다.

로마 제국 말기에는 야만인들의 침략으로부터 기분 전환을 하기 위해 앞에서부터 읽거나 뒤에서부터 읽거나 내용이 똑같은 시를 쓰면서 즐겼다. 이것이 로마인에게는 크로스워드 퍼즐 비슷한 것이었다. (1934. 11. 9)

광기의 원인
Insanity and Insight

중세에는, 그리고 러시아에서는 아주 최근까지도, 정신 이상자는 영감을 받았기에 제정신인 사람들이 도달할 수 없는 지혜를 지녔다고 믿었다. 실제로 어떤 정신 이상자들은 악마에게 영감을 받았다고 해서 고문을 곁들인 엑소시즘 의식을 행해 제정신으로 돌아오게 하기도 했다. 평신도로선 성스러운 정신 이상을 악마적인 정신 이상과 구별하는 게 쉽지 않았다. 하지만 성직자는 악마들이 견뎌낼 수 없는 주문을 통해 정확한 분류를 할 수 있었다.

우리에게는 이 모든 일들이 비과학적인 것으로 보인다. 우리는 많은 종류의 정신 이상과, 미친 것은 아니지만 여러 형태의 정신 장애가 있다는 사실을 알고 있다. 하지만 옛날의 견해에도 여전히 인정할 만한 가치가 있는 진실은 존재했다. 생각이 지나치게 많은 것도 어느 정도 정신 이상으로 인정할 수밖에 없는데, 잘못된 균형 감각을 거칠 때만 문제가 된다. 잘못된 균형 감각이 생기는 건 어떤 종류의 진실을 인지하지 못할 뿐만 아니라 어떤 종류의 진실을 너무 생생하게 인식하기 때문이기도 할 것이다.

지적으로 대단히 뛰어난 사람들 가운데 아주 많은 이들이 정신 장애를 겪은 것도 아마 이런 이유 때문일 것이다. 루소, 러스킨John Ruskin[1819~1900년, 영국 비평가 겸 사회사상가], 니체는 모두 미쳐버렸다. 뉴턴은 한동안 심각한 신경 쇠약에 시달렸다. 현대의 무한수 이론을 창안했고 19세기의 가장 깊이 있는 논객이었던 게오르크 칸토어Georg Cantor[1845~1918년, 독일 수학자]는 생애 대부분 동안 제정신이 아니었다. 이것들은 단지 몇 가지 사례에 불과하며 다른 많은 사례의 대표일 뿐이다.

현대 심리학은 우리의 믿음이 우리가 생각하는 것보다 훨씬 많이 감정에 기초한다고 주장한다. 물론 콜럼버스가 1492년 대양을 건넌 것처럼 공공연하고 중립적인 사실들이 있다. 하지만 논란의 여지가 있는 문제에서는 강력한 긍정적 믿음이란 보통 편견에서 기인하기 마련이다. 이것은 과학적 발견에 따른 이론 형성 과정을 시사하고 있다.

과학에서는 새로운 이론이 먼저 창안되면 그다음 논쟁이 뒤따르고, 그런 연후에 아마 일반적으로 받아들여지게 될 것이다. 하지만 이론을 처음 창안한 사람은 그 이론이 새로운 것인 동안에는 아직 사람들이 믿을 만한 합리적 근거를 갖고 있지 못하다. 그는 그 근거들을 나중에야 발견하게 된다. 그러므로 원래 비합리적이었던 그의 믿음을 합리적으로 변명할 수 있다는 사실이 밝혀지는 다행스러운 경우에만 그는 정신이상자와는 다른 사람이 된다.

아마도 순수과학에서는, 어떤 이가 자신의 가설을 뒷받침하는 어떤 증거를 발견할 때까지는 그 가설을 완전히 믿을 필요가 없을 것이다. 하지만 나는 그의 예비적인 믿음이 합리성을 능가하는 일이 일반적으로 발생하리라고 생각한다. 또한 사회학이나 정치학처럼 정확성이 떨어지는 학문에서는, 책을 쓰는 수고를 마다하지 않는 사람들 모두가 합리성이 보장하는 것보다 더 굳은 믿음을 갖고 있다.

우리 믿음에 정서적인 기원이 있다고 가정한다면, 우리는 어떤 진실은 어떤 종류의 정서에 맞고, 다른 진실은 다른 정서에 맞는다는 사실을 계산에 넣지 않으면 안 된다. 동료들을 사랑하는 사람이라면 그들에 관한 몇 가지 사실들을 찾아낼 것이고, 동료들을 싫어하는 사람이라면 그들에 관한 다른 사실 몇 가지를 찾아낼 것이다. 역시 각각의 사실에는 잘못된 믿음이 어느 정도 포함돼 있을 것이다. 어떤 경우에는 관대하고 어떤 경우에는 혐오스러운 믿음일 것이다. 그의 애정 혹은 증오가 유난히 강렬하다면, 그로 인해 그는 완전히 새로운 진실을 발견하게 될지도 모른다. 하지만 마찬가지로 그는 애정과 증오의 정도가 덜한 사람에게는 과장으로 보이는 것을 진실로 받아들일지도 모른다.

그는 냉담한 사람들처럼 자신의 믿음을 시험에, 그 믿음들이 일반적인 인정을 받을지 일반적인 부정을 겪을지 결정해주는 시험에 맡겨버릴 수 없을 것이다. 그러므로 그에게 새로운 진실을 발견하게 해준 바로 그 정신적인 특징들로 인해 그는 다른 이들에게는 명백한 허위로 보이는 것을 믿게 될 것이다. 한쪽 방향에 있어서는 통찰력을 가져다준 정서의 강렬함이 다른 방향에 있어서는 눈을 멀게 만든다. 균형감의 상실은 그의 진실과 그의 오류 양쪽 모두의 근원이다.

이것이 니체와 도스토예프스키처럼 분명히 천재성이 있는 많은 이들이 균형감을 상실하여 그들을 온 마음으로 받아들이는 사람들마저 그에 감염돼 이차적인 광기의 일종을 겪게 되는 까닭이다. 진실에는 여러 측면이 있으므로 그것을 발견하기 위해서는 많은 다른 기질들이 필요하다. 감정에 따라 진실이 제시될 수도 있지만, 그것은 과학적 이성에 의해 검증을 받게 된다. 과학적 이성은 인간의 감정이 담겨 있지 않은 냉정한 사회적 산물로서, 서로 충돌하는 여러 편견의 결과물이다. 천재성이 개인적인 것인 반면에 정상적인 정신은 사회적인 것이다.

(1934. 11. 16)

무례함에도 예의가 필요했던 시대
On Ceremony

200년 전의 문명 세계는 지금 우리가 살고 있는 세계와는 여러 면에서 달랐으며 특히 훌륭한 예절로 요구되는 격식의 수준이 달랐다. 여성들은 남편을 '아무개 씨'라고 불렀다. 허물없이 세례명을 부르는 것은 용납할 수 없는 일로 생각했을 것이다. 아이들은 아버지를 '아버님Sir'이라고 불렀다. 작위가 있는 사람들은 서로를 '각하My Lord'라고 불렀다. 편지에서는 절대로 핵심을 곧장 말하지 않고 정중한 문구를 써서 말을 한참 빙빙 돌렸다. 그러므로 간결한 문장은 예의가 없다는 표시였을 것이다.

    무례함을 드러내기 위해 간결한 문장이 필요할 때조차도 지금 우리가 쓰는 것만큼 간결하지는 않았다. 화가 헤이든은 웰링턴의 초상화를 그리면서 워털루에서 사용한 외투와 부츠를 갖춰 입어달라고 요청했다. 공작이 거절하자 헤이든은 대신 그 위인의 시종에게 역사적인 의상을 입혀 앉혀놓고 그렸다. 웰링턴이 그 일을 알고는 편지를 썼다.

"가터 훈작사[영국 최고의 훈장인 가터 훈장을 받은 사람]이자 육군 원수인 웰링턴 공작은 B.R. 헤이든 씨에게 경의를 표하며, 그에게 그의 행동이 신사다운 행동이 아니라는 사실을 알리려 합니다."[33] 오늘날 무례한 편지를 쓰고 싶어 하는 자들은 이처럼 정교한 문체의 장점을 알지 못한다.

최근 몇 년 전까지 세계에서 가장 의례를 중시하는 문명은 중국 문명이었다. 공자의 유교 사상은 주로 예의범절에 대한 규정으로 이루어져 있으며 예의 바른 행실이 다른 어느 곳보다 복잡했다. 그에 상응하는 학파인 도교는 처음부터 의례를 강조하는 이런 태도에 이의를 제기했다. 그들은 심각한 정치적 재앙도 그 탓으로 돌렸다. "저들은 예악을 숭상한다며 요란을 떨더니 결국 황제의 나라가 서로 싸워 쪼개지고 말았구나."

기원전 300년경 사상가 장자도 그렇게 말했다.[34] 노자에게 바친 책에서 도교의 이 신화적인 창시자는 이렇게 말하고 있다. "의례란 충성과 굳은 신의를 지키는 체하는 겉치레에 지나지 않으며, 오히려 종종 무질서를 일으키는 원인이 된다."[35] 하지만 유교 사상은 널리 퍼져 어느 나라보다 예절이 바른 나라를 낳았다. 그러나 형식을 지키느라 본질은 다소 놓쳤다.

오늘날의 상황은 복잡한 사회적 의례에 많은 시간을 들이는 것을 허용하지 않는 게 분명하다. 사적 살인이 끊임없이 공포를 불러일으킬 때만큼 의례가 필요한 것도 아니다. 사회적 의례의 목적은 폭력적인 행동을 억제하는 것인데, 우리의 경우 경찰이 이런 목적에 봉사하고 있다.

격식의 쇠퇴는 대체로 문명의 발전을 나타내는 징표다. 그럼에도 과거의 예절과 우리 시대의 거친 행동을 비교할 때 감상적인 애도에 젖는 것을 피할 수 없다. 다른 많은 문제에서처럼 이 문제에서도 우리는 정직성을 위해 삶의 심미적 측면을 희생해왔다. 모든 점을 고려하면 이것이 이익이라는 사실은 두말할 나위가 없지만 손해도 입어왔다는 사실을 부인하는 것도 바보스러운 짓일 것이다. (1934. 11. 23)

우리가 돈을 사랑하는 이유
Love of Money

인류의 가장 끈질긴 착각 중 하나는 (그게 어느 시대든지) 이전 시대보다 현시대가 더 물질주의적이고 돈에 집착한다고 생각하는 것이다. 현대의 산업화에 반대하는 사람들은 사업으로 재산을 모으려는 시도 때문에, 현대인은 예전 소박하던 시대의 정직한 장인이나 훌륭한 시민보다 더 부를 갈망하게 됐다고 말한다. 복고주의자들은 유서 깊은 가문들이 이제는 성공한 은행가나 기업가들의 딸과의 혼사를 갈망하면서 더 이상 어디에서도 진정한 귀족을 찾아볼 수 없게 됐다고 슬퍼한다.

최근 100년 동안 유럽에서는 가장 현대적인 나라인 미국의 국민이 돈을 좇는 데 특히 열심이라고 비난하는 게 일상적인 일이 되었다. 나로서는 세상이 점점 더 돈 버는 데만 관심을 둔다거나 미국인들은 다른 나라 사람들보다 돈을 훨씬 많이 사랑한다고 믿는 이유가 뭔지 모르겠다. 차이라고는 오직 돈을 버는 방법이 다를 뿐이다.

나는 최근 콩그리브[36]의 희극을 읽고 있는데, 그는 200년도 더 전의 상류 사회 영국인들의 삶을 있는 그대로 그려내고 있다. 관객의 공감을 사기에 충분한 등장인물들은 오늘날에는 멜로드라마의 악당들이나 만지고 있을 돈 때문에 비열한 짓을 벌인다. 그들은 상속녀와 결혼하기 위해 온갖 종류의 부정한 속임수를 동원한다. 부유한 노부인들의 유언에 영향을 주기 위해 수치스런 비방을 퍼뜨리기도 한다. 결혼을 하려는 순간에도 그들은 재산에 대해서 서로를 속인다. 어떤 계략과 술수도 창피한 짓이라며 거부하지 않는다.

그들의 금전욕과 우리 시대 금전욕의 차이는 단 하나뿐이다. 그들은 금전욕 때문에 친구와 친척들을 속인 반면 현대인은 자신의 금전욕이 실제 성과로 이어지지 않으면 거리낌없이 일반 대중을 속인다는 것이다. 200년 전에는 현대보다 돈을 벌기가 더 어려웠다. 흔히 사용한 방법은 대개 우리 시대에 일반적으로 사용되는 방법보다 더 평판을 떨어뜨리는 짓이었다. 그리고 돈을 벌기가 더 어려웠던 만큼, 돈을 버는 일이 인간의 머릿속에서 차지하는 부분도 더 컸다.

1700년과 현재의 영국을 비교한 결과와 현대의 유럽과 미국을 비교한 결과는 같지 않다. 부유한 미국인들이 유럽에 오면 그들의 돈에 무관심한 사람을 찾아보기 힘들 거라고 나는 확신한다. 나라마다 시대마다 다르듯이 다른 점은 금전욕이 아니라 돈벌이의 편의성이다. 번영하는 시대에는 상대적으로 정직한 일을 해서 돈을 벌 수 있다. 어려운 시대에는 대부분의 사람들이 결혼이나 아첨이나 어떤 속임수를 써서 이미 부유한 이들의 돈을 우려내는 것 외에는 돈 버는 방법을 알지 못한다.

돈에 대한 일반적인 집착을 줄이는 방법은 오직 하나뿐이다. 그것은 사람들에게 비슷하게나마 균등한 경제적 안정을 보장하는 것이다. 금전욕은 그 돈으로 살 수 있는 상품에 대한 욕망에서 생겨나기보다는 오히려 궁핍에서 벗어나 안전을 느끼고 싶은 욕구, 그리고 이웃보다 나아지고 싶다는 바람에서 생겨나는 것이다. 이 두 가지 유인 요인을 제거한다면 모두의 수입을 곱절로 늘리는 것보다 더 많은 경제적 만족감을 안겨줄 것이다.

무슨 일이 벌어지든 당신의 자녀들이 당신이 받은 것과 같은 양질의 교육을 받고 인생을 좋게 출발할 수 있다는 사실을 당신이 알고 있다고 가정해보자. 그렇다면 짊어지고 있던 걱정거리가 사라지지 않겠는가! 몸이 아프고 피곤해도 수입이 줄까 봐 일하러 가는 사람은 가족이 불행을 당하지 않을까 하는 걱정에 짓눌려 있다. 양식이 있는 공동체라면 그 가족들은 진정 그들에게 필요한 물건들만 소유하고 있지 바보스런 사치품을 가질 기회는 없을 것이다.

  돈에 대한 두려움도 없고 엄청난 재산에 대한 기대도 없다면, 사람들은 자유롭게 돈보다는 다른 것을 생각하게 될 것이다. 그들은 분명 아직도 이웃의 존경을 받고 싶겠지만 존경은 공공 서비스 같은 행위를 통해서 얻어야만 할 것이다. 이런 상태에 접근하는 몇몇 방식은 이미 대학에, 그리고 육군과 해군에 존재한다. 성공한 장군은 부자는 못될지라도 대중의 우상은 될 수 있다.

  도덕주의자들이 금전욕에 반대해왔는데도 불구하고 우리의 사회 체제는 금전욕에 따른 활동들이 대체로 유용하다는 전제를 바탕으로 삼아왔다. 과거에는 어땠을지 모르지만, 생산이 이토록 쉬워진 지금은 도덕주의자들이 경제학자들보다 옳다고 나는 생각한다. (1934. 11. 30)

전문화의 단점
On Specialising

현대의 독자들이 과거 탐험가들의 모험을 다룬 책을 읽으면서 가장 놀라워하는 사실 중 하나는 다방면에 걸친 그들의 능력이다.

멕시코와 페루의 정복자들은 지금으로 치면 성공한 갱단과 같은 악당들이었다. 하지만 그들은 지금의 갱들보다 많은 일을 할 수 있었다. 그들은 숙련된 기병이었다. 우스꽝스러운 구식 권총을 가지고서도 인디오 군대를 제압할 수 있었고 야생 동물과 새를 사냥해서 영양을 보충할 수 있었다.

그들은 믿기 어려울 만큼 궁핍한 상태도 견딜 수 있었다. 너무 아파 말을 타거나 걸을 수 없을 때는 스스로 보트를 만들어 타고 아마존 강을 따라 안데스 산맥에서 바다까지 흘러갈 수 있었다. 그들은 집을 짓고 땅을 일굴 줄도 알았다. 한마디로 그들은 일상의 모든 일에 능숙했던 것이다.

오늘날에는 그런 다재다능한 사람이 없다. 우리 중에서 가장 무질서한 범죄자들조차도 우리로선 꿈도 못 꿀 무수한 형태의 기술에 의존하고 있다. 갱단원은 리볼버나 전화기나 자동차를 만들지 못한다. 그 사람을 외딴 섬에 데려다 놓아보라. 그러면 그는 로빈슨 크루소와 같은 17세기의 어떤 조난자하고 비교해도 완전히 무기력한 인간이 될 것이다. 보통 시민이라면 생업으로 삼은 일 한 가지 정도는 할 수 있다. 하지만 다른 모든 일들은 마찬가지로 전문적인 다른 일꾼들에게 의지하고 있다.

물론 여기에는 누구나 알고 있기에 새삼 강조할 필요도 없는 좋은 측면이 있긴 하다. 하지만 나쁜 측면 또한 있다. 나쁜 측면의 매우 분명한 한 예로 결혼과 가족의 발전 전반에 대해 살펴보자.

남태평양의 제도들에 사는 부족들과 다른 원시 종족들에서는 아버지가 처음부터 자녀들의 인생에 중요한 역할을 한다. 그래서 아버지는 되도록 일찍부터 아들에게 낚시와 사냥, 도구와 무기 만드는 법 등 부족이 아는 기술은 어떤 형태든지 다 가르친다. 이 모든 일들이 자연스레 그 아이의 관심을 끌게 되므로 꾀부리는 녀석이 없는지 감시할 장학관을 둘 필요도 없다.

현대 세계에서는 아버지가 거의 완전히 배제된다. 게다가 부유층에서는 어머니도 점점 더 같은 길을 가고 있다. 아버지는 온종일 밖에 나가 일을 하고, 아이 문제로 골치를 썩이려 하지 않는다. 많은 어머니들이 가정의 일상사에 남편이 참견하려 하면 화를 낼 것이다. 하지만 취미를 가질 수 있을 만큼 부유한 가정에서는 어머니가 자녀에게 어떤 교육을 받게 할지 결정할 수는 있어도 그녀가 직접 교육을 시키지는 못한다.

학교 교사라는 전문 계층은 특수한 삶을 살아가면서 대부분 사람들이 알아야 할 많은 것들에 대해선 무지하다. 그런 교사들에게 그들 자신이 사는 것과는 다른 방식으로 젊은이들을 세상에 적응시키는 임무를 맡긴다. 대개는 학생들이 학교를 떠나 직면하게 될 문제에 대해 알지 못하는 여성들이 소년들을 교육하고 있다.

교사에 대한 존경심은 남태평양 제도에서는 보편적인 일이지만 '문명화된' 소년들 사이에서는 보기 드물다. 그리고 존경심이 일어난다고 해도 전적으로 바람직한 것만은 아니다. 존경심은 맞춰 살기가 거의 불가능한 도덕적 기준을 학생들에게 제시함으로써 다소 병적인 죄의식을 심어주기 때문이다.

전문화에 따른 최악의 결과 중 하나는 남편과 아내가 정신적인 별거 상태에 들어간다는 점이다. 남편이 사업을 할 경우 아내는 보통은 남편의 일에 대해 머리로 이해하지 못하기 마련이다. 반면에 남편은 가구, 가사, 그리고 몇몇 아내들이 무력감을 떨치기 위해 시도하는 문화 활동에 관심이 없다. 공통의 일이란 애정을 지탱하는 가장 튼튼한 버팀목인데도 전혀 그런 게 없다. 남편과 아내는 서로에게 점점 낯선 사람이 되어간다. 그리고 드문 일이지만 함께 휴일을 보낼 때도 서로 나눌 화제가 없다. 결혼 생활에 깊이와 안정감을 부여하는 정신적 친밀감이 더 이상 발전하지 못하는 것이다.

가장 소중한 인간관계를 지키기 위해서는 효율성을 약간 희생할 필요가 있다. 하지만 우리 세계에서는 이렇게 하기가 아주 어려우므로 사회 체제의 거대한 변화가 요구되는 것이다.

(1934. 12. 7)

완벽하게 정직할 수 없다면
Good Manners and Hypocrisy

어린아이들에게 처신하는 법을 가르쳐야 하는 이라면 누구나 조만간 두 가지 계율을 조화시켜야 하는 어려움에 반드시 부딪치게 된다. '거짓말을 하지 마라.' 그리고 '무례하게 굴지 마라.'

나는 다섯 살 때 겪은 당혹스러웠던 경험을 생생하게 기억하고 있다. 어떤 사람이 내게 그림책을 주었는데, 이미 갖고 있던 책이라 기쁘지 않았다. 그런데도 기뻐하지 않는다고 꾸중을 들었다.

당연한 과정으로 내가 배우는 대신 가르쳐야 할 때가 되자, 내 아이들이 비슷한 당혹을 느끼지 않도록 하는 일이 매우 어렵다는 사실을 깨닫게 됐다. 아이들도 내가 그 나이에 그랬듯이 훌륭한 예의에는 거짓말이 필수적이라는 결론을 내렸다는 사실을 알 수 있었다. 하지만 나는 나이 든 이들이 어린 시절 겪었을 엄격한 도덕적 압박감을 느끼면서 예의를 위해 진실을 희생하기로 결정했다. 이에 반해서 내 아이들은 대부분의 자기 또래 아이들처럼 진실을 위해 예의를 희생하기를 더 좋아하는 경향이 있었다. 때때로 그것이 당황스러운 결과를 초래했지만 그들은 그랬다.

훌륭한 예의를 위선의 한 형태라고 결론지을 수 있을까? 나는 이런 시각을 억지로 받아들이기는 싫다. 그러니 이를 반박할 좋은 논거를 찾을 수 있을지 한번 살펴보자.

훌륭한 예의의 핵심은 기분을 상하게 할 '의사'가 전혀 없다는 점을 명확히 보여주는 데 있다. 명확히 기분을 상하게 할 필요가 있을 때는 그 필요를 유감스럽게 느낀다는 사실을 분명히 하는 방식으로 표현해야 한다. 옛 소설들은 잘 자란 젊은 숙녀가 어떻게 청혼을 거절하는지를 보여준다. 그녀는 상대의 충격을 완화하기 위해 온갖 노력을 다 기울인다. 중요한 사안에 있어서는 예의를 지키기 위해 가능하다면 자기 의견을 감추거나 누그러뜨리는 게 옳을 수는 있지만 반드시 거짓말을 할 필요는 없다.

한번은 비스마르크의 조카이자 카이저링Eduard Graf von Keyserling[1855~1918년, 독일의 귀족 출신 소설가]의 아주머니인 한 여성과 같은 배를 타고 대서양을 건넌 적이 있었다. 나는 육지가 보일 때까지 이 두 사람에 대한 나의 생각에 대해 언급하지 않으려 피했다. 하지만 결국에는 직접적인 질문이 나로

하여금 정중한 회피를 포기하도록 강제했다.

물론 진실과 예의 가운데서 선택을 하도록 다른 이들을 몰아세우지 않는 것은 훌륭한 태도다. 솔직한 의견을 끌어내야만 하는 정말 중요한 이유가 있지 않다면 말이다. 이것은 광신도들이 곧잘 실수하는 문제이기도 하다. 예를 들어 확신에 차서 점성술을 믿는 사람은—적어도 내 경험에 따르면—자신의 믿음을 상세히 설명하는 데서 만족하지 않고 자신의 교의를 받아들이는지 거부하는지 솔직히 밝히라고 끈질기게 요구한다. 그러고는 받아들이기를 거부하면 대개는 화를 낸다.

그리 중요하지 않은 문제에서는 새빨간 거짓말만 아니라면 정중함이 반드시 거짓된 인상을 주어야 할 필요가 있는 건 아니라는 생각에 나는 동의하지 않는다. 어떤 사람이 파티가 즐겁지 않다고 그 사실을 드러내는 것은 쓸데없이 심술궂은 짓을 하는 것이다. 초대를 거절할 때, 그 이유가 지루하지 않을까 하는 걱정 때문이라면 솔직하게 의사를 전달하는 게 옳은 일은 아닐 것이다.

하지만 심지어 그 경우에도 한계가 있다. 열의를 가지고 가장하더라도 믿지 못할 정도나 어리석은 행동을 부추길 정도까지는 나아가지 말아야 한다. 노래 부르기를 즐기지만 좋은 목소리를 갖지 못한 사람이 확실하게 우스꽝스러운 행동을 할 만큼 뜨거운 갈채를 받아서는 곤란하다. 그런 경우에는 친절하게 말해주는 것이 겉으로 친절한 체하는 것보다 중요하다.

　무슨 말을 하든지 친절한 마음이 늘 분명히 드러나 보이는 성자 같은 사람은 관례적인 정중한 거짓말의 의무에서 벗어날 수 있다. 내가 아는 어느 저명한 철학자는, 내 지식과 믿음에 따르면, 절대 어떤 거짓말도 하지 않는다. 아무리 작은 거짓말이라도, 아무리 거짓말이 필요해 보이는 상황이라도, 거짓말을 하지 않는다.

　그러나 그의 경우에는 진실이라는 최고의 도덕적 요구가 매우 분명해서 강제적으로 느껴질 정도다. 그리고 직설적인 말에 덧붙이는 그의 웃음이 너무 부드럽고 온화한 까닭에 아무도 기분이 상하지 않을 뿐만 아니라 솔직담백하다며 모든 사람들로부터 더욱더 사랑을 받는다. 이것이야말로 의심할 여지가 없는 우리 문제의 이상적인 해법이다. 하지만 대부분 사람들에게 그 해법은 현실적으로 가능하지 않다.

　결코 정중한 거짓말 따위는 하지 않겠다고 결심하기 전에 더 이기적인 이유로 거짓말을 하지 않겠다는 점을 확실히 하자. 그리고 진실을 위해 친절을 희생하려 한다면, 그 희생이 진정이라는 점을 확실히 하자. 그렇지 않으면 우리는 악의를 덕행으로 가장하고 있다는 사실을 깨닫게 될지도 모른다.

(1934. 12. 14)

모욕을 주고받기
On Being Insulting

잘 자란 사람들은 다른 이들을 모욕하지 않으리라고들 생각한다. 훌륭한 예의로서의 결투가 이미 낡은 풍습이 된 곳이라면 어디서나 그렇다. 결투가 있는 곳에선 한 남자가 다른 남자를 모욕하면 영예를 얻는다. 그가 용기를 보여주고 있다고 생각하기 때문이다. 아니면 살인자의 기술을 보여준다고 생각하기 때문이거나. 따라서 결투는 야비한 태도로 이어진 반면, 이 관행을 포기한 사회에선 모욕이 신사답지 못한 행위가 되었다.

그럼에도 대부분의 사람들은 때때로 특정한 사람을 공격하고 싶은 강한 욕망을 느낀다. 따라서 눈에 띌 만큼 무례하지 않은 행위로 남의 마음을 불편하게 만드는 교묘한 방법들이 끊임없이 개발되고 있다. 불친절은 때로는 의식적이고 때로는 무의식적이다. 지나치게 눈치가 없는 경우는 대개 그 바탕에 악의가 깔려 있다는 증거다.

예절 책에는 버릇없어 보이지 않게 공격할 수 있는 방법을 알려주는 장을 따로 실어야 마땅하다. 상대가 속물이라면 그가 어떤 유명 인사를 만나지 않았다는 사실을 알면서도 마치 만났을 거라는 태도를 취함으로써 그를 불편하게 만들 수 있다. 상대가 문화적 속물이라면 그가 읽지 않았을 게 분명한 책에 관한 의견을 물을 수도 있다. 부유한 자라면 당신의 굳건한 독립심을 내세워 불편하게 만들 수 있고, 가난한 자라면 그의 지갑을 비울 수 있는 확실한 욕망을 불어넣어 불편하게 만들 수 있다.

나는 한때 자신의 역설을 자랑하며 그것으로 남을 놀래주고 싶어 하는 사람을 알고 지낸 적이 있다. 그런데 그가 놀래주려던 한 숙녀가 가장 황당한 역설에도 "의심할 여지가 없죠, 확실해요."라며 한결같이 대꾸하자 몹시 비위가 상했다. 이것은 반대를 위한 동의가 모욕이 될 수 있다는 것을 보여주는 사례다.

훌륭한 태도로 인정되는 가장 공격적인 행위 중 하나는 어떤 사람을, 또는 그의 성별이나 계층이나 민족을 이해하는 체하는 것이다. 대부분의 여성은 남자를 이해한다고 생각하고, 몇몇 남성은 여자를 이해한다고 상상한다. 두 경우 모두 상대가 자신을 꿰뚫어보고 있다고 암시하는 데 분노를 느낀다. 부모들의 가장 치명적 실수는 자녀를 이해하는 체하는 것이다. 만약 내가 미국인들의 심리를 아는 체한다면, 나의 미국인 독자 모두가 비명을 지를 것이다. "영국 놈이 우리를 어떻게 이해할 수 있다는 거야?"

우리 모두가 자신이 불가해한 존재로 느껴지기를 바란다는 사실은 꽤 흥미롭다. 그 바탕에 깔려 있는 정서는 야만인이 사진 찍히기를 꺼리는 정서와 똑같다. 우리와 닮은 사람은 우리가 원하는 그 누구보다 강한 힘으로 우리를 지배한다. 또한 우리를 이해하는 사람은 우리를 조종할 수 있을지도 모른다.

열정적인 사랑을 할 때는, 사랑하는 사람이 호의적이라는 사실을 의심하지 않는다면, 자신이 이해받고 있다는 사실을 즐길 수도 있다. 그러나 그 밖의 모든 경우에는 서로에 대한 근본적인 불신 탓에, 은밀함을 느끼고 친구들의 눈으로부터도 숨기를 더 좋아한다. 따라서 어떤 사람을 신비롭고 수수께끼 같은 사람이라고 불러주는 것만큼 정중한 행동도 없다. 그것은 구애를 할 때 칭찬받을 만한 첫걸음이기도 하다.

예의는 우리가 우리 자신에 대해 생각하는 것만큼 다른 사람들에 대해서도 생각하는 척하는 데 있다. 예의가 필요한 까닭은 대개는 가식이 존재하기 때문이다. 남들에 대한 우리의 좋은 평가가 진정이라면 예의는 저절로 배어 나올 것이다.

부모들은 예의를 가르치는 대신 자녀가 말을 거는 사람이 그 자녀만큼 좋은 사람일 통계적 가능성을 가르치는 게 더 나을지도 모른다. 이 말을 믿기 어려울 것이다. 우리 중 아주 극소수만이 본능적으로 이 말을 믿을 뿐이다.

어떤 이든 자신의 자아는 다른 이들의 자아와 비교할 수 없을 만큼 훨씬 민감하고 통찰력 있고 현명하며 심오하다고 믿는다. 하지만 실제로 이런 사람은 정말 매우 드물며, 게다가 본인이 그 소수에 속할 가능성은 거의 없다. 훌륭한 예의와 훌륭한 도덕 모두를 갖추는 데는 자기 자신을 통계적으로 바라보는 것보다 더 좋은 수단은 없다. (1934. 12. 21)

모두 다 잘될 것이다
Vigorous and Feeble Epochs

인류 역사를 광범위하게 살펴보면서 가장 의아했던 점들 중 하나는 세계를 이끈 나라들에서 활력과 무기력이 번갈아 나타난 일이다. 몇몇 나라의 몇몇 시기는 진보를 이루는 데 기여해왔다. 반면에 그 밖의 시기와 그 밖의 나라들은 주로 거기에 기생해왔을 뿐이다.

기록된 역사의 여명기에서부터 시작해 거의 전 시기에 걸쳐 지식과 기술의 세계적인 축적은 다음과 같은 양상으로 이루어져 왔다.

이집트와 바빌로니아는 역사를 기록하기 시작한 초기에 우리가 이해하고 있듯이 그림으로 기록하는 법을 개발했고 산술의 기초를 발견했다. 기나긴 침체기가 지난 뒤 그리스인과 알렉산드리아인은 기원전 600년에서 기원전 200년까지 4세기 동안 철학, 수학, 과학의 문을 열어놓고는 깊은 잠에 빠져들었다. 로마인은 이후 2세기 동안 현대적인 형태의 법률과 정부를 창안했지만 아우구스투스Augustus[BC 63~AD 14년, 고대 로마의 초대 황제] 시대 이후로는 더 이상 아무것도 내놓지 못했다.

나는 최근에 성 아우구스티누스의 『신국론』을 읽고 있다. 그 책에서 그는 과거 역사에 대해 많은 것을 넌지시 언급하고 있지만 기독교의 출현에 관한 몇 가지 언급을 제외하고는 어느 것도 그가 살던 시대의 바로 앞 네 세기와 거의 관련이 없다.

로마 황제 하드리아누스, 트라야누스, 마르쿠스 아우렐리우스는 역사상 가장 위대한 제국을 현명하게 다스렸다. 하지만 그들은 그에 앞서 조그만 도시 국가 아테네를 정력적이긴 하나 잘못 다스렸던 사람들만큼 깊은 인상을 남기지는 못했다. 이것은 그들의 업적을 이야기해줄 헤로도토스나 투키디데스나 플루타르코스 같은 역사가가 없었던 탓도 일부 있기는 하다. 그러나 역사의 쇠퇴는 단지 활력을 상실한 일반적인 결과일 뿐이다.

성 아우구스티누스의 시대를 이어 8세기 동안 암흑기가 지속됐다. 하지만 1200년경에 인간 정신은 기나긴 잠에서 깨어난 듯하다. 중요한 성과들이 점차 빠른 속도로 꼬리를 물며 등장했다. 그러다 마침내 산업주의의 등장으로 인류는 농업의 발견 이래 가장 중요한 발걸음을 내딛었다. 역사를 광범위하게 살펴본 바에 따르면 진보란 드물고 예외적인 현상인데, 이제는 자연 법칙처럼 여겨지게 되었다. 18세기와 19세기에 걸쳐 대부분의 사람들은 인간의 문명과 지식이 아무런 방해도 받지 않고 발전하는 것을 당연하게 생각했다.

좀 더 세밀하게 살펴보면 이런 낙관주의의 근거가 불확실하다는 점을 알 수 있다. 이탈리아는 1200년부터 1500년까지 세계를 이끌었지만 갈릴레오의 사망 이후로는 정체됐다. 네덜란드는 17세기에 찬란한 시기를 보낸 이후 중요하지 않은 나라가 됐다. 프랑스는 1848년 이후 주도권을 빼앗겼고 영국도 1880년경 이후에는 마찬가지였다. 잇따르는 나라마다 새로운 문제를 극복하는 데 필요한 신선함을 잃을까 두려워한 것도 그런 이유 때문이었다.

제1차 세계 대전과 그로 인한 결과는 밝은 분위기에 마침표를 찍었다. 이제는 누구도 지속적인 발전을 장담할 수 없게 됐다. 바로 이런 불확실한 분위기가 난관을 극복하기 어려운 것으로 보이게 하기 때문에 불안의 가장 강력한 원인 중 하나가 된다. 색다른 점은 이제까지 전혀 없었던 보편적 행복을 위한 수단이 기술적으로는 존재하고 있다는 사실이다.

우리의 곤경은 심리적인 문제다. 무엇으로든 마음의 변화를 불러일으킬 수 있다면 모두 다 잘될 것이다. 새로운 신념이 필요하다. 그러나 나치와 공산주의가 세상에 선보인 새로운 신념은 증오와 폭력에 뿌리를 두고 있는 까닭에 전반적인 혼란만을 가중시켰을 뿐이다. 세계는 새로운 지혜를 필요로 하지만 증오에서는 그 어떤 지혜도 찾을 수 없다. (1935. 1. 16)

우리가 알고 있다고 믿는 것들
The Decrease of Knowledge

우리가 우리 조상들보다 거의 모든 것에 대해 더 많이 안다고 말하거나 믿는 것은 그리 특별한 일이 아니다. 그렇지만 유감스럽게도 이것은 인정하기 어려운 자화자찬일 뿐이다. 대부분의 주제에 대해 조상들은 우리가 알고 있는 것보다 훨씬 더 많이 알고 있었다. 사실 조상들이 추론한 지식이 착각으로 밝혀지기도 했지만 십중팔구 우리의 지식도 그와 다를 바 없을 것이다.

    심리 분석이나 원자나 통화에 관한 우리의 믿음이 지금으로부터 100년이 지난 뒤에도 사리에 맞다고 여겨질 거라 진지하게 가정해본 사람이 누가 있을까? 따라서 우리가 안다고 '우리'가 생각하는 것과 조상들이 알았다고 '우리'가 생각하는 것을 공정하게 비교할 수는 없다. 우리는 우리가 안다고 '우리'가 생각하는 것을 조상들이 안다고 '조상들'이 생각했던 것과 비교해야 한다. 그러면 조상들이 우리보다 훨씬 더 많이 '알았다'는 사실이 드러날 것이다.

친애하는 독자 여러분께선 이 세상이 언제 시작됐는지 알고 계시는가? 진스와 에딩턴[37]의 저작들을 읽어보았다면, 좋이 수백만 년 전에 시작됐다고 어렴풋이 짐작하겠지만 감히 더 정확한 연대를 말하려고 하지는 않을 것이다.

300년 전에는 우리가 지금 아메리카 대륙을 발견한 날짜를 알고 있는 것처럼, 교양인이라면 누구나 세상이 시작된 날짜를 알고 있었다. 어셔 대주교[38]는 세상이 기원전 4004년에 창조됐다는 사실을 확인했다. 케임브리지 대학 부총장인 고매한 라이트풋 박사[39]는 기발한 논증을 통해 인간이 그해 10월 23일에 탄생했다는 사실을 입증했다. 시각은 아침 9시였다고 한다. 이 황홀한 정확성과 비교해보면 현대 과학이란 얼마나 무색한 것인가!

아니면 비가 내리는 원인을 알아보자. 우리는 태양이 바다에서 습기를 증발시키고 습기 가득한 공기가 차가워지면 응결되어 비로 내린다고 생각한다. 하지만 우리는 왜 하루는 비가 내리고 그 다음 날은 맑은지 정말 모른다. 중세에는 이 모든 의문을 완벽하게 이해했다. 하늘에는 지구를 덮을 수 있는 단단한 둥근 천장이 있었고 그 천장 위에는 물이 담긴 거대한 저수지가 있었다. 하늘의 창문이 열리면 물이 저수지에서 땅 위로 쏟아져 내렸고 그 비는 창문이 닫힐 때까지 계속 내렸다.

아니면 이번에는 지진을 생각해보자. 우리는 지진이 왜 일어나며 언제 일어나는지 모른다. 하지만 1755년 매사추세츠에서 일어난 예사롭지 않은 지진 현상을 보고 대부분이 깜짝 놀랐을 때, 보스턴에 있는 올드사우스 교회의 토머스 프린스 목사는 그 현상을 완벽하게 설명할 수 있었다. 그것은 모두 주제넘은 벤저민 프랭클린 씨 탓이었다. 그는 피뢰침을 발명해 번개에 맞아 죽을 뻔한 사람들을 불경스럽게도 여럿 구해버린 것이었다.

고매한 목사님께서는 말씀하셨다. "보스턴에는 뉴잉글랜드 어느 곳보다도 많이 세워져 있습니다. 그래서 보스턴이 더 심하게 뒤흔들린 것으로 보입니다. 오! 하느님의 전지전능하신 손아귀에서 빠져나갈 수는 없습니다." 이 무시무시한 경고에도 불구하고 피뢰침들은 여전히 눈에 띈다. 심지어는 지진이 잦은 일본에서조차도 말이다.

과학적으로 검증된 지식으로 통했던 것까지도 의심을 받아왔다. 물리학자들은 자신들이 원자의 운동을 결정하는 법칙을 완벽하게 알고 있다고 생각했었다. 오늘날에는 물리학자들이 이 게임의 특정 법칙을 관찰하기만 하면 원자들이 제 맘대로 이리저리 날뛰며 돌아다닌다.

오직 정치에서만 오래된 확신이 살아남아 있다. 비록 양측 모두 동의하지는 않겠지만, 정치인들 중에서 누가 좋고 누가 나쁜지에 대해 우리 모두는 전적으로 확신하고 있다. 흔들리지 않는 확신의 마지막 피난처에 의심이 쳐들어가려면 얼마나 많은 시간이 흘러야 할까.

아마 그날이 오면 우리는 우리 이웃과 더불어 평화롭게 사는 법을 배우게 될 것이다. 경쟁적인 셔츠 색깔로 경쟁적인 신조를 시위하는 대신 기꺼이 서로 가설들을 비교할 것이다.

(1935. 4. 19)

권리만을 위한 권력[40]
Right and Might

"세상의 통치권은 타인을 모두 배제한 어느 한 개인에게 귀속되지 않으며, 황제를 100대까지 낸 왕조를 본 사람은 아무도 없다. 소유가, 그리고 소유만이, 통치할 권리를 부여한다."

역사와 정치 이론에 관심 있는 친구들이 있다면 누가 이 말을 했는지 맞춰보라고 해도 상관없을 것이다. 크롬웰인가? 로베스피에르? 극단적인 제퍼슨 추종자? 레닌, 아니면 히틀러? 여러 가지 추측이 나오겠지만 모두 정답과는 동떨어진 얘기다.

권리와 권력에 관해 이처럼 무게 있는 견해를 펼친 이는 중국 태평천국의 난의 지도자였던 홍수전이며 날짜는 1850년이다.

그는 이방의 정복자인 만주족 황제들을 몰아내고자 했으나 한편으로는 한낱 도적의 수준을 넘지 못했다. 그는 이렇게 외쳤다. "어떻게 이민족인 만주족에게는 18개 성의 세금을 걷는 권리가 주어지고 한족인 우리는 국고에서 약간의 돈을 빼내는 것도 금지된단 말인가?"

이것은 중국뿐 아니라 세계 대부분 나라에서 거북해하는 주장이다. 어느 곳에서나 땅의 소유권은 군사력에서 나온다. 영국의 대지주들은 정복자 윌리엄의 색슨족 약탈이나 헨리 8세의 교회 재산 강탈 조치 덕분에 토지 소유권을 가지게 됐지만 두 경우 모두 노골적인 무력이 동원됐다.

미국에서도 인디언의 땅을 차지하기 위해 무력을 사용해야 했다. 엄청난 부의 기초가 되는 남아프리카의 금광이나 다이아몬드 광산도 비슷한 방식으로 흑인들에게서 강탈한 것들이다. 어느 곳에서나 땅에 대한 소유권은 최후의 수단으로 칼의 힘에 의존하기 마련이다.

그런데 왜 우리는 모두 노략질에는 반대하는가? 도적에게는 부자의 재산에 대한 '권리'가 없다는 논리로 반대할 수는 없다. 부자 역시 좀 더 앞서 살았던 도적의 후손이거나 법정 상속인에 불과하기 때문이다. 우리가 반대하는 까닭은 법과 질서가 바람직하기 때문이다. 따라서 힘으로 재산을 차지했을 경우에도 보통은 법을 제정해 그들의 소유권을 승인해주는 것이 바람직하게 여겨진다.

한 국가 내에서는 국민들이 서로 싸우느라 시간과 돈을

낭비하고 심지어 목숨까지 잃는 사태가 벌어지지 않도록 국가의 무력을 제외한 모든 무력을 금지하는 것이 좋은 방안이라고 여겨져왔다. 사람이 자기 재산에 대해 가지는 '권리'는 간단히 말해 그저 사회적 편의의 문제에 불과하다.

하지만 서로 다른 민족 또는 국가 간의 문제에서는 홍수 전의 훌륭한 격언이 보편적으로 인정받고 있다. 승전국은 이론으로뿐만 아니라 실제로도 정복당한 적을 가능한 최대한으로 약탈할 권리를 가진다. 나폴레옹이, 1871년의 독일이, 1919년의 연합국이 행사한 권리가 바로 이것이다.

서로 다른 국가 간의 관계에서는 질서 잡힌 통치가 존재하기 이전 시대에 개인들 간에 벌어졌던 노략질이 여전히 재연될 수 있는 상황이다. 그리고 그 상황에 수반되는 모든 해악도 여전히 존재한다. 그 무정부 상태는 한 국가 차원이 아니라 국제적인 차원이지만 국제적이라고 해서 더 나을 것도 없다.

각국 정부 간의 관계가 법으로 규제되지 않는 한 세계의 지속적인 평화를 바라는 것은 쓸모없는 짓이다. 이 법은 다시 말해 각국 정부보다 강한 힘, 인류의 일부가 아무리 못마땅하게 여기더라도 자신의 결정을 집행할 수 있는 힘을 말한다. 당신은 이렇게 말할지도 모른다. "미안하지만 나는 국가 주권을 털끝만큼이라도 내주느니 아무리 끔찍하더라도 전쟁을 택하겠다." 내 생각에는 잘못된 입장이지만 이해할 수 있는 입장이긴 하다. 그러나 "전쟁에는 반대하지만, 분쟁 시에 각국 정부가 자신이 당사자인 소송의 최종 판결권을 가지는 현 체제는 옹호한다."고 말하면서 비슷한 논리를 적용할 수는 없다.

만약 전쟁을 없앨 수 있다면, 그것은 아무도 저항할 수 없는 무력을 보유한 단일 국제 정부를 창설해야만 가능할 것이다. 그리고 전쟁을 없애지 못한다면 문명은 살아남을 수 없다. 이것은 이성의 힘보다 애국심이 강한 이들에겐 고통스러운 딜레마다. 그러나 이 문제를 이성적으로 깨닫지 못한다면 사태의 추이가 그 결과를 처참하게 입증해줄 것이다.

불경기의 공공 지출
Prosperity and Public Expenditure

지금처럼 어려운 시기에는 서로 다른 경제학파들이 상반되는 두 가지 정책을 각국 정부에 촉구한다. 소득이 감소할 때 개인의 입장에서 어떤 것이 신중한 처신인가에 주목하는 학파는 이렇게 말한다. "가능한 모든 방법을 동원해 지출을 줄이고, 가능한 모든 곳에서 종업원을 해고하고, 나머지 종업원들의 임금을 삭감하고, 그렇게 해서 수지를 맞춰라."

다른 학파는 이렇게 말한다. "불황은 지출이 충분치 못해서 초래되므로 더 많이 소비해야 치유될 수 있다. 하지만 민간 자본가들이 지금 당장 새로운 형태의 투자에 소비하면 이윤이 남지 않는다고 보고 있으므로 공공 기관이 지출을 해야 한다."

이 두 이론 가운데 첫 번째는 영국 정부가 채택해온 것이고 두 번째는 미국이 채택하고 있다. 상식적 관점에서는 절약이 난국을 극복하는 확실한 길로 보일지 모르지만 나는 이 사안에서 미국이 옳다고 믿는다. 개인의 문제에서는 상식이 옳은데 공공 지출에 관해서는 상식이 그른 이유는 무엇일까?

우선 사적 지출과 공공 지출 사이에는 뚜렷한 차이가 하나 있다. 개인이 돈을 쓰면 당사자에게는 손실이지만 공동체 입장에서는 손실이 아니다. 내가 구두 한 켤레를 사면 나는 더 가난해지지만 제화공은 더 부유해진다. 공동체가 소비를 하면 시민을 대상으로 돈을 쓰는 것이므로 공동체가 당연히 가난해지는 것은 아니다. 공동체가 부유해지느냐 가난해지느냐는 지출의 종류, 그 돈을 조성하는 수단이 되는 과세 체계, 전반적인 경제 상황 등에 좌우될 것이다.

국가가 세금으로 조성한 돈을 쓴다는 것은 납세자들의 주머니에서 돈을 빼내어 그 돈이 쓰이는 대상들의 주머니로 넣어준다는 뜻이다. 이 지출이야말로 진정한 투자가 될 수도 있다. 예를 들어 교육은 차세대에 대한 투자이며 따라서 보편적으로 국가의 의무라고 인정된다. 이런 경우 투자가 건전하게 이뤄진다면 공공 지출은 분명히 정당하다. 어린이 교육을 중단하거나 항만, 도로, 공공사업을 소홀히 하는 공동체는 궁극적으로 부유해질 수 없을 것이기 때문이다.

그러나 이처럼 정당성이 명백하지 않을 경우에도 모든 점을 고려해보면 공공 지출은 결과적으로 공동체에 이익이 될 수 있다. 실업이 만연한 시대에는 자칫 빈곤 상태로 빠질 수 있는 많은 사람들에게 임금을 제공해 실업을 크게 줄일 수 있을 것이다. 그 사람들이 임금을 소비하면 그에 따라 그들이 사는 모든 상품의 수요가 증가하므로 생필품 생산자들이 다시 번창하는 데 도움을 준다. 그리고 다음 차례로 생필품 생산자들이 증대된 이윤을 다시 소비한다. 그들은 더 많은 사람을 고용할 가능성이 크기 때문에 소비의 일부는 늘어난 임금 지급에 사용될 것이다. 이 과정에 한계를 긋기는 어려우므로 번영은 더 폭넓은 집단들로 계속 확산될 수 있다.

다른 한편으로, 공공 지출의 재원이 세금인 까닭에 납세자들이 쓸 돈이 그만큼 줄어드는 것은 당연한 이치다. 채무로 공공 지출을 충당한다면 돈 빌려준 사람들이 다른 부분에 투자하는 것을 막는 셈이 된다. 이 손실이 이익을 상쇄하지 않을까? 경기가 좋을 때는 그럴지도 모르겠다. 돈을 국가에 빌려주지 않았다면 산업에 투자했을 테니까. 그러나 지금과 같은 불경기에는 상당액의 돈을 그냥 놀려두기 쉽다. 그럴 바에는 그 돈을 공공 지출에 사용하는 것이 보상은 받지 못하더라도 이익은 된다.

결론적으로 이렇게 말할 수 있을 것 같다. "실업자가 넘치고 민간 자본이 새로운 모험을 두려워하는 지금과 같은 시기에는 현명한 방향으로만 이루어진다면 공공 지출이 득이 되는 게 거의 확실하다." 희망적인 분위기가 창출될 수 있다는 점에서 이 결론은 더더욱 설득력이 있다. 모든 사람들이 인정하듯이 불황은 대체로 심리적인 문제다. 따라서 어떤 것에 대해서든 유익하리라는 믿음이 폭넓게 확산된다면 그 결과 실제로도 이익이 발생할 가능성이 높다.

훌륭한 사업가 스터빈스 씨의 사례
Public and Private Interests

정치경제학이 아직 젊고 공격적이었던 시절, 경제학자들은 공익과 사익 사이에는 본질적인 조화가 있다고 가르쳤다. 그러면서 말하곤 했다.

"제데키아 스터빈스 씨를 보라. 알다시피 그는 면 방적업으로 상당한 재산을 모았는데(그 시절엔 예가 늘 면 방적업이었다) 그 과정에서 순전히 이기적인 동기에 따라 행동했다는 건 두말할 나위도 없다. 그러나 그가 재산을 모을 수 있었던 것은 그의 생산물이 저렴했기 때문이고 이 점은 전 세계의 무수한 소비자들에게 혜택을 주었다. 그리고 그는 공장에서 임금을 지급함으로써 수많은 남녀와 아이들을 기아로부터 구원했는데 아이들 중 일부는 아직 연약한 나이였다. 그의 활동이 가져온 유익한 효과는 여기에서 그치지 않는다. 그는 가격을 아주 싸게 매겨 면제품의 수요를 증대함으로써 면화 농장주를 부유하게 만들었고, 그리하여 면화 농장주가 자신의 너그러움에 의존해 살아가는 유색 인종 노동자들을 더욱 후하게 대할 수 있도록 해주었다. 감탄할 만한 이 모든 결과는 스터빈스 씨가 그저 자신의 사업을 잘 운영함으로써 가능했던 것이다."

경제학자들이 이 고상한 논거를 포기하도록 몰아간 것은 일반 대중의 분노였다. 스터빈스 씨가 어린아이들에게 하루에 15시간씩 일을 시켰고 작업 중에 아이들이 졸지 않도록 쇠막대기로 구타했으며, 그래도 참지 못하고 졸던 아이들이 기계로 빨려 들어가 으스러졌다는 사실이 세상에 알려지게 됐던 것이다. 면화 재배에 종사하는 노예들의 사정도 방식이야 달랐지만 공장의 임금 노예들 못지않게 나빴다. 법이 개입하자 스터빈스 씨의 박애 행위는 이론적 명분을 다소 상실할 수밖에 없었다.

그럼에도 공익과 사익이 조화를 이룬다고 주장하는 낡은 이론은 여전히 남아 있다. 그리고 산업계의 거물들은 그들의 착취 행위를 효과적으로 줄일 수 있는 제안이 나올 때마다 이 이론에 호소한다. 다른 한편으로, 그들의 행위가 전적으로 이롭다고 생각하지 않는 사람들은 그것이 전적으로 해롭다고 생각하는 경향이 너무 강한데 이 역시 중대한 잘못이기는 마찬가지라고 고백하지 않을 수 없다.

다시 스터빈스 씨의 사례로 돌아가, 만약 그가 기계의 개선과 생산 과정의 더 효율적인 조직화를 통해, 그리고 종업원들에게 더 높은 임금을 주면서 기술 교육을 더 늘리는 방식을 통해 재산을 모았다면, 경제학자들이 말하는 평가를 받을 자격이 있었을 것이다. 그러나 그가 장시간 노동과 저임금, 아동 학대, 그의 생산물 가격을 높여주는 (그가 부패한 정치를 통해 확보한) 보호 관세, 발명가의 특허 강탈, 거짓 광고 등과 기타 백한 가지나 된다는 거래상 속임수를 통해 재산을 모았다면, 그렇다면 그는 대중의 후원자가 될 수 없으며 그의 사익은 일반 대중의 이익과 상충하게 된다. 사기업이 지속되려면 이윤을 창출하되 대중에게 이익이 되는 방식으로 창출하도록 최대한 강제할 수 있는 법률이 반드시 필요하다.

하지만 요즘 시절에 이러기는 어려운 일이다. 정치적 부패, 사람들을 공황으로 몰아넣는 위협, 주요 언론에 대한 영향력 등을 통한 대부호들의 힘이 너무나 막강해서 정치적 흥분의 시기에 치르는 총력전에서는 그들을 패퇴시킬 수 있을지 몰라도 평상시에 그들이 분수를 지키게 하는 일은 불가능하다. 총력전의 결과로 그들이 여론에 영향력을 발휘해온 수단 대부분을 박탈당하지 않는 한 그럴 것이다.

그들이 재산을 지키고 있는 상황에서도 이런 일이 가능할지는 대답하기 힘든 질문이지만, 그 점에 대해선 현재 미국의 실험이 끝까지 갔을 때 좀 더 분명하게 알게 될 것이다. 현재 예상하는 지점보다 더 멀리 가야 하는 결과가 나올 수도 있지만, 거기까지는 나는 감히 예언할 수가 없다.

옮긴이의 글을 대신하여

이 지면은 번역가 송은경 씨의 자리로 남겨진 지면이어야 했다. 그러나 『게으름에 대한 찬양』『러셀 자서전』『나는 왜 기독교인이 아닌가』 등을 번역한 송은경 씨는 2005년 사고로 세상을 떠났기에 편집자가 그 자리를 대신하게 되었다. 정확하면서도 재치 있는 번역과 러셀의 휴머니즘에 대한 깊은 공명으로 기억되는 그는 완성을 보지 못한 몇 권의 책을 두고 갔다. 유작으로 출판된 『블랙베리 와인』『지중해 기행』『남아 있는 나날』 등의 아름다운 책들이 그의 흔적이고 기억이다. 송은경 씨가 남긴 책들이 너무 짧았던 그의 시간을 이 세상에서 오래 이어갔으면 한다.

『런던통신 1931~1935』는 버트런드 러셀의 『Mortals and Others』 1, 2권 중에서 시대에 맞지 않거나 한국의 현실과는 너무 다른 글 몇 편을 덜어내고 번역한 책이다. 『Mortals and

Others』는 러셀이 1930년대에 주로 미국 신문에 기고했던 칼럼들을 모았기 때문에 특별한 주제가 없고, 다만 러셀이 그 시대에 목격하고 생각한 많은 일들이 담겨 있을 뿐이다. 러셀의 사후인 1975년에 출판된 원서의 편집자가 '인간과 그밖의 것들'이라 번역되는 제목을 택한 이유는 그 때문일 것이다. 저자의 뜻을 물어볼 수도 없었던 그에겐 무엇이든 담을 수 있는 포괄적인 제목이 필요했던 것 같다.

그러나 지금 우리가 그 제목을 고집해야 할 이유는 없다. 무엇보다도 시대가 달라졌다. 지금 러셀은 많은 사람들에게 잊혔고 그의 책들 또한 과거의 지혜, 한때 유효했으나 이제는 먼지 쌓인 다락방에나 어울리는 먼 나라 노인의 지혜로 여겨지는 경우가 많다. 그러하기에 우리는 러셀에게 동시대의 의미를 부여할 수 있는 『런던통신』이라는 제목을 택했다. 런던은 러셀의 모국인 영국의 수도이자 현대를 상징하는 대도시 중 하나이고, 『런던통신』은 예언자와도 같은 직관으로 현대의 문제와 근심을 정확하게 짚어내는 책이기 때문이다. 그러나 가만히 들여다보면 그것은 신비한 직관이 아니라 고요한 깊이를 지닌 러셀의 이성일 것이다. 『런던통신』이라는 제목을 택한 또 다른 이유는 러셀의 지혜가 시간뿐만 공간적인 제약에도 묶이지 않기 때문이다. 러셀은 섬나라 영국에서 생의 대부분을 보냈지만 그 시야는 모든 대양을 건너 모든 대륙에 닿았다. 그는 영국에 앉아 세계를 보는 사람이었다.

    이제 러셀의 지혜는 80년의 세월을 뛰어넘어 마음을 울리고 이성을 깨우는 생명으로 우리에게 되돌아온다. 러셀은 생산의 결과가 모든 것을 지배하는 현대 사회에서도 "우리가 마음만 먹는다면 더 많은 여유를 누릴 수 있을" 것이며 "자신의 충동에 예술적 표현을 부여할 수"도 있을 것이라고 말했다. 마음만 먹는다면 우리는 우리 자신과 시대의 한계를 뛰어넘을 수 있다. 『런던통신 1931~1935』는 그처럼 마음을 먹기 위한 첫 번째 발걸음이 될 것이다.

주

1 이 글을 쓸 당시 러셀은 59세였다. 이 대목은 장관의 절반 이상이 60세가 넘었던 1929~1931년의 노동당 정부를 가리키는 얘기지만 사실 70세가 넘은 사람은 네 명에 불과했다.
2 러셀은 영국의 전시 정책을 비판했다는 이유로 1918년에 넉 달 반 동안 수감되었다. 『러셀 자서전』 제2부 1장을 참조할 것.
3 러셀은 영국 수병들이 봉급 삭감 때문에 출항을 거부한 사건을 말하고 있다. 그 사건은 항명이라기보다는 '불온'이라고 기술되는 경우가 더 많다. 그리고 '반란을 일으킨' 수병들은 누구도 군법 회의에 회부되지 않았다. 《더 타임스The Times(London)》 1931년 9월 17일자 7면과 12면, 9월 21일자 12면, 9월 22일자 9면, 10월 5일자 11면과 《뉴욕 타임스The New York Times》 9월 25일자 25면을 볼 것. 그러나 해군성이 피아노 할부금에 대한 양보를 얻어냈다는 사실은 어떤 기사에도 언급되지 않았다.
4 J. I. I. 해먼드와 B. 해먼드, 『1760~1832년의 숙련 노동자The Skilled Labourer 1760~1832』(런던: 롱맨스, 그린, 1919년; 뉴욕: 켈리, 1967년), 225쪽.
5 허버트 후버 대통령이 임명하고 조지 W. 위커샴이 지휘했던 위원회로 1931년에 연방법의 준수 및 집행 실태에 관한 보고서를 제출했다.
6 1913년 당시 영국에서 태형을 선고받은 아동은 2,079명이었다. 1927년에

는 그 수가 230명으로, 1930년에는 100명으로 떨어졌다. 《더 타임스》(런던) 1932년 6월 10일자 7면을 참조할 것. 1932년 5월, 하원이 투표를 실시하여 아동에 대한 매질을 폐지하기로 했다. 6월 9일 상원은 이 법률을 살리기로 표결했다. 6월 30일, 하원이 앞서 내린 결정을 만장일치로 승인했으나 7월 7일 상원이 다시 폐지를 거부했다. 1948년에 와서야 비로소 태형을 선고할 수 있는 법정의 권한이 급격히 줄었다. 폭동, 폭동 선동, 교도소 간수 공격 등의 범죄에 대해서는 아직도 태형에 처할 수 있다.

7 C. C. F. 그레빌, 『그레빌 회고록: 국왕 조지 4세와 윌리엄 4세 시대의 일지 The Greville Memoirs; a Journal of the Reigns of King George IV and King William IV』(런던: 롱맨스, 그린, 1875년), 제2권, 229쪽.

8 그레빌, 『그레빌 회고록: 빅토리아 여왕 시대의 일지 The Greville Memoirs; a Journal of the Reign of Queen Victoria』(런던: 롱맨스, 그린, 1885년), 제1권, 44쪽.

9 「소네트, 1819년 영국 Sonnet, England In 1819」 중에서.

10 토비아스 스몰렛 Tobias Smollett, 『로더릭 랜덤의 모험 The Adventure of Roderick Random』(1748년).

11 1263년 잉글랜드의 헨리 3세에 대항해 반란을 일으킨 귀족들의 지도자이자 1265년 잉글랜드를 다스린 군사 독재자.

12 이처럼 우주 탐험에 관한 러셀의 시간표는 지나치게 비관적이었다. 이 에세이가 나온 지 사반세기도 지나지 않은 1957년 10월 4일에 첫 번째 유인 우주선(스푸트니크 1호)이 지구를 선회했다. 그리고 그로부터 정확히 12년 후, 인간이 처음으로 달에 착륙했다가 지구로 무사히 돌아왔다. 이 프로그램이 가속화된 건 의심할 여지 없이 미국과 소련이라는 두 강대국이 우주 정복을 위해 막대한 돈과 엄청난 과학 기술 인력을 쏟아 붓기로 결단을 내린 덕분이었다. 이미 금성과 화성 여행에 대한 논의가 시작되었다. 실제로 미국의 위성(매리너 2호)은 이미 금성에서 2만 2,000마일 거리 안으로 접근 중이다.
러셀은 말년에도 우주여행은 경박한 짓이라는 생각을 버리지 않았다.

1958년 8월 30일에 발행된 《매클린스 매거진Maclean's Magazine 71》 45~46쪽에 실린 러셀의 에세이 「달을 멀리 하자」를 볼 것. 이 에세이는 약간 수정되어 《더 타임스》 1969년 7월 15일자 9면과 《월스트리트 저널》 1969년 7월 16일자 12면에 다시 실렸다.

13 "연간 수입 20파운드에, 연간 지출 19파운드 6펜스면, 결과는 행복. 연간 수입 20파운드에, 연간 지출 20파운드 6펜스면, 결과는 비참."(찰스 디킨스의 소설 『데이비드 코퍼필드』 12장에 나오는 미코버 씨의 말).

14 이 에세이는 스페인이 파시즘으로 넘어가는 계기가 된 스페인 내전이 시작됐던 1936년 이전에 발표됐다.

15 청교도의 한 종파로 루도빅 머글턴Ludovic Muggleton이 17세기에 창설했다.

16 바이런의 서사시 「시옹의 죄수The Prisoner of Chillon」를 볼 것.

17 존 H. 햄던John H. Hampden(1594~1643년). 영국의 애국자.

18 마태복음 22장 37, 39절.

19 영국 철학자이자 공리주의의 창시자인 제러미 벤담의 추종자들.

20 뉴웰 D. 힐리스Newell D. Hillis, 『독일의 잔학 행위들German Atrocities』(뉴욕: 레벨, 1918년), 33쪽.

21 영국 시인 새뮤얼 테일러 콜리지Samuel Taylor Coleridge(1772~1834년)의 「늙은 선원의 노래The Rime of the Ancient Mariner」 중 이 대목을 볼 것.

(오, 끈적끈적한 것들이 다리로 기어갔네./끈적끈적한 바다 위를./······/오 행복한 생물들이여! 어떤 말로도/아름다움을 표현할 수 없구나./샘물처럼 사랑이 내 가슴에서 용솟음쳐/나도 모르게 그들을 축복했네./분명 친절한 나의 성자께서 나를 불쌍히 여기신 거야./나도 모르게 그들을 축복했네.)

22 1931년 9월 일본은 중국 영토(만주)를 침략했다.

23 미쿨라시 드라비크Mikuláš Drabik(1588~1671년), 또는 니콜라우스 드라비시우스Nikolaus Drabicius. 모라비아의 신비주의자이자 '예언자'로 신의 음성을 듣고 대화를 나눈다고 주장했다.

24　1865년에서 1909년까지 재위한 벨기에 국왕 레오폴드 2세(1835~1909년)는 1885년 콩고자유공화국을 지배하게 되자 자신의 권력을 이용해 토지 자원을 개발하고 원주민들을 억압해 엄청난 개인 재산을 모았다. 레오폴드 2세는 1908년 콩고의 지배권을 박탈당했지만 콩고는 1960년까지 벨기에의 식민지로 남아 있었다.

25　1934년 1월 15일에 시작된 지진이 몇 차례에 걸쳐 계속 인도 동부를 습격해 그 지역을 철저하게 파괴하고 인명을 앗아갔다. 간디는 이에 대해 이렇게 말했다. "이 지진은 신이 우리의 죄악에 내린 징벌이다……. 비하르 지방의 대재난은 불가촉천민 운동과 뗄 수 없는 관계에 있다……. 비하르 대재난이 불가촉천민의 죄악 때문이라고 짐작하는 것은 내게는 품위 있는 것이다." D. G. 텐둘카Tendulkar의 『마하트마Mahatma』(뭄바이: Jhaveri&Tendulkar, 1952년) 제3권 303~305쪽에서 인용. 루이스 피셔Louis Fisher의 『모한다스 간디의 생애The Life of Mohandas Gandhi』(뉴욕: 하퍼, 1950년), 323~324쪽; 헨리 S. 폴락Henry S. Polack의 『마하트마 간디Mahatma Gandhi』(뭄바이: Jacio, 1962년), 233쪽; 피에르 S. R. 페인 Pierre S. R. Payne의 『마하트마 간디의 삶과 죽음The Life and Death of Mahatma Gandhi』(뉴욕: 더튼, 1969년), 456쪽을 참조할 것.

26　미국 역사협회 '학교 내부의 사회 연구에 대한 위원회'의 『위원회의 결론과 권고Conclusions and Recommendations of the Commission』(뉴욕: 스크리브너, 1934년).

27　W. F. H. 킹King의 『고전 및 외국의 인용집Classical and Foreign Quotation』(런던: 휘태커, 1904년) 61쪽에 로마 역사가 푸블리우스 타키투스 Publius Tacitus(55?~120?년)의 이런 말이 있다. "신들은 가장 강한 자의 편이다." 볼테르의 비슷한 진술에서도 병력에 관한 언급을 찾아볼 수 있다. "신은 늘 숫자가 많은 군대를 더 좋아한다고 한다."

28　새뮤얼 베이커Samuel Baker(1821~1893년) 경은 영국 탐험가로, 1864년 '알베르 호수'라는 한 호수에 도착했다. 우간다와 콩고 사이의 적도 근처에 있는 호수인데, 길이는 150킬로미터가 넘었고 폭은 평균 30킬로미터

쯤 되었다. 호수의 정확한 크기는 R. 게시Gessi라는 사람이 1876년에 호수를 한 바퀴 돌아본 다음 확정됐다.

29　일본은 제2차 세계 대전이 끝난 이후에는 의회 민주주의 국가가 됐다.

30　1934년 8월 24일자 허스트 계열 신문에 실린 문장은 이렇다. "2곱하기 2는 5가 아니라고 생각한다거나 블라디보스토크라는 곳이 지구 상에 없는 곳은 아니라고 생각한다고 해서 없던 지혜가 생기는 것은 아니다." 이런 문장으로는 정확한 뜻을 알 수가 없어서 전후 문장 관계에 더 잘 맞도록 고쳤다.

31　노자, 『도덕경』, 45장.

32　『그릴 가(家)의 농장Gryll Grange』, 19장.

33　이런 표현이 들어 있는 웰링턴의 편지는 찾을 수 없었다. 그러나 헤이든에게 보낸 1835년 2월 9일의 편지에 웰링턴은 이렇게 썼다. "저의 사전 허락 없이 당신이 제 하인과 나눈 대화가 통상적인 것이 아니라는 사실에는 의심의 여지가 있을 수 없습니다." 톰 테일러Tom Taylor, 『벤저민 로버트 헤이든의 생애Life of Benjamin Robert Haydon』, (뉴욕: 하퍼, 1853년), 제2권 10~11쪽을 볼 것.

34　허버트 자일스Herbert Giles, 『도교 철학자와 중국 신비주의자Taoist Philosopher and Chinese Mystic』(런던: 앨런 앤드 언윈, 1926), 98쪽.

35　이 대목은 『도덕경』 38장에 나온다. 제임스 레기James Legge(1891년), 아서 웨일리Arthur Waley(1934년), 추타카오Ch'u Ta-kao(1937년), 윙쳇 챈Wing-tsit Chan(1936년)의 번역본들을 살폈다. 러셀의 표현과 정확하게 일치하는 번역은 없었다. 가장 근사한 것이 웨일리의 번역인데, 내용은 다음과 같다. "이제 의례와 예법은 충성과 의리를 보여주기 위한 겉치레에 지나지 않으며 실제로 아첨이 이로부터 시작된다."

36　윌리엄 콩그리브William Congreve(1670~1729년). 영국 극작가. 「독신 노인The Old Bachelor」 「일구이언The Double Dealer」 「사랑을 위한 사랑 Love for Love」 「속세의 풍속The Way of the World」 등의 작품이 있다.

37　제임스 진스James Jeans(1877~1946년), 영국의 수학자, 물리학자, 천문

학자. 『신비로운 우주The Mysterious Universe』(1930년), 『우리 주변의 우주The Universe around Us』(1931년) 등의 저서가 있다. 아서 에딩턴Arthur Eddington(1882~1944년), 영국의 천문학자, 물리학자. 『물질계의 속성The Nature of the Physical World』(1928년), 『과학과 미지의 세계Science and the Unseen World』(1929년) 등의 저서가 있다.

38 제임스 어셔James Usher(1581~1656년). 아일랜드 성직자.

39 조지프 라이트풋Joseph Lightfoot(1828~1889년). 케임브리지 대학 신학 교수이자 더럼 교구의 주교.

40 마지막 세 편 「권리만을 위한 권력」 「불경기의 공공 지출」 「훌륭한 사업가 스터빈스 씨의 사례」는 출판된 적이 없는 에세이로 저작권은 Res-Lib Ltd(1975년)에 있으며 맥마스터 대학의 허락을 받아 실었다.